어린이 박물관 A to Z Ⅰ

- 개념과 전시를 중심으로 -

어린이 박물관 A to Z Ⅰ

2025년 5월 10일
지은이   김진희

펴낸이   권혁재

편 집   권이지
진 행   권순범
교정교열   천승현
디자인   이정아
일러스트   배준우
원고교정   김동환

인 쇄   성광인쇄
펴낸곳   학연문화사
등 록   1988년 2월 26일 제2-501호
주 소   서울시 금천구 가산디지털1로 16 가산2차 SKV1AP타워 1415호

전 화   02-6223-2301
전 송   02-6223-2303
E-mail   hak7891@naver.com

ISBN   978-89-5508-708-6 (94020)

어린이 박물관 A to Z Ⅰ

- 개념과 전시를 중심으로 -

김진희 지음

학연문화사

어른을 위한 어린이박물관 개설서가
등장한 것을 축하하며

이 책은 본격적인 어린이박물관 개설서이자 운영 안내서로서 어른, 즉 관련 전문가들이나 관심있는 박물관 방문자들에게 참으로 적절한 지침이 될 것으로 기대한다. 그리고 앞으로 우리나라의 어린이박물관 정책에 좋은 시사점을 던지면 좋을 것이다.

필자, 김진희 선생은 서문에 적었다시피 우리나라의 본격적인 어린이박물관의 시원이라고 할 수 있는 삼성어린이박물관의 건립과 운영에서 그 일생을 어린이박물관 학예 요원으로서 경력을 시작하였다. 최초의 도립 어린이 전문박물관이라고 할 수 있는 경기도 어린이박물관의 건립과 운영을 이끌면서 가장 선도적이고도 풍부한 경력을 구축한 어린이박물관 전문가로 알려져 있고 현재는 최초의 세종시에 있는 국립어린이박물관의 본격적인 출범을 이끌고 있다. 이러한 화려한 박물관 경력 이외에 이 책의 저술한 관점에서도 알 수 있듯이 어린이박물관 학예 요원으로서 가장 큰 자산은 어린이 교육학을 전공하였다는 점이다. 전문가적인 지적 자산이나 평생 동안의 박물관 경력을 토대로 한 이 책이 우리나라의 어린이박물관이 성장하고 발전하는데 큰 보탬이 될 것으로 기대된다.

여성과 어린이, 인류의 미래이다. 특히 어린이는 인류의 미래를 살아가는 우리의 자손들이다. 오늘날 인류가 지구상의 가장 성공한 생물이 되는 것은 결국 어린이들을 지혜롭게 잘 키워낸 덕분이다. 어떤 생물종이나 모두가 생존본능이 행위의 기저네 내재되어 있지만, 허약한 체질의 인류는 생존을 위한 특별한 이차 본성이 특별하게 구성되어 있다. 먹거리의 장만이나 위험을 피하는 방법 그리고 사회적 인성을 만들어 가는 행위 등의 생존 필수의 지식을 대대손손 전수하여 왔던 것이다. 인류라는 종은 아이를 키우는 시간이 엄청나게 길다. 다른 어떤 동물도 십수년 동안을 키워야 완전한 성체가 되는 동물은 없다. 그만큼 어린이 교육이 인류의 생존에 중요한 과제였던 것이다. 어린이 교육의 필연적이고 절대적인 과제는 인류 문화 속에서 깊이 배어 있다. 그러나, 현대사회를 살아가는 지혜를 배우고 터득하는 일은 과거처럼 가족공동체 내에서만 이루어질 수가 없게 사회가 분화되고 있고 앞으로 디지털 기술이 진화하면 할수록 어린이 교육은 우리 사회가 깊고도 깊이 생각하여 사회 내에 튼튼하게 구축하지 않으면 안될 것이다. 오늘날 모든 선진국들이 잘 사는 이유는 결국 어린이 교육을 잘하고 있기 때문이라고 해도 절대로 과언이 아니다. 그러한 점에서 어린이박물관을 바르게 만들고 운영하는 것은 국가 사회의 미래의 절대적인 전제가 될 것이다.

어린이 교육, 앞에서 언급한 그러한 인류의 보편적인 어린이 교육 명제 이외에도 어린이들 교육은 결국 변화하는 미래에 창의적 지혜와 끈질긴 감성으로 미래를 개척해 나갈 수 있도록 만들어지지 않으면 안된다. 이제는 우리처럼 빠르게 변화하는 디지털 문명사회에서는 어린이 교육에 대해서 대단히 특별한 고민을 하지 않으면 안된다. 가족이 붕괴되고 또 사회적 활동 방식도 과거와 엄청나게 다르고 또한 지적 정보의 습득과 경험의 과정이 과거와는 판이하게 다르기 때문이다. 그리고 학교 교육 역시 과거와는 다른 관점과 환경 속에서 이루어지고 있기 때문에 새로운 어린이 교육의 필요성이 전 인류사를 통해서 다르게 만들어 나갈 필요가 있게 된 것이다. 이러한 문명 전환의 와중에서 전인적인 교육을 할 수 있는 어린이박물관의 사회적인 필요성이 절대적으로 필요한 시기가 된 것이다. 우리 사회가 심각하게 고민하여야 할 이러한 문제점 역시 이 책에서 언급되고 있다는 점이 대단히 반갑게 생각된다. 이제는 그 어느 사회도 마찬가지로 어린이박물관을 인류 생존을 위한 보편적 교육이라는 새로운 관점에서 재구축하지 않으면 안된다.

이 책은 전문가로서 어린이박물관의 설립과 운영에서 경험한 문제들에서 출발하여 국내외적으로 다양한 사례를 동원하여 발전적인 사고를 불러 일으키도록 구성하고 있다. 어쩌면 이 책이 정부 정책에서 어린이박물관 발전 전략의 전환이 필요하다는 뜻을 담고 있다고도 생각한다. 어린이박물관은 사실 우리가 전통적으로 생각하는 '박물관'과는 다른 차원의 문화 기반의 교육기관이다. 같은 구성의 어린이박물관이 각 지역에 설립되는 것도 대단히 의미있는 선구적인 국가 교육 전략적인 진전이라고 생각한다. 그리고 아주 예민한 교육 세대인 어린이를 위한 박물관이기 때문에 어린이학 전문성을 겸비한 전문가들이 반드시 참여하여 운영을 하는 것이 바람직하다.

아직까지 어린이박물관이 많지 않고 박물관에서 어린이를 위한 교육에 대한 담론이 많지 않았다는 점에서 이 책이 국가 어린이박물관 정책에 새로운 담론을 만들고 새로운 국가교육체제로서 어린이박물관이 발전하는데 의미있는 작은 씨앗이 되기를 기대한다. 또한 우리나라의 각 지역에 어린이박물관의 설립 확장과 운영을 업그레이드 하는데 실질적으로 기여하기를 바라마지 않는다.

박물관과 박물관 사람들 회장 / 전) 국립중앙박물관장 / 한국박물관협회장 / ICOM 국가위원회 회의 의장

명예교수 한양대학교 문화인류학과 **배 기 동**

어린이전공자가 쓴
어린이박물관의 실제

어린이박물관이 박물관계에 등장하게 된지 100여년이 훌쩍 지난 지금 한국에서 어린이박물관의 개론서가 출간하게 된 것을 기쁘게 생각합니다.

저자는 어린이박물관에 평생을 근무하면서 축적된 노하우와 여러 가지 국내외 자료들이 있어서 유관 기관 종사자들이나 입문자들에게 길잡이가 되리라 기대합니다. 무척 고무적인 것은 저자가 어린이 교육을 전공해서 아동의 발달에 맞는 실제를 박물관에서 실무로 펼쳐간 것입니다.

최근의 박물관계는 어린이 콘텐츠를 대부분 기획 운영하고 있습니다. 박물관이 문턱을 낮추고 어린이들에게 접근해서 문화기관을 즐기게 하는 것이 문화시민으로 성장하게 만드는 것입니다. 본 저서로 인해서 어린이박물관의 콘텐츠들을 개발하는데 보탬이 되리라 생각합니다. 또한 어린이박물관으로 포괄했지만, 어린이미술관, 어린이과학관, 어린이 문화기관들에도 모두 적용이 가능하고 도움이 되리라 여겨집니다.

어린이박물관의 개념부터 역사, 이론, 미션, 건축, 전시, 프로그램, 경영, 학술대회 발표본들 그리고 최근의 트렌드까지를 포함하여 어린이박물관의 이론과 실제를 포괄해서 다루어서 해외에서도 찾아보기 드문 개인 기술의 저서라고 생각됩니다.

아무쪼록 저자가 일하면서 틈틈이 작성한 수년간 밀알의 노력으로 이뤄진 내용들이 어린이박물관 후배들에게 좋은 길잡이가 되리라 기대합니다. 또한 저

자가 현재 한국어린이박물관협회 회장으로 있는 시점에서 더욱 의미있는 출간이 되리라 여겨지며,

한국어린이박물관계의 발전을 기원합니다.

2025.2.

아해전통놀이박물관장, 전) 서울여대 아동학과 교수,

전) 한국어린이박물관협회 회장, 전) 한국유아교육학회 회장 **문 미 옥**

어린이박물관 개론서 발간을
축하하며

    1899년 세계 최초로 브루클린 어린이박물관이 첫발을 내디딘 이후, 약 100년 후인 1995년 삼성어린이박물관이 우리나라에서 개관한 이래로, 벌써 30년이 지나고 있습니다. 그동안 우리나라에서도 국립을 비롯한 공립과 사립 등 전국 각지에 어린이박물관들이 세워져 어린이들을 위한 전용 문화 공간으로 미래의 꿈을 키워 가고 있습니다. 이와 더불어 어린이박물관에 관심을 가지고 연구하면서 함께하는 전문 인력 또한 점차 늘어나고 있습니다.

    그러나 이러한 어린이박물관의 오랜 역사에도 불구하고 현재까지 우리나라에는 어린이박물관 현장에 맞는 제대로 된 개설서가 없어 목말라 하는 것이 현실입니다. 이러한 시기에, 1993년부터 삼성문화재단에 입사하여 1995년 삼성어린이박물관 개관을 함께하고, 경기도어린이박물관과 경기 북부 어린이박물관, 그리고 현재 세종특별자치시에 있는 국립어린이박물관에 이르기까지 약 30년을 어린이박물관과 함께 한 김진희 실장님께서 현장 실무를 중심으로 전문가를 위한 실무형 어린이박물관 개설서를 출간한다고 하니 어린이박물관에 관심을 가지는 한 사람으로서 기쁘기 그지없습니다. 그리고 출간을 진심으로 축하드립니다.

    국내에서 어린이박물관이 첫발을 내디딘 지 벌써 30년이 지나는 동안 어린이박물관은 국내에서 다양한 측면에서 저변 확대가 되고 있습니다. 특히 박물관교육의 한 맥락으로서 어린이박물관이 자리를 잡아가면서 이제 박물관에서는 어린이 관련 콘텐츠가 필수적인 조건이 되고 있습니다. 이러한 측면에서 어린이박물관 실무를 중심으로 하여 저자가 그동안 함께했던 약 30년의 경험과 지식을 담아냄은 물론, 여러 국내외 사례를 조사하여 정리한 본 저서는 향후 어린이박물관 종사자 및 예비 학예사들에게 많은 도움이 될 것입니다.

아울러 어린이박물관이 '학습과 놀이'를 키워드로 하여 글로벌화해 가는 것은 박물관교육의 힘입니다. 이는 세상을 둘러싼 모든 이해를 기반으로 하는 어린이박물관의 경우 무궁무진한 콘텐츠로 아동들이 세상을 살아가는데 필요한 평생 학습의 기회를 조기에 경험할 수 있는 문화 공간이기 때문입니다. 또한, 어린이박물관은 급변하는 미래 사회에서 어린이들이 세상의 변화를 인식하면서 미래에 필요한 역량을 키워나갈 수 있는 장이 되기도 합니다.

이러한 측면에서 어린이박물관 실무 경험을 바탕으로 다양한 이론이 배어 있는 『어린이박물관 A to Z』는 어린이박물관 실무 지침서로서, 그리고 대학에서의 관련 학과 교재로 큰 역할을 할 것이라 기대하면서 다시 한번 출간을 축하드립니다.

2025.2.

한국박물관교육학회장 **이 관 호**

어린이박물관 종사자로
30여 년을 정리해보며

어린이박물관과의 첫 인연은 일간지의 문화면이었다. 당시 브루클린 어린이박물관으로 기억하는데 아동들이 오감각을 자극하는 체험식 콘텐츠로 박물관을 경험한다는 내용이었다. 유치원, 학교와 학원 외에는 문화가 아예 없었던 국내 어린이 환경에서는 너무나 낯선 기사였다. 게다가 이런 곳이 박물관이라니.....그러나 아동들을 생각하면 너무나 재미나고 즐거운 환경으로 신기한 세상으로 인식되었고, 국내에도 이런 곳이 있었으면 하는 생각을 막연하게 했었다.

그러던 어느 날 우연히 들은 정보는 국내에서 어린이박물관을 개관하려 준비한다는 이야기를 들었다. 마침 그것이 사기업의 문화재단에서 추진한다는 것을 알게 되었고 막연히 잘 알지도 못하면서 새로운 도전을 결심하게 되었다. 운 좋게도 내게 어린이박물관을 개관에 참여하게 되는 기회가 주어졌다. 그후로 현재까지 30여년......이렇게 오랜 시간을 종사하게 되리라고는 생각하지 못하였지만, 참으로 고마운 시간들이었다.

나는 지금도 계속 어린이박물관에 대해 고민한다. 그리고 박물관이 있는 한 앞으로도 누군가는 끊임없이 고민해야 할 것으로 안다. 그 고민의 이유들은 많다. 사회 문화 현상들이 변하고, 아동이 있는 가족 문화도 점차 변해가고, 아동의 심리발달론은 성인과 다르게 있으나, 아날로그 시대에서 지금은 전부 디지털 환경이 가득하고, 이에 따라서 또 박물관의 역할도 끊임없이 변해가고 있다. 결국은 사회현상, 아동발달, 박물관의 역할인 3가지 요건들이 교차되면서 복합적인 내용을 도출하는 것이 어린이박물관의 콘텐츠이다. 마치 학부 시절에 배운 유아교육의 기본이 되는 철학적 기초, 심리적 기초, 사회적 기초를 배운 것처럼....

게다가 현 지구촌의 최대 악재였던 코로나19 현상으로 글로벌 사회가 변했고, 기후 변화로 지구를 보호할 필요가 생기면서 인류의 생존이 걸린 문제가 있고, 테크놀로지의 발달로 로봇이 인류의 친구가 되며 직업도 대량으로 교체되고, 신인류가 탄생하게 되는 시점도 도래할 것이라고 하니, 계속 초고속으로 변화되는 미래가 우리를 기다리고 있다.

이런 지구촌의 현상들 속에서 1차 집단인 가족 속의 아동들에게 우리는 미래를 잘 살아갈 수 있도록 어떤 것을 준비시켜야 할 것인가?

일단 내가 변화되는 미래를 모른다. 다행히 엄청난 도움이 되었던 서적은 연도별로 출간되었던 유엔 미래보고서들이었다. 10여년 전부터 읽었던 책들이 어린이박물관의 미래를 크게 그려보는데 많은 도움이 되었다. 지구촌의 식량난, ESG 경영, 탄소절감 친환경 건물과 전시, 온오프 연동의 콘텐츠, 그리고 팬데믹으로 어린이박물관 역할들의 변화와 확장 등 우리의 미래는 더 앞당겨졌다.

이에 지난 근무 경험과 국내외 자료들, 벤치마킹으로 다녀왔던 출장 자료들, 그리고 평소에 고민하였던 많은 것들이 있었지만, 지난 10여년 동안 한부모 가장으로 바쁜 일상 속에서 짬이 날 때 조금씩 작성만 하고 있었던 내용들이다. 출간이 요원하였으나 더 이상 미루기는 어려워 2024년 폭염과 폭우속의 여름에 결심하게 되었다. 매우 부족하며 미흡함을 무릅쓰고 어린이박물관에 종사하는 후배들에게 조금의 도움이 되길 바라면서 그리고 나의 경험을 기록화하는 느낌으로 작성하였다. 책자 출간을 염두에 두고 작성한 원고들과 틈틈이 학술대회나 학술지에 가끔씩 발표하였던 글들을 모아서 출간하고자 용기를 내었다. 부끄러운 책일지라도 국내외 어린이박물관의 개론서나 이론과 실제는 전문 서적이 드물어서 조금이나마 도움이 되었으면 하는 바램을 가져본다. 아울러 이 책이 나오도록 물심양면으로 지원해주신 여러 지인분들께 심심한 감사를 드린다. 국내외 뮤지엄계의 여러 어르신들과 종사자 지인들, 표지 디자인과 부족한 엄마에게 옆에서 늘 조언 어린 상담을 해준 아들 배준우, 출간을 해주신 출판사에게 거듭 감사드린다.

2025. 2. 행복도시에서

담연 **김 진 희**

목차

1장

어린이박물관의
개념 및 현황

어린이박물관의 개념을 말하기에 앞서 먼저 어린이에 대한 정의를 알아보고 자한다. 어린이에 대한 정의는 일반적, 사전적, 법리적으로 모두 다르다. 사전적 정의로는 어린이는 4, 5세부터 초등학생까지[1]를 말한다. 보통 어린이박물관에는 취학전 후의 아동이 가장 많은 관람객으로 방문하고 있고, 영유아 특히 영아 관람객들이 십여년 전부터 꾸준히 들어나는 추세이다. 이는 최근 어린이박물관의 국내외 특징의 하나로 대상 관람객인 어린이 연령의 하향화 현상을 보이고 있다.

어린이박물관의 개념이란 대상에 적합한 아동의 발달을 근거로 그들의 발달 특성에 맞는 접근 방식으로 구성된 박물관을 말한다. 어떤 주제를 다루더라

---

1 http://krdic.naver.com/detail.nhn?docid=26049300

도 아동의 발달이 우선되어 고려되어야 대상에 맞는 콘텐츠를 기획할 수 있다. 아동의 발달에 맞는 접근은 교육학에서 접근하는 통합적인 접근과 아동이 이해할 수 있는 실생활 중심으로 펼쳐가야 이 시기에 맞는 관심과 흥미를 촉진할 수 있다.

어린이박물관의 개념은 미국박물관협회 (AAM; The American Association of Museum)에서 아래와 같이 명명하고 있다.[2]

'어린이박물관은 아동의 호기심을 자극하고 이들에게 학습 동기를 유발시키는 전시와 프로그램으로써, 아동의 욕구와 흥미에 부합하는 기관으로 정의하고 있다. 그 본질에 있어서 교육을 목적으로 하며 조직적이며, 상설적인 비영리기관이다. 또한 오브제를 사용하고, 전문성을 지닌 직원을 고용하며, 정규적인 스케줄에 따라 대중에게 개방되는 기관이다.'

어린이박물관협회(ACM;Association of Chidren's Museum)에서도[3] 동일하게 정의하고 있다.

'어린이박물관은 호기심을 자극하고 학습 동기를 유발시키는 전시와 프로그램을 제공함으로써 아동의 욕구와 흥미에 봉사하는 비영리 교육적이고 문화적 기관이다.'

---

2 _ Mary Maher, Collective Vision : Starting and Sustaining a children's museum, Association of Youth Museums Washington, D.C, 1997

3 _ chrome-extension://efaidnbmnnnibpcajpcglclefindmkaj/https://childrensmuseums.org/wp-content/uploads/2021/11/ACMFourDimensionsofChildrensMuseums.pdf

따라서 어린이박물관은 아동의 '호기심'을 자극하며 '학습 동기'를 유발시키는 콘텐츠로 아동의 욕구와 흥미에 부합하는 것이어야 한다. 이런 내용은 결국 아동의 발달을 기저로 해서 기획되어야 아동에게 부합할 수 있음을 말해준다.

　어린이박물관 협회들의 현황을 살펴보면 국내는 어린이박물관협의체가 2015년 설립되었고, 1년 만에 2016년 한국어린이박물관협회로 20여개의 기관으로 새롭게 조성되었다. 국립아시아문화전당에서 어린이박물관 박람회 개최, 한국박물관협회 국제학술대회에서 어린이박물관협회 학술대회 2회 개최, 국립중앙박물관과 함께 한국어린이박물관백서 편찬 등의 사업을 추진하였다. 코로나19 상황에서 협회가 주춤하였으나 2025년 새로운 모습으로 시작하며, 박물관에서 어린이 콘텐츠가 대세이므로 모든 박물관을 대상으로 회원을 열어놓았다. 회원들이 원하는 설문조사를 실시하여 회원간 활발한 정보교류, 네크워크 협력 사업, 공동 학술대회, 어린이박물관 학예사 역량 교육을 실시할 예정으로 있다.

　세계적으로는 1899년 미국에서 어린이박물관이 세계 최초의 시발로 해서 미국중심으로 한 어린이박물관협회가 1962년 설립되었고 현재는 400 여개의 기관들이 가입되어 있다. 후발 주자로 유럽 중심의 '핸즈온 유럽(Hands on Europe)'이 형성되었고 '핸즈온 인터내셔날(Hands on International Association of Children in Museums)'로 개칭하며 어린이박물관만이 아니라 어린이 프로그램이 있는 기관으로 확대하여 120개의 회원[4]을 두고 있다. 아시아어린이박물관은 협회는 조성은 되어 있지 않으나 아시아어린이박물관 컨퍼런스를 2~3년만에 1회씩 세계어린이박물관을 대상으로 몇 차례 개최한 적이 있다.

---

4 https://hands-on-international.net/about/

한국의 특이한 현상 중의 하나는 영리 목적으로 어린이 콘텐츠를 설치하는데 주로 테마파크나 방학 때를 겨냥한 어린이 기획전, 동네마다 생겨나는 키즈카페 등이 있다. 이들의 목적은 신나는 오락과 흥미, 환경 연출에 중심이 되므로 콘텐츠 대부분이 학습을 지향하지는 않는 영리가 커다란 차이이다.

　또한 어린이박물관은 어린이체험관과 혼용하여 명칭을 사용하기도 하고 있는데, 해외에서는 체험관이라는 명칭을 잘 쓰지 않고 있으며, 과학적 내용을 담은 뮤지움에서 '발견'이나 '과학 센터'라는 단어를 사용하기는 한다. 체험이라는 것은 방법적인 면인데 명칭으로 사용되는 것은 바람직하지 않다. 키즈 카페는 주로 아동의 신체놀이 중심으로 해서 야외놀이터의 미세먼지 노출을 대체하는 실내 놀이터로 자리잡고 있다. 특히 키즈 카페는 명칭에서 보이듯이 어머님들이 차를 마시면서 정보 공유의 장을 형성하고, 그 사이에 아동들끼리 실내 놀이터에서 노는 방식을 취하고 있다.

　본 장에서는 학습을 목적으로 하며 세상에 대한 이해를 위한 비영리기관의 어린이박물관에 대한 내용을 기술하고자 한다.

2장

어린이박물관의
역사

　어린이박물관의 세계적인 첫 시발은 1899년 미국의 브루클린 어린이박물관
의 개관이다. 당시 브루클린 예술과학관의 이전 계획으로 소장품을 줄여야 해
서 몇 가지 아이템을 어린이를 위해 박물관에 남겨지게 되면서 설립되게 되었
다.[5] 이곳은 세계 최초의 어린이박물관으로 언제나 박물관의 소장품을 만질 수
있는 정책을 유지해왔다.[6] 이것이 어린이박물관의 관람객인 대상에 맞는 전시
의 시작으로 어린이들은 쇼케이스의 내용을 보기만 한 것이 아니라, 실물을 직
접 만져보게 되는 어린이박물관 개념의 시작이었다.

[5] Joanne Cleaver, Doing Children's Museum, Williamson Publishing Co,1988

[6] Lewin-Benham, Children's museum : A Structure for Family Learning, *I n Maher(Ed),
Collective Vision : Starting and Sustaining a children's museum*, Association of Youth
Museums Washington, D.C, 1997

그후 두 번째로 '과학교사협회'에 의해 설립된 보스톤 어린이박물관은 우리가 현재 알고 있는 상호작용인 핸즈온 전시로 유명하다. 1960년대 마이클 스팍(Michael Spock) 관장에 의해 물리적인 상호작용으로 아동의 발달에 맞는 혁신적인 기법인 핸즈온 전시(hands-on)를 선보였다. 핸즈온 전시란 쇼케이스 내의 보기만 하는 전시와 반대되는 것으로 손을 사용하여 직접 만지고 체험해보는 전시기법을 말한다. 그의 첫 전시는 일상의 물건과 기계인 것들로 이뤄진 'What's Inside'로, 일상의 사물들은 반으로 절개하여서 그 속을 노출하였고, 박물관 내에 거리 환경을 인공적으로 조성하여 어린이 관람객이 자동차 엔진과 주차 미터기까지 기어 올라갔다가, 하수 처리가 되어 있는 맨홀까지를 기어서 내려오게 하였다. 사용을 못하던 시청각실을 이용하여 영화가 상영되는 법을 알려주고, 보스톤 지역의 항공 시야를 보여주며 아동들에게 자기가 살고 있는 지역을 볼 수 있게 하였다.[7] 현재 100년의 역사를 넘은 보스톤 어린이박물관은 Michael Spock의 전시 연출기법으로 혁신을 이뤄냈고 이후 전 세계를 선도하는 어린이 박물관의 역할을 수행하고 있다.[8]

미국 동부의 뉴욕 브루클린과 보스톤에서 어린이박물관이 시작되었다면, 동시다발적으로 미국 서부에서는 익스플로라토리엄(Exploratorium)이라는 과학관에서 오펜하이머(Opennheimer) 관장이 핸즈온을 통한 정신 활동을 강조하였다.[9]

어린이박물관을 찾는 아동들은 발달 특징상 세계적인 발달심리학자인 장 피아제(Jean Piaget)가 기술한 전조작기와 구체적 조작기 단계에 해당된다. 이에 핸

7_ Joanne Cleaver, Doing Children's Museum, Williamson Publishing Co,1988

8_ 김진희, 미래문화경관의 주체, 어린이와 뮤지엄, 뮤지엄과 문화경관의 확장, *2016 한국박물관대회* (사)한국문화공간건축확회 제32회 춘계학술대회

9_ Spock, Looking Back on 23 Years, *In Maher(Ed), Collective Vision : Starting and Sustaining a children's museum*, Association of Youth Museums Washington, D.C, 1997

즈온 전시기법은 전시품과 직접적인 물리적인 상호작용으로써 아동들에게 사물과 현상을 이해할 수 있게 도와준다. 또한 아동 발달에 적합한 핸즈온 전시를 뒷받침하는 이론으로는 미국의 철학자이자 교육학자인 존 듀이(John Dewey)의 학습에 있어서 개인적인 경험을 중요성을 강조한[10] 경험주의 이론에 의거한 '행동함으로써 학습한다'(Learning by doing)였다.

이후 70년대에 미국 전역에 어린이박물관이 확산되어 어린이들에게 전시를 선보였는데 여기에는 몇 가지의 사회적 배경이 있었다. 미국인들의 개척자 정신은 지역사회 프로젝트와 결합 되었고, 직장모, 편부모, 고령의 부모 등 다양한 가족 형태에 나타났고 이는 어린이박물관이 공동의 관심사로 여겨지게 되었다. 또한 미국인의 취미 생활인 자동차와 캠핑은 서부 해안과 동부 해안을 교차하여 찾아가 보스턴과 브루클린, 익스플로라토리엄을 찾게 되었다.

또한 1957년 소련이 인공위성 스푸트닉호를 발사한 후 그 충격으로 미국의 교육 혁명기가 1970년대 새로운 교육 형태에 대한 열망으로 이어졌다.[11] 이런 다양한 점들은 핸즈온 전시를 하는 어린이박물관이 급부상하게 되는데 영향을 주었다. 특히 1990년에서 2003년 사이 어린이박물관이 100개 이상 증가하였고 이용자 수는 그 기간에 3배가 늘어서 2002년 2400만명에 달하였다고 '세계어린이박물관협회(Association of Children's Museum)'에서 보고했다.[12]

현재 미국은 '세계어린이박물관협회'에서 매년 컨퍼런스를 개최하여 세계

---

10 Joanne Cleaver, Doing Children's Museum, Williamson Publishing Co,1988
11 Lewin-Benham, Children's museum : A Structure for Family Learning, *In Maher(Ed), Collective Vision : Starting and Sustaining a children's museum*, Association of Youth Museums Washington, D.C, 1997
12 Joe L. Frost & Sue C. Wortham & Stuart Reifel. 양옥승외 7인 역, 놀이와 아동발달, 정민사, 2005

어린이박물관 관계자들 1천여명이 집결하며 전시와 콘텐츠 정보를 공유하고 발전을 위해서 네트워킹을 하고 있다. 현재 세계에는 400여개의 어린이박물관이 존재하고 있고, 이집트나 남아프리카 공화국 등도 활발하게 건립하였다.[13]

뮤지엄의 모태인 유럽은 어린이박물관계의 후발 주자로 출발하며 어린이 콘텐츠를 선보이고 있다. 오랜 역사를 자랑하는 유럽권은 모 박물관을 기반으로 한 어린이 대상의 갤러리가 활성화되었다. 네델란드의 트로펜 어린이박물관, 독일 프랑크푸르트 어린이박물관, 덴마크 국립어린이박물관 등이 모 박물관의 유물이나 주제를 기반으로 한 핸즈온 전시를 선보이고 있다. 유럽은 '핸즈온 인터내셔날'이라는 컨퍼런스를 격년으로 개최하여 우수한 어린이 콘텐츠를 공유하고 있으며, 2012년부터 매년 우수한 기관들을 선정하여 상을 주고 있으며, 2015년에는 오스트리아의 어린이박물관 'Zoom'과 미국 보스톤 어린이박물관이 우수 박물관으로 공동 선정되었고, 2024년은 서울상상나라와 인도 어린이박물관이 경쟁하였으나 아쉽게도 인도 어린이박물관이 수상하게 되었다.

아시아권에서는 필리핀 어린이박물관인 뮤지오 팜바타가 1994년 개관하여 마닐라와 주변을 선도하고 있는데, 아시아 어린이박물관 컨퍼런스 개최를 2회 주도하였다. 격년으로 컨퍼런스가 진행되고 있으며, 2014년에는 경기도어린이박물관에서 제3차 컨퍼런스를 주최하였다. 2016년에 제4회로 아시아퍼시픽 어린이박물관 컨퍼런스로 확대되어 하와이에서 개최되었으나 이후 현재까지는 추춤한 상태이다. 한국 핸즈온 전시의 기원으로는 1970년 서울 남산에 '어

---

13 김진희, 미래를 준비하는 어린이문화공간, 월간미술 2016년 5월호, ㈜월간미술, 2016

린이회관'이 육영재단에 설립된 이후, 1995년 삼성문화재단에서 국내 최초 어린이박물관을 잠실 오피스 건물내에 개관하며 년간 35만명이 방문하며 매우 활발하게 국내에 어린이 체험 전시가 확산되었다. 2011년 경기도어린이박물관이 어린이 전용 건물로 신축, 국내 최대 규모 3200평으로 개관하여 년간 60만명이 다녀가면서 박물관 계에서 관람객에게 사랑받는 성공한 박물관으로 한획을 그었고, 2015년 16개 기관이 참여한 가운데 '한국어린이박물관협의체'가 결성되어 아시아권에서 한국이 매우 활발하게 어린이박물관이 운영되고 있다. 특히 국내 특징적인 현상 중의 하나는 박물관이나 미술관에 어린이들 관람객이 단체 견학겸 가족 나들이겸으로 많이 찾고 있어, 각 기관들이 어린이 전용 갤러리를 마련하고 있다. 전국의 국공립 박물관 내 어린이박물관과 사회교육원, 어린이체험관, 국립현대미술관내 어린이미술관, 국립아시아문화전당내 어린이문화원이 체험 전시를 운영하고 있다. 인천어린이과학관, 서울상상나라, 고양어린이박물관, 경기북부어린이박물관이 대형 규모로 운영하고 있으며, 세종에 위치한 국립박물관단지내 국립어린이박물관이 2023년말에 개관하였고, 용산 국립어린이아트센터 건립 계획 등 어린이를 위한 박물관의 계획이 있다. 일본은 어린이박물관의 체험 전시를 하는 기관으로 '키즈프라자 오사카'가 있고, 동경에 복합문화시설로 '어린이성'이 있었으나 폐관하였고 유사한 체험 전시를 하는 '키키의 어린이문학관', '토이 뮤지움'이 있다. 중국에서는 북경아동센터내 어린이박물관이 개관하였고, 내몽골지구에 어린이박물관 건립 계획이 있었다.

상기에 언급한 미국권, 유럽권, 아시아권 내 한국의 상황을 살펴보면, 어린이박물관이 설립된 사회문화적인 배경이 매우 다르며 주제와 유형이 차이가 있다. 미국의 어린이박물관들은 주로 지역사회를 중심으로 민간에서 후원 협찬이 잘 활성화되어 독자적인 건물의 어린이박물관들이 설립, 확산되어 대부분 유물이 없이 아동의 발달에 맞도록 체험식으로 제작된 전시를 하는 박물관들이다. 미국은 학교 교육에 대한 대안으로 아동의 발달과 가족의 삶을 지원하는 학습 문화기관으로 자리를 잡아갔다. 반면 유럽은 모태인 박물관 기반으로 어린이 갤러리들이 활성화되어 모 박물관의 소장품을 활용하여 체험 전시를 하는 방법을 근간으로 하며, 주제도 모 박물관에 있는 범위를 따른다. 즉 문화유산을 기반으로 한 유럽 박물관내에 어린이 갤러리들은 규모가 소형이다. 이에 반하여 한국은 복합적인 현상을 보이고 있다. 미국의 핸즈온 전시들로 출발한 국내 최초의 어린이박물관의 사례가 확산되기 시작하여, 기법 면에서는 대부분 전시물을 제작한 핸즈온 전시를 보여주고 있고, 일부분에서는 유물이나 소장품을 활용하기도 한다. 모 박물관이 있는 공공기관은 어린이 갤러리 혹은 어린이박물관을 신설하였고, 대형 신축 건물로 새롭게 설립한 기관과 더불어 비영리의 공공기관이 대다수를 이루며 핸즈온 전시를 운영하고 있다. 문화계와는 다른 축으로 한국에서 확산된 교육청 소속의 유아교육진흥원과 지자체 소속의 어린이회관, 향후 신축 예정인 기관들도 비영리 공공기관으로써 근간은 문화계, 교육계가 전국적으로 아동과 가족을 주목하고 아동의 발달에 맞는 핸즈온 전시를 확대시켜가고 있다. 단, 세계적인 역사에 비하면 아직은 미흡한 수준으로써 양적인 팽창만큼이나 이제는 질적인 향상을 해야하는 것이 한국 어린이박물관계의 과제이다.

아동 발달 및
교육학적 이론

　어린이박물관은 심리학자, 박물관학자 측면에서 지원해주는 이론들이 있다. 그 중에서 가장 밀접한 관련이 있는 학자들인 Jean Piaget, Lev Vygostky, Howard Gardner, Falk & Dierking, Gegorge E. Hein의 교육 이론 그리고 박물관에서 일어나는 행위인 놀이 관련 이론들을 살펴보고자 한다. 이 이론들을 기반으로 어린이박물관의 실제가 시작되어야 한다.

　아동 관련 이론의 심리학자로써 두 축을 이루는 사람은 Jean Piaget, Lev Vygostky이다. Piaget는 스위스 심리학자로 아동 발달 단계 이론을 설명하며, 아동은 성인과 다른 사고체계를 가진 것을 증명해 준 학자이다. 아동 발달 단계는 4가지 단계가 있으며, 이는 아동을 이해하는 가장 기초적인 해석으로 감각운동기, 전조작기, 구체적 조작기, 형식적 조작기 4단계로 구분하였다. 필자는 어린이박물관의 핵심 관람객인 영유아에 해당되는 감각운동기와 전조작기의 특징만 서술하였다.

- 감각운동기(sensorimotor stage : 만0-2세) : 영아는 환경을 시각, 청각, 촉감, 미감, 후각을 통해서 지각하고, 이에 영향을 미치는 방법인 감각 운동으로부터 지적 발달을 예측할 수 있다. 인지발달은 처음에는 단순한 반사와 환경에 대한 막연한 의식에서부터 시작해서 변별적이고 정확한 지각으로 분화한다. 여기에는 6개의 하위단계가 있다.[14]
  - 1단계 : 반사기(reflaxing period : 0-1개월) 생득적으로 학습에 의하지 않고 반사 행동에 의해서 환경에 적응하는 시기이다. 반사가 효율적으로 되며 좀 더 수의적인 운동이 반사를 대신하게 된다.
  - 2단계 : 1차 순환 반응기(primary circular reaction : 1-4개월) 간단한 습관 형성의 단계이다. 아기가 우연히 하게 된 반사적 행동이 자기 자신에게 만족을 주면 그 행동을 반복하게 된다. 흥미로운 몸의 움직임을 반복하는데, 예를 들면 손가락 빨기 같은 행동이 있다.
  - 3단계 : 2차 순환 반응기(secondary circular reaction : 4-8개월) 아기의 신체적 순환반응에서 환경의 사물로 확대되어 가는데, 주변에 관심을 끄는 사건을 발견하게 되면 그 사건을 일으킨 행동을 반복하게 된다. 즉, 흥미로운 외부 사건을 반복하는데, 예를 들면 엄마가 장난감을 아기에게 집어주면 아기가 던지고 엄마는 장난감을 다시 집어 아기에게 주도록 하는 반복적인 행동을 한다.
  - 4단계 : 2차 도식의 협응기(coordination of secondary circular reaction : 8-12개월)

---

14 이경희 & 이경희, 아동발달과 양육, 서울 : 형설출판사, 1994

아기는 명확한 지적 활동이 생기게 되고, 대상 영속성(object permanence)[15] 이 생기기 시작해서 대상이 눈앞에서 사라져도 없어진 것이 아니라고 판단한다. 목적을 위해서 도식을 결합하는데, 예를 들면 엄마가 코트를 입고 가방을 들면 아기는 엄마가 외출할 것이라는 것을 예측이 가능해서 엄마에게 빨리 다가가거나 엄마의 옷깃을 꼭 잡거나 한다.

- 5단계 : 3차 순환 반응기(tertiary circular reaction : 12-18개월) 아기가 흥미를 끄는 신기하고 새로운 결과를 위해 일련의 창의적 실험적인 행동을 되풀이한다. 새로운 것을 위해 다양하게 반복하는데, 예를 들면 아기가 굴러간 구슬을 꺼내기 위해서 엄마의 주먹을 펴다가 안되면 깨물어보고 그래도 안되면 울어보는 등 문제 해결을 위해 여러 도식을 협응해서 사용한다.

- 6단계 : 사고의 시작(beginning of thought : 18-24개월) 감각 운동적 탐색이나 행동이 상징적 사고로 전환되는 시기이다. 과제를 해결할 때 정신적 심상(image)으로 표상하고 인지적으로 그들을 연결짓거나 조작할 수 있게 된다. 즉, 행동하기 전에 사고하게 된다.

● 전조작기(pre-operational stage : 만2-7세) : 상징과 심상을 사용하는 능력이 생겨서 눈에 보이지 않는 대상을 표현한다. 언어나 그림을 사용하여 인지발달이 이루어지고 상징적 활동(symbolic activity)의 증가, 직관적 사고(intuitive thought), 자기중심성(egocentrism)이 특징이다.[16]

- 상징적 활동 : 가상적 놀이라고도 하는데, 예를 들면 어떤 사물을 아기라고 생각하고 엄마 놀이를 한다든지, 종이 벽돌을 비행기로 생각하고 비행

---

15 눈에 보이던 것이 눈에 보이지 않는다 하여도 완전히 없어진 것은 아니라는 사고를 말함
16 이경희 & 이경희, 아동발달과 양육, 서울 : 형설출판사, 1994

하는 놀이를 말한다. 언어가 사고 과정을 표현하지만, 비언어적 행동도 주요한 인지발달로 이해해야 한다.

- 직관적 사고 : 외형적인 지각으로 논리적인 판단을 하는 것으로, 지각과 사고가 분리되지 않으며, 만약 둘 사이의 충돌이 날 경우는 지각이 논리적 사고에 앞서는 근거가 된다.
- 자기 중심성 : 타인의 관점으로 세상을 이해하기가 어려워 자신의 입장으로만 판단한다. 타인의 관점으로 보는 것은 조망 수용 능력(perspective taking ability)이라고 하는데, 이 능력이 생기지 않는다. 또한 자신의 내면과 세상이 구분되지 않아 본인이 꾼 꿈은 상대방도 알고 있다고 생각한다. 자기 중심성에는 모든 사물인 즉 유기체와 무기체가 생명이 있다고 생각하는 물활론(animism), 마음과 꿈에서 생각한 것도 모두 실재라고 생각하는 실재론(realism), 세상의 모든 사물은 인간을 위해서 만들어졌다고 사고하며, 사물이 왜 만들어졌는지 목적이 있다고 생각하는 목적론(finalism) 등 3가지의 특징을 가지고 있다.[17]

피아제와 비고츠키는 구성주의자로 불리워지는데, 심리학에서 구성주의(Constructivism)는 인간이 자신의 경험으로부터 지식과 의미를 구성해낸다는 이론인데 교육학에서는 이를 적용해서 사용한다. 교사의 역할은 지식을 전달하는 것이 아니라 생각을 발견도록 도와주는 조력자의 역할이다. 구성주의는 학습을 인지 구조의 재구성이라 보며, 인지 구성의 요인으로는 개인적 경험 요인, 사회문화적 요인으로 크게 두 부류를 들 수 있으며, 두 부류는 보완적 접근이 필요하다. 즉, 피아제의 인지 발달 이론에 영향을 받은 개인적 구성주의는

---

17 이경희 & 이경희, 아동발달과 양육, 서울 : 형설출판사, 1994

학습은 환경과 상호작용하면서 인지 발달이 되고 지식은 개인이 형성한다고 보는 것이며, 비고츠키의 사회 발달 이론에 영향을 받은 사회적 구성주의는 인간은 환경과 상호작용하면서 사회적 영향을 받으며 발달, 학습한다고 한다. 즉 학생에게는 사회적 영향을 주는 교사, 친구, 부모 등과의 상호작용이 중요한 영향이라고 말한다. 비고츠키의 대표적 개념은 '근접 발달 영역(Zone of proximal development : ZPD)'으로 이는 학생의 현재 발달 상태와 잠재적 발달 사이의 거리로 어떤 자극으로써 학습할 수 있는 과업을 말한다. 발달 과업의 목표치인 비계 설정(scaffoding)으로써 교사나 우수한 동료들에 의해 도움을 받아 학생이 발달을 이루게 된다.[18]

Howard Gardner는 다중지능이론으로 유명한 하버드대 심리학과 교수이다. 그는 인간은 7개의 지능 즉, 언어 지능, 논리 수학적 지능, 공간 지능, 신체 운동 지능, 음악 지능, 대인 관계 지능, 개인 내적 지능을 가지고 있다고 소개하였는데, 추가로 자연 관찰 지능과 실존 지능을 추가하였다.[19] 그의 이론은 학교보다는 체험식 전시로 공간적 탐색이 활성화되는 어린이박물관에서 다중지능이 활발히 개발될 수 있음을 피력하였다.

박물관 교육 측면에서는 Falk & Dierking은 '맥락적 학습모델(The Contextual Model of Learning)'을 언급하였다. 학습이라는 것은 시험관이나 실험실에서 일어나는 것이 아니라 실생활에서 일어나는 유기적이고 통합적인 경험이라는 것이

---

18 김진희, 어린이관, *과학관이해 및 과학해설*, 국립중앙과학관2016, 2015
19 이경희, 어린이를 위한 체험식박물관과 학습, *혁신과 헌신 : 어린이를 위한 체험식 박물관*, 2006 삼성어린이박물관 특별세미나, 2006

다.[20] 학습을 3가지 맥락- 개인적, 사회적, 물리적-의 지속적인 의미 구성을 위한 끝없는 통합과 상호작용으로 보았다. 시간의 움직임 속에서 개인적 맥락은 형성되며, 물리적 맥락 속에서 재형성하고 사회문화적 맥락에서 중재되는 것이다. 따라서 그의 이론을 박물관에 적용하면 아동의 개인적 기억은 경험, 흥미, 발달 등의 맥락에서 어린이박물관에서의 물리적 맥락 체험, 그리고 함께 방문한 교사나 가족들의 사회문화적 맥락 등에 의해서 통합적으로 학습된다고 할 수 있다.

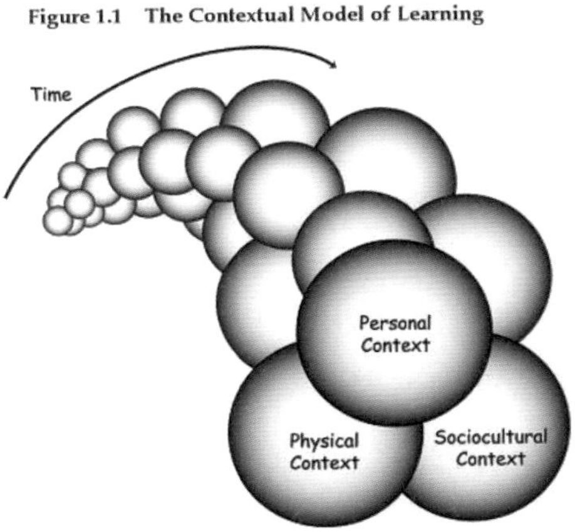

Figure 1.1   The Contextual Model of Learning

[그림 3-1] 맥락적 학습모델[21]

박물관 교육학자로 Gegorge E. Hein의 교육 이론은 4가지 영역으로 나누어 볼 수 있는데, 이를 모두 박물관 유형에 적용해 볼 수 있다. 한 축은 학습 이론을, 다른 한 축은 지식 이론을 상호 교차하여, 인식론과 학습 이론에 관해 4가

20_ Falk & Dierking, 역자 : 노영 외, 박물관교육의 기본, 미진사, 2007
21_ https://interlab100.files.wordpress.com/2014/11/context-pic-1.jpg

지 서로 다른 교육 이론을 제시하였다.[22] 좌측 상단은 지식이 외부에 존재하고 학습자가 지식을 축척해 가는 직접적이고 설명적인 학습 이론이다. 여기에는 전통적인 쇼케이스와 설명판을 만든 일방향적 박물관 유형으로 전통적인 박물관이나 미술관을 말할 수 있다. 좌측 하단의 지식은 개인이 구성하고 학습을 축척해 가는 자극-반응 학습유형으로 심리학의 행동주의 방식에 해당한다. 질서 있는 박물관으로 해석되는데, 예를 들자면 하나의 자극인 행위를 하면 그 결과에 따라서 반응하는 버튼형 전시들이 이에 해당한다고 볼 수 있다. 우축 상단에

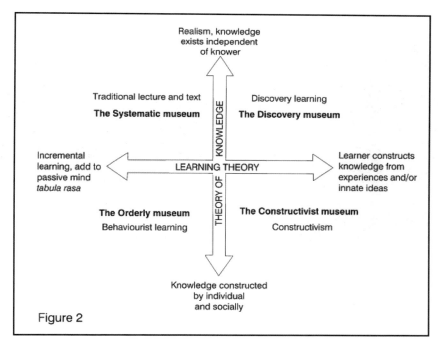

[그림 3-2] Hein의 교육 이론[23]

22 George E, Hein. 안금희외 역, 박물관교육론, 학지사, 2015
23 http://www.gem.org.uk/pubs/news/hein1995.php

체계적인 박물관(전통적 박물관)　　　　발견 박물관

질서있는 박물관(행동주의적 박물관)　　　구성주의 박물관

[그림 3-3] 하인의 교육 이론에 의한 박물관 전시 유형

서는 지식은 외부에 존재하나 학습자가 내용을 구성하는 것은 발견 유형인데, 이는 세상의 진리가 외부에 있고 이를 발견하게 되는 과학관에서 과학 원리를 탐구하면서 발견하는 주로 과학전시 기법에 해당되며 발견 박물관이라 한다. 아래의 하단 우측 사진에서는 바람관에서 스카프나 종이나 무게에 따라서 날려지는 방법을 발견해 볼 수 있다. 마지막으로 지식은 개인이 구성하고, 학습자

가 지식을 구성하는 구성주의 유형이 있다. 이는 어린이박물관에서 지향하는 유형으로 주로 개인별 창의적인 체험 형태를 말한다. 아이들이 좋아하는 블록 놀이, 예술 형태 등이 해당되며 구성주의식 박물관이다. 하단 아래 우측 사진에서는 아동들이 바람길을 조성해 가면서 베르누이 원리에 의해서 공이 띄워지는 방법을 구성해 볼 수 있다.

많은 어린이박물관에서는 주로 발견 유형과 구성주의식을 지향해서 전시를 하고 있고 전시가 잘 풀어지지 않고 지식 주입을 해야하는 경우 버튼식의 행동주의적 전시를 하고 있다.

어린이박물관에서 일어나는 아동의 경험은 놀이를 수반한다. 예로부터 놀이에 대한 언급들은 철학자나 교육학자들 다수가 표명했었다. 그 중에서 어린이들에게 적합한 내용을 살펴보고자 한다.

Locke는 놀이는 아이들에게 필수적인 것이며 환상, 즉 상상에 기반을 둔다고 말하였다.[24] Froebel은 놀이는 아이들을 교육하는데 적합한 삶의 모방이 된다고 표명하였다.[25] 이는 유치원이나 어린이집에서 놀이 중심의 교육 과정을 실행하는 기반이 되며 어린이박물관도 삶을 모방하고 재현하며 세상에 대한 이해를 돕는 기관이므로 해당된다. 또한 Bekoff & Byers는 놀이는 합리적인 사고의 개시 이전의 인간 경험의 일부가 되어왔다고 언급했다.[26] Gross는 아동 놀

---

24 Joe L. Frost & Sue C. Wortham & Stuart Reifel. 양옥승외 7인 역, 놀이와 아동발달, 정민사, 2005

25 Joe L. Frost & Sue C. Wortham & Stuart Reifel. 양옥승외 7인 역, 놀이와 아동발달, 정민사, 2005

26 Joe L. Frost & Sue C. Wortham & Stuart Reifel. 양옥승외 7인 역, 놀이와 아동발달, 정민사, 2005

이를 종(種)[27]이 적응하도록 돕기 위한 준비 형태로서, 곧 다가올 것에 대한 연습으로 보았다.[28] 따라서 Gross의 놀이 언급은 미래의 삶을 대비하는 데 조력하는 어린이박물관의 역할로 볼 수 있다.

정신 분석이론가인 Freud는 놀이가 아동의 정서발달에 중요한 역할을 한다고 하면서 놀이의 정화 기능을 강조했다. 놀이를 통해서 고통스러웠던 사건과 관련된 부정적인 느낌을 제거하며, 아동이 같은 놀이를 반복적으로 하는 것은 불쾌한 사건을 다루기 위한 기제라고 했다.[29] 그의 이론은 어린이박물관에서 비극적인 사건을 다루는데 기반이 된다고 할 수 있다. 예를 들면 911테러 사건을 다루는 소방관 체험, 한국의 세월호 사건의 희생자에게 보내는 글쓰기 체험 등이다.

인지 발달론자인 Piaget는 놀이는 단순히 인지 발달 수준을 반영하는 것이 아니라 인지 발달에 공헌한다고 하였고, Vygotsky는 놀이가 인지 발달에 좀 더 직접적인 역할을 한다고 하면서, 상징 놀이는 추상적 사고 발달에 결정적인 역할을 한다고 보았다.[30] Bruner는 아동이 놀이하는 동안에 목적을 성취하려고 걱정하지 않으므로 한 번도 해본 적이 없는 새로운 행동을 할 수 있는데, 이러한 융통성이 실제 문제를 해결하는데 도움을 준다고 하였다.[31] Sutton-Smith는 가작화(假作化)[32] 놀이에서 발생하는 상징적 변형이 아동의 정신적 융통성에 영

---

27 씨를 말하는 것으로써 생물 분류의 기초 단위이다.

28 Joe L. Frost & Sue C. Wortham & Stuart Reifel. 양옥승외 7인 역, 놀이와 아동발달, 정민사, 2005

29 이경희 & 이경희, 아동발달과 양육, 서울 : 형설출판사, 1994

30 이경희 & 이경희, 아동발달과 양육, 서울 : 형설출판사, 1994

31 이경희 & 이경희, 아동발달과 양육, 서울 : 형설출판사, 1994

32 놀이의 일종으로 모방하는 놀이를 말한다.

향을 미친다고 보았다.[33] 상징적 변형이란 예를 들면 막대기를 마법의 빗자루처럼 사용하거나, 막대기를 비행기라고 생각하는 것을 말한다.

특히 Frost & Klein은 놀이 발달이 인지 발달 수준에 따라 5단계로 진행된다고 말했다.[34]

〈표 3-1〉 놀이의 단계

단 계	놀이 종류	내 용
1단계	기능 놀이 (Functional Play)	감각운동기의 아기가 기능적인 즐거움을 위해 반복적으로 되풀이하는 단순한 놀이 행동이다.
2단계	구성 놀이 (Construction play)	기능적 활동으로부터 창조적 활동으로 전환을 하는데, 예를 들어 블록으로 자동차, 성, 터널 만들기 등을 하는 것을 말한다.
3단계	상징 놀이[35] (Symbolic Play)	만 2세말 경에 손에 아무것도 없는데 무엇인가 마시는 시늉을 하는 상상 놀이를 말한다.
4단계	사회극적 놀이 (Sociodramatic Play)	상징놀이가 더 발전된 것으로 한 명 이상의 친구와 함께 참여하는 놀이를 말한다. 사람의 역할을 모방하는 사회극적 놀이가 많고, 가작화 요소가 개입된다.
5단계	규칙있는 게임 (Games with rules)	게임은 정해진 규칙을 지켜야 하며 규칙을 변경하기 위해서는 다른 놀이 친구의 동의를 얻어야 하는 것을 인식한다. 즉 규칙에 대한 이해와 자신의 행동을 통제해야 한다.

공기 놀이로 예를 들면 연령에 따라서 놀이 종류가 다르다. 2세 이전의 아동들은 공기 돌을 굴리거나 컵에 담아 흔들거나 하는 등의 기능 놀이를 하고,

---

33 이경희 & 이경희, 아동발달과 양육, 서울 : 형설출판사, 1994
34 이경희 & 이경희, 아동발달과 양육, 서울 : 형설출판사, 1994
35 Piaget는 아동의 상징 놀이는 성인이 지배하는 세상에서 아동이 자신의 욕구를 충족할 수 없으므로, 현실을 자신의 욕구에 동화시켜 새로운 세계를 창조한다고 하였다.

3세경의 아동은 공기 돌을 나열하거나 모래 케이크에 장식을 하며, 4세경의 아동들은 공기 돌을 계란으로 가상하여 상징놀이 및 사회극적 놀이를 하고, 6세경의 아동들은 공기 돌을 가지고 목표물 안에 던져 넣는 게임을 하고 놀 수 있다.[36]

놀이에 대한 각성 조절 이론은 1960년에서 1970년대의 결쳐서 Berlyne이 시작해서 Ellis에 의해 수정된 이론으로서, 놀이란 각성을 최적 수준으로 유지하기 위해 중추신경계의 욕구나 추동에 의해 발생한다고 했다. 아동은 놀이를 통해 새롭고 기이한 방법으로 물체를 사용하고 행동함으로써 자극을 증가시켜 각성을 조절한다.[37] 예를 들면 아동이 미끄럼틀에서 미끄럼타기가 충분히 익숙해지면 싫증이 나며 각종 방법을 구상해서 더 모험적으로 타는 것을 말한다. Ellis는 놀이를 최적 수준으로 각성을 올리기 위한 자극-추구 활동으로 보았고 이는 놀이터와 놀이터 설계에 중요한 정보를 제공하였다.[38]

현대 서구 사회에서는 상기와 같은 놀이 중심의 신념하에 건강 발달과 교육을 위해서 아동과 가족을 위한 서비스를 제공하였다. 놀이를 가난의 영향을 극복하기 위한 가족 중재 프로그램을 포함하여, 가족의 학습과 정신 건강을 위한 기반으로 묘사했다. 또한 놀이는 발달에 적합한 실제를 위한 초석이며, 집단 환경에서의 유아 교육을 위한 지침이다.[39] 따라서 상기에 언급한 내용들은 모두 어린이박물관들에서 아동과 가족을 위해서 다루고 있는 내용과 프로그램들이

---

36 이경희 & 이경희, 아동발달과 양육, 서울 : 형설출판사, 1994
37 이경희 & 이경희, 아동발달과 양육, 서울 : 형설출판사, 1994
38 이경희 & 이경희, 아동발달과 양육, 서울 : 형설출판사, 1994
39 Joe L. Frost & Sue C. Wortham & Stuart Reifel. 양옥승외 7인 역, 놀이와 아동발달, 정민사, 2005

다. 이는 어린이박물관이 아동과 가족을 위한 양질을 서비스를 제공하고 있다는 것을 뒷받침해 준다고 할 수 있다.

현대의 신경 과학에 대한 연구는 놀이의 힘과 놀이 실조의 영향에 대해 제시하고 있다. 아동들은 점점 휴식의 감소로 인한 창의적이고 자발적인 놀이의 박탈, 쉴틈 없이 짜여진 학업 시간, 부모의 부재, 범죄의 공포, 조직화된 스포츠, 비디오 게임, 컴퓨터, 상업적 놀이 등을 포함하는 첨단의 놀이가 아동의 놀이를 줄어들게 하고 결국 이는 아동의 건강, 신체의 조화, 정서적 적응에 악영향을 미치고 있다고[40] 학자들은 말한다. 이에 따라 어린이박물관과 같은 건강한 환경, 즉 아동의 발달을 지원하고 놀이를 장려하며 부모 자녀의 관계를 촉진하는 기반이 될 수 있는 어린이박물관이 역할이 크다고 할 수 있겠다.

또한 놀이는 구성적/ 파괴적, 합리적/ 비합리적 요소를 동시에 가지고 있으며 전통적인 자발적인 놀이가 현대의 다른 놀이로 빠르게 대치되는 것은 긍정적 혹은 부정적 결과를 초래한다[41]고 현대 놀이의 증상을 학자들은 언급한다. 이를 긍정적으로 만들어가기 위해서는 놀이 장소, 즉 놀이에 필요한 발달적 요구의 수용, 건전한 놀이 공원, 어린이박물관과 같은 놀이를 촉진하는 장소와 환경이 필요하다는 당위성을 제공해주고 있다.

40_ Joe L. Frost & Sue C. Wortham & Stuart Reifel. 양옥승외 7인 역, 놀이와 아동발달, 정민사, 2005

41_ Joe L. Frost & Sue C. Wortham & Stuart Reifel. 양옥승외 7인 역, 놀이와 아동발달, 정민사, 2005

4장
어린이박물관의
미션(사명)과 비전

어린이박물관은 그 기관마다의 정체성이 존재해야 하는데, 이를 가장 잘 표명하는 것이 기관의 미션과 비전이다. 기관의 미션을 정립하려면 지역사회에서 어린이박물관이 어떤 역할을 할 수 있는지에 대한 고민이 필요하다. 관람객이 될 수 있는 대상층의 분포를 파악하고, 위치한 지역사회의 특징을 이해하고, 기관의 재원을 주는 소속처에 대한 역할도 반영해야 한다. 국립이면 국가를 대상층으로 하되 실제는 인근 지역민이 가장 많은 방문을 하므로 두 가지의 역할을 모두 소화해야하며 이를 기반으로 미션과 비전이 성립이 되어야 한다.

비영리단체 경영 컨설턴트로 유명한 피터 드레커(Peter Drucker)는 '비영리기관은 그들의 미션을 위하여 존재한다. 중략... 미션은 언제나 시작이자 끝이며, 이

사이는 미션을 수행하기 위한 과정이다.'라고 언급했다.[42] 이는 비영리단체의 미션이 얼마나 중요한지를 알 수 있으며, 결국 미션은 기관의 목적을 분명히 알 수 있는 선언이기도 하다.

어린이박물관협회(Association of Children's Museum)에서 세운 어린이박물관의 자체 연구 질문지의 미션 계획 기준과 리더쉽 고려 사항들[43]을 알아보고자 한다.

- 미션이 아동을 주요 관람객으로 삼고, 아동을 포함한 다른 관람객을 인식하는가?
- 미션에 기초하여, 기관은 아동의 요구를 어떻게 충족시키는가? 기관의 미션을 잘 수행하는지 어떻게 측정하는가?
- 미션에 기초하여, 전시와 프로그램은 어떤 주제나 테마에 초점을 맞추는가?
- 아동의 호기심을 자극하고 학습 동기를 부여하기 위하여 핵심 교육 철학과 방법을 설명할 수 있는가?
- 박물관은 서면으로 된 전략적 계획을 가지고 있는가? 전시 기간은 어떻게 되는가? 이사회의 승인은 받았는가? 직원과 이사회가 계획에 참여했는가? 성공을 결정하는 척도는 무엇인가? 계획의 척도에 직원의 성취는 어떻게 측정하고 있는가?

---

42 Peter F. Drucker, The Five Most Important Questions You Will Ever Ask About Your Organization : Participant's Work Book. Jossey-Bass Inc., San Fransisco, 1993

43 Association of Children's Museum, Standards for Profrssional Practice in Children's Museums, Children's Museums Standards Document & Association of Children's Museum, 2012, p7

만약 상기의 사항들이 미션 선언문에서 포함되지 않았다면, 비전이나 계획 단계에서 고려해 볼 만한 질문지라고 판단된다. 필자는 미션 선언문 만들 때 고려해야할 점들을 생각해 보았는데 이는 다음과 같다.

- 지역사회의 인구 조사를 하여야한다. 출산율, 영유아 및 초등학생의 수, 신도시로 맞벌이 부부가 많은지? 아니면 오래된 도시로 고령 가족원이 많은지, 다문화 가정들이 있는지 등에 따라서 어떤 역할을 해야하는지를 참고할 수 있다. 어떤 대상층인지에 따라서 기관의 콘텐츠에 영향을 주고, 이것이 미션에 반영되어서 설정될 수 있다. 예로 고령 가족원이 많다면 3세대 콘텐츠의 필요성, 다양한 가족에게 봉사해야하는 것이 드러날 수 있다.

- 주변의 아동과 가족 시설에 대한 조사를 하여야 한다. 비영리이건 영리이건 아동과 가족이 방문하는 곳들이 어디인지? 박물관이 있는지 아니면 영리의 어린이시설이 있는지? 이런 조사를 통해서 기관은 어떤 역할을 해야 할 지를 고려해야 한다. 예를 들자면, 필라델피아의 어린이박물관인 플리즈터치 뮤지움은 주변의 프랭클린 과학관이 리노베이션하면서 이곳이 초등 이상의 아동이 주로 방문하는 곳이 되므로, 본인들의 어린이박물관은 취학 전으로 타겟 연령층을 설정한 사례가 있는 곳이다. 대상 연령층에 따라서 콘텐츠가 달라지고 기관의 역할이 달라지기도 하기 때문이다.

- 강점, 약점, 위기, 기회의 SWOT 분석을 하여서 기관의 역할을 도출하기도 한다. 지역사회 주변의 상황이나 인구가 변화되거나 하면, 이런 점들이 반영되어서 기관의 미션 선언문을 수정할 필요도 있다. 만약 개정이 된다면, 대폭 변화보다는 단어나 문구가 최근 경향으로 중장기로 한번씩 개정될 수 있는 시기로 볼 수 있다.

- 어린이박물관은 비형식적인 학습기관이므로 달성하고자 하는 목적에 미션이 들어가야하며, 이는 아동의 학습이 일어나는 놀이, 학습, 교육 등의 단

어들을 명시하는 것을 추천한다.

그러면 해외 어린이박물관의 미션을 사례로 살펴보자.

〈표 4-1〉 해외 어린이박물관의 미션

	기관 명	미션(사명)	키워드
1	휴스턴 어린이박물관	우리는 혁신적인, 아동중심 학습을 통해 지역사회를 변화시킨다[44]	지역사회 변화
2	인디아나폴리스 어린이박물관	우리는 어린이와 성인을 위한 강력한 학습 경험을 만들어 기쁨, 놀라움, 호기심을 불러일으킵니다.[45]	강력한 학습 경험, 기쁨, 놀라움, 호기심
3	플리즈터치 어린이박물관	놀이를 통한 학습의 힘을 발견함으로써 아동의 삶을 변화시킨다 [46]	아동 삶의 변화
4	보스턴 어린이박물관	어린이와 가족이 즐거운 발견 경험을 통해 세상에 대한 감사의 마음을 심어주고, 기초적인 기술을 개발하며, 평생 학습에 대한 사랑을 키우는 곳입니다.[47]	즐거운 경험, 평생 학습
5	매디슨 어린이박물관	발견 학습과 창의적 놀이를 통해 아동과 가족과 지역사회 및 세계와 연결한다[48]	아동, 가족, 지역사회, 세계의 연결
6	콜 어린이박물관	상상력과 호기심을 자극하는 학습 경험 만들기[49]	학습 경험

---

44 https://www.cmhouston.org/about-us

45 https://www.childrensmuseum.org/about/mission

46 https://www.pleasetouchmuseum.org/about/

47 https://bostonchildrensmuseum.org/about/

48 https://madisonchildrensmuseum.org/about/

49 https://www.kohlchildrensmuseum.org/about-us/

	기관 명	미션(사명)	키워드
7	피츠버그 어린이박물관	모든 학습자에게 친절함, 즐거움, 창의성, 호기심을 고무시키는 혁신적이고 포용적인 박물관 경험을 제공하는 것입니다.[50]	혁신적인 박물관 경험
8	피닉스 어린이박물관	아동과 아동을 돌보는 어른들의 마음, 근육, 상상력을 관여하기 위해서 이다[51]	관여
9	놀이 스트롱 국립박물관	우리는 놀이를 연구하고 탐구하여 풍부한 다양성과 더 넓은 인간 이야기 속에서 미국의 경험을 조명합니다. 놀이를 통해 우리는 학습을 장려하고, 창의성을 키우고, 발견을 촉진하고, 모든 연령대의 사람들의 삶을 변화시킵니다.[52]	놀이, 모든 연령대, 사람들의 삶
10	미네소타 어린이 박물관	놀이를 통한 아동의 학습에 불꽃을 일으킨다.[53]	아동 학습, 불꽃
11	브루클린 어린이 박물관	우리 자치구의 에너지와 다양성에서 영감을 받아, 호기심을 불러일으키고, 정체성을 기념하며, 즐거운 학습을 기르는 경험을 창조합니다.[54]	호기심, 정체성, 즐거운 학습, 경험 창조
12	키드 스페이스 어린이박물관	어린이가 주도하는 경험을 통해, 모든 어린이의 잠재력을 키우고, 즐겁고 적극적인 학습자로 성장하도록 영감을 제공합니다.[55]	잠재력, 학습자, 영감 제공
13	새로운 어린이박물관	상호작용 예술 경험을 통해 창의성, 탐구심, 소속감을 불러일으키는 것입니다.[56]	예술 경험, 창의성, 탐구심, 소속감

50_ https://pittsburghkids.org/about/

51_ https://childrensmuseumofphoenix.org/about-the-museum/mission-history/

52_ https://www.museumofplay.org/about/

53_ https://mcm.org/about/

54_ https://www.brooklynkids.org/about/

55_ https://kidspacemuseum.org/about/overview/

56_ https://thinkplaycreate.org/about/

	기관 명	미션(사명)	키워드
14	산호세 발견 어린이박물관	창의성, 호기심을 북돋우고 평생 학습을 장려합니다.[57]	창의성, 호기심, 평생 학습
15	미시시피 어린이박물관	사명은 탁월함과 평생 학습의 즐거움을 고취할 수 있는 비교할 수 없는 경험을 만드는 것입니다.[58]	평생 학습, 즐거움, 경험
16	롱아일랜드 어린이박물관	모든 지역 사회의 어린이와 그들을 돌보는 사람들을 서로 연결하고, 경이로움, 상상력, 탐험의 삶을 만듭니다. 여기에서 어린이들은 자신의 열정과 우리가 공유하는 세상과의 관계를 발견합니다[59]	연결, 경이, 상상, 탐험, 삶, 열정, 세상, 관계
17	덴버 어린이박물관	어린 시절의 놀라움과 기쁨을 표현하는 특별한 경험을 창조합니다.[60]	놀라움, 기쁨, 특별한 경험
18	루이지애나 어린이박물관	아이의 잠재력을 보이게 하면 놀라운 일이 일어난다. 그래서 우리는 아이들이 놀이, 공동 탐험, 대화를 통해 주변 사람들과 세상과 소통할 수 있는 장소를 만들었다. 아이들이 놀라운 인간이 될 수 있는 장소. 매일 놀라운 일이 일어나는 장소.[61]	놀이, 공동 탐험, 대화, 세상과 소통, 장소, 놀라운 일
19	빠빠로테 어린이박물관	남학생과 여학생, 그 가족과 교사에게 게임을 주요 도구로 사용하여 발견하고, 상상하고, 참여하고, 공존할 수 있는 최고의 대화형 학습 경험을 제공하는 것이다.[62]	발견, 상상, 참여, 공존, 최고, 학습경험

---

57 https://www.cdm.org/about/mission/

58 https://mschildrensmuseum.org/about/our-institution/

59 https://www.licm.org/about/

60 https://www.mychildsmuseum.org/about

61 https://lcm.org/about/

62 https://www.papalote.org.mx/nosotros/

19개 박물관들의 미션에서 자주 언급되는 키워드는 주로 아동, 학습(혹은 평생 학습), 자극, 경험, 놀라움, 상상, 탐험, 창의력, 잠재력, 변화, 혁신, 연결, 관계, 대화, 지역사회, 세상 등이다. 창의력, 잠재력, 상상 같은 아동의 능력에 대한 단어와 경험, 탐험, 자극, 놀라움 같은 행동과 정서적인 면이 언급되었다. 그 중에서 가장 많이 언급되는 것은 '아동'과 '학습'이며, 미션 중에서는 '놀이를 통해서' 미션을 수행한다고 하는 방법론으로 여러 어린이박물관에서 언급하고 있다. 미션을 수립해야하는 기관들에서 참고할 만한 단어들이다.

　　이 중에서 지금은 변화되었으나 오래전 기억이 나는 미션으로는 산호세 발견 어린이박물관(Children's Discovery Museum of San Jose)이다. 박물관의 교육적 미션은 연결(Connection), 지역사회(Community), 창의성(Creativity)의 3C이다. 대단히 압축적인 문구들로 간단히 명시되어 있어 30여년 전에 필자가 봤을 때는 다소 놀랍기도 하였다. '연결'이라는 단어는 모든 네트워크를 말하는 단어가 되고, 이는 사람 간의 연결도 될 수 있으며, 지역 간의 네트워크, 단체들 간의 네트워크 등 매우 포괄적인 단어였다. 또한 '지역사회'에 대한 산호세 어린이박물관 역할의 명시는 어린이박물관이 지역사회에 기여해야 하는 분명한 역할을 언급하고 있으며, 아동을 위해서는 '창의성'의 삶에 대한 명시로 명료하게 정의되어 있었다. 산호세 발견 어린이박물관의 최근 홈페이지에는 창의성(Creativity), 호기심(curiosity)과 평생 학습(lifelong learning)에 영감을 준다고 선언하여[63] 미션에 평생 학습이 들어가면서 어린이박물관의 역할이 더 확장되었다고 보여진다.

63　https://www.cdm.org/about/mission

국내에서 독립형 어린이박물관의 미션들을 살펴보자.[64]

〈표 4-2〉 국내 독립형 어린이박물관 미션

기관 명	미션(사명)	키워드
서울상상나라	창의적인 전시와 프로그램을 제공하여 어린이와 가족의 건전한 삶을 지원하며 행복한 사회를 만드는데 기여한다.[65]	행복한 사회, 기여
경기도 어린이박물관	문화예술로 행복한 어린이[66]	문화예술, 행복
고양 어린이박물관	어린이 가족 체험 학습형 복합 문화공간[67]	문화공간
인천 어린이과학관	과학의 원리가 숨어있는 체험과 놀이를 통해 자연스럽게 창의적인 꿈을 키워주는 상상발전소[68]	과학, 상상발전소
경기북부 어린이박물관	모두의 꿈과 상상을 키우는 자연놀이숲 만들기[69]	자연놀이숲
국립 어린이박물관	대한민국 중심 어린이 문화 플랫폼	어린이 문화, 플랫폼

---

64 모박물관이 있는 소속관의 어린이박물관들은 모 박물관의 미션안에 기관이 포함되므로 명기하지 않음

65 https://www.seoulchildrensmuseum.org/introduce/visionMission.do

66 https://gcm.ggcf.kr/pages/intro-vision

67 https://www.goyangcm.or.kr/home/display/region/content/JSVFZFI3ZElHTll0cjZyeFh5b3hWbWRtbHVGNHdtbzg2SDM1WjY5UDBkalkrYz0=

68 http://www.icsmuseum.go.kr/01Intro/summary.jsp
    인천어린이과학관은 미션으로 명명하지는 않았으나, 미션으로 간주될 수 있는 문구로 작성하였다.

69 https://ngcm.ggcf.kr/pages/mission

국내 어린이박물관들에서는 '공간' 혹은 '위치'에 대한 언급들이 나타난다. 두 개의 기관은 체험 학습 문화공간, 상상발전소로 명시하고 있다. '행복'의 명시는 두 개의 기관이 언급하였는데, 서울시에서 추구하는 행복을 서울상상나라에서 시의정을 반영한 것으로 보인다. 필자가 현재 근무하는 국립어린이박물관은 초안을 작성하여 직원들과 4회차의 회의를 거쳐서 국립 기관의 정체성을 고려하여 기관의 미션과 비전을 정립하였다. 100여년이 넘는 미국의 어린이박물관에 비하며, 대부분 수도권 중심으로 이뤄진 30여년 아직은 짧은 역사의 독립형 어린이박물관이라 기관의 공간적 역할에 대한 명시로 설립 목적을 분명히 하는 것이라 생각된다.

다음은 어린이 박물관의 비전, 즉 미래상 혹은 미래 목표라고 할 수 있는 내용이다.

〈표 4-3〉 해외 어린이박물관의 비전

	기관 명	비전(Vision)	키워드
1	인디아나폴리스 어린이박물관	모든 어린이는 세상에서 자신의 잠재력을 실현하도록 영감을 받고 힘을 얻습니다.[70]	잠재력, 영감, 힘
2	플리즈터치 어린이박물관	모든 어린이가 창의적이고, 연민심이 많고, 자신감이 있고, 호기심이 많은 세상이다[71]	창의적, 연민심, 자신감, 호기심

---

70 https://www.childrensmuseum.org/about/mission
71 https://www.pleasetouchmuseum.org/about/

	기관 명	비전(Vision)	키워드
3	보스턴 어린이박물관	다양한 가족이 자녀의 창의성과 호기심을 키우는 데 도움이 되는 환영하고 상상력이 풍부하며 아동 중심의 학습 환경이 되는 것입니다. 우리는 모든 어린이의 건강한 발달을 촉진하여 그들이 잠재력을 발휘하고 우리의 공동 복지와 미래 번영에 기여할 수 있도록 합니다.[72]	아동 중심의 학습 환경, 건강한 발달, 잠재력 발휘, 공동 복지, 미래 번영 기여
4	매디슨 어린이박물관	아이들이 창의성과 호기심을 키우는 데 가족을 지원하는 환영하고 상상력이 풍부하며 즐거운 학습 환경이 되고자 노력합니다. 우리는 모든 아이들이 잠재력을 발휘하고 참여하는 지역 사회 구성원이자 세계 시민이 될 수 있도록 건강한 발달을 촉진합니다.[73]	학습 환경, 잠재력, 지역사회 구성원, 세계 시민, 건강한 발달
5	콜 어린이박물관	놀이의 힘을 통해 모든 어린이의 마음을 확장합니다.[74]	놀이의 힘
6	피닉스 어린이박물관	학습의 즐거움을 장려하는 것입니다.	학습의 즐거움
7	놀이 스트롱 국립박물관	우리는 놀이의 역사를 탐구하고, 보존하고, 공유하는 세계적인 리더가 되어, 놀이가 우리 모두의 삶에서 차지하는 중요한 역할을 홍보하고자 노력합니다.	놀이, 세계적 리더
8	미네소타 어린이박물관	아동들은 더 많이 놀고, 어른들도 더 많이 놀아요. 모든 가족은 놀이의 빛나는 힘을 통해 더 행복하고, 건강하고, 더 혁신적인 커뮤니티에서 번창합니다.[75]	놀이, 커뮤니티, 번창

---

72 https://bostonchildrensmuseum.org/about/

73 https://madisonchildrensmuseum.org/about/

74 https://www.kohlchildrensmuseum.org/about-us/

75 https://mcm.org/about/

	기관 명	비전(Vision)	키워드
9	새로운 어린이박물관	세계에서 가장 혁신적이고, 가장 사랑받고, 가장 영감을 주며, 가장 지속 가능한 어린이 박물관이 되는 것입니다.[76]	세계, 혁신, 사랑, 영감, 지속 가능
10	산호세 발견 어린이박물관	오늘의 아동들은 내일의 선견자가 됩니다.[77]	선견자
11	미시시피 어린이박물관	미시시피 모든 배경의 아동들에게 그들의 잠재력을 발견하고 성취하도록 영감을 주는 것이다.[78]	모든 배경, 잠재력, 영감
12	루이지애나 어린이박물관	어린 시절에 경험한 것이 어른이 되는 당신을 형성한다. 즉, 안전하고 혁신적이며 교육적인 놀이 경험을 제공함으로써 어린이의 전체 궤적을 바꿀 수 있다는 뜻이다. 그리고 그것이 우리가 살아가는 이유입니다. 우리는 어린이에게 그들이 중요하다는 것을 보여주기 위해 여기 있다. 우리는 가족을 강화하고 지원하기 위해 존재한다. 그리고 우리는 그렇게 하는 동안 정말 많은 즐거움을 누릴 것이다.[79]	경험, 놀이, 가족 강화, 지원
13	빠빠롯테 어린이박물관	멕시코 최고의 어린이 박물관이 되어 어린이, 가족, 교사에게 학습 경험을 제공하여 공동선에 헌신하는 창의적이고 호기심이 많으며 책임감 있는 시민 양성에 기여하는 것이다.[80]	최고, 헌신, 창의, 호기심, 책임감, 시민 양성

76 https://thinkplaycreate.org/about/

77 https://www.cdm.org/about/mission/

78 https://mschildrensmuseum.org/about/

79 https://lcm.org/about/

80 https://www.papalote.org.mx/nosotros/

미션을 조사한 19개 기관 중에서 비전은 13개 기관만 홈페이지에 언급되어 있었다. 비전은 없이 핵심 가치나 목표를 기술하는 기관들도 있어 기관 사정에 따라 다르게 구성하고 있다. 상기에 조사한 12개의 기관 중에서 기관의 미래상을 그려보는 비전에 많이 쓰인 단어들은 건강한 발달, 잠재력, 놀이, 힘, 학습, 즐거움, 영감, 리더, 가족, 세계, 지역사회 등이 있다. 미션과 중복되는 감은 있으나, 개별 기관들의 고민이 실린 문구들이다. 미션에 비해서 비전은 기관의 CEO에 따라서 혹은 기관 사정에 따라서 변화할 수 있다. CEO가 교체되거나 홈페이지가 바뀌거나 기관이 증축이나 위치 변화 등 기관의 어떤 기점을 기준으로 변화되는 게 일반적이다.

아래는 국내 독립형 어린이박물관의 비전이다.

〈표 4-4〉 국내 어린이박물관의 비전

기관 명	비전	키워드
서울상상나라	어린이의 꿈과 상상력이 자라는 서울상상나라	꿈, 상상력
경기도 어린이박물관	어린이와 함께 하는 모두를 위한 박물관	함께, 모두
고양 어린이박물관	어린이 가족들의 호기심, 자신감, 도전의식 그리고 문제 해결 능력을 높이고 그들 스스로 고유한 잠재 능력을 발휘하도록 돕습니다.	호기심, 자신감, 도전의식, 문제해결, 잠재능력
인천 어린이과학관	과학을 넘어서 감성을 깨우는 인천어린이과학관	과학을 넘어서, 감성
경기북부 어린이박물관	다양한 체험이 일어나는 예술창의공간	체험, 예술창의공간
국립 어린이박물관	21세기를 선도하는 대한민국 어린이	21세기 선도, 어린이

국내는 비전에 기관의 이름과 공간이 들어간 것이 특이하다. 고양을 제외하면 미래상에 마치 캐치프레이즈처럼 기관을 꾸며주는 카피를 작성하여 사용한 점이 특징이다.

미션과 비전이 어린이박물관의 방향을 크게 정하고 있으나, 기관별로 그 기관의 가치나 핵심 목표들을 설정해 놓기도 한다. 몇 개의 기관들을 소개하면 다음과 같다.

〈표 4-5〉 어린이박물관들의 가치

	키워드	내용
인디아나 폴리스 어린이 박물관[81]	학습을 촉진하십시오	우리는 실제 사물의 탐구, 몰입형 환경, 강력한 상호 작용을 통해 기억에 남는 학습을 촉진합니다.
	사람들을 축하하세요	우리는 다양한 커뮤니티를 존중하는 목소리를 높여 사람들을 기리고 형평성, 접근성, 개방성, 포용성을 위해 노력합니다.
	혁신을 장려합니다	우리는 끊임없이 고객과 소통하고 기쁨을 주기 위해 대담한 혁신을 끊임없이 추구합니다.
	지속가능성을 옹호합니다	우리는 전략적 의사 결정을 통해 사회적, 환경적, 경제적 지속 가능성을 육성합니다.
	세계를 선도하십시오	우리는 리더로서 개인의 마음에 긍정적인 영향을 미치고, 전 세계적인 변화를 이끌어낼 책임이 있음을 확신합니다.

81_ https://www.childrensmuseum.org/about/mission

	키워드	내용
플리즈 터치 어린이 박물관[82]	호기심	우리는 호기심의 본질적인 가치를 믿으며, 어린이와 그 가족이 놀이를 통해 발견하고, 상상하고, 학습하도록 장려합니다.
	약속	우리는 방문객과 지역 사회, 그리고 그 외의 사람들에게 혁신적이고 지속적인 영향을 미치는 독특한 학습 경험을 만듭니다.
	지역사회	우리는 모든 일에서 다양성을 수용하며, 방문객들이 다르게 생각하고 주변 세계에 마음을 열도록 독려합니다
	우수	우리는 모든 방문객에게 비교할 수 없는 경험을 제공하기 위해 직원, 프로그램, 전시에 투자합니다.
매디슨 어린이 박물관[83]	핵심 가치	우리가 항상 어린이의 최선의 이익이라고 믿는 것을 반영한다.
	놀이	놀이는 어린 시절의 일이며 모든 어린이의 즐거운 권리입니다.
	정직성	연구, 경험, 그리고 아동의 최선의 이익을 기반으로 의사 결정을 내리는 것을 요구합니다.
	창의적 환경	사람들이 문제를 해결하고, 흔치 않은 곳에서 아름다움을 찾고, 가장 혁신적이고 독특한 자아를 발휘하는 데 도움이 됩니다.
	협업	사람들은 자신이 협력 하여 만들어낸 것을 소중히 여기고 옹호합니다.
	위험 감수	어린 시절에 점진적으로 위험을 감수하면 나중에 건강한 위험을 감수할 수 있는 자신감이 생깁니다.
	포용성	포용적인 놀이는 성공적으로 함께 일하고 함께 사는 데 도움이 됩니다.
	학습	놀이를 통한 학습은 평생 동안의 비판적 사고와 지적인 삶의 기초를 마련해줍니다.
	지속 가능성	자원에 대한 지속 가능한 관리가 우리 모두의 상호 연결성을 입증하고 사려 깊은 선택을 촉진합니다.

---

82 https://www.pleasetouchmuseum.org/about/

83 https://madisonchildrensmuseum.org/about/

	키워드	내용
콜 어린이 박물관[84]	의미있는 참여	우리는 방문자와 장기적인 친밀감으로 이어지는 깊은 관계를 구축합니다.
	즐거운 탐험	우리는 조사와 탐험의 사고방식으로 기쁨과 열정을 경험합니다.
	창의적인 문제해결	우리는 문제 해결과 비판적 사고에 창의적인 관점을 적용합니다.
	공감적 상호작용	우리는 다른 사람의 감정과 필요를 파악하고 이해하고 반응합니다.
	열정적인 전문성	사명을 지원하기 위해 하는 일에 대한 사랑하기
산호세 발견 어린이 박물관[85]	아동	우리는 어린이와 그들을 지원하는 성인을 존중하며, 그들의 개별적인 발달적 필요, 학습 스타일 및 문화를 이해하고 이에 대응하기 위해 노력합니다.
	놀이	우리는 놀이가 건강한 발달과 평생 학습에 필수적이라고 믿습니다.
	정직성	우리는 진정성, 탐구 정신, 우수성을 향한 헌신에 기반한 경험을 창출합니다.
	호기심	우리는 궁금해하고, 질문하고, 탐구하고, 발명하는 것을 장려합니다.
	교차점	우리는 다양한 학문 분야의 탐구, 예상치 못한 통찰력, 새로운 연결을 중시합니다.
	지역사회	우리는 사람, 문화, 발견을 기념하며 전 세계적인 인식과 이해를 구축합니다.
	학습	우리는 아이디어, 소재, 환경, 기술 등에 대한 상호작용적인 참여가 창의성, 비판적 사고, 문제 해결 능력 및 성장을 촉진한다고 믿습니다.

---

84 https://www.kohlchildrensmuseum.org/about-us/

85 https://www.cdm.org/about/mission/

	키워드	내용
루이 지애나 어린이 박물관[86]	어린이의 잠재력	아이의 잠재력은 우리에게 영감을 주고 인도해줍니다
	커뮤니티 참여	우리는 적극적인 참여를 통해 더욱 강하고 연결된 커뮤니티를 구축하는 데 전념합니다.
	학습	우리는 우리 자신, 아이들, 그리고 가족을 위한 학습을 소중히 여깁니다.
	역동적 커뮤니티	우리의 풍부하고 다양하며 역동적인 문화가 있는 지역 사회는 모든 어린이에게 속합니다.
	관리와 회복력	관리와 회복력은 미래의 도전과 기회에 대처하는 우리의 역량을 키우기 위해 오늘날 우리의 선택과 결정에 영향을 미칩니다.

위에서 살펴본 기관들의 가치는 매우 중요한데, 언급된 단어들은 다음과 같다. 중복으로 언급된 단어들을 놀이, 학습, 호기심, 정직성, 지속가능성이 있었다. 특히 최근에 지구촌의 화두가 되는 '지속가능성'이 언급되어 있는 것이 특징이고 '정직성'도 들어간 것이 눈여겨 볼 만하다. 이 외에 언급된 가치 단어들은 사람, 혁신, 세계, 약속, 지역사회, 우수, 창의적 환경, 협업, 위험 감수, 포용성, 참여, 탐험, 문제해결, 상호작용, 전문성, 자유, 건강한 발달, 부모 역할, 아동, 교차점, 지역사회이다. 기관의 가치를 정립할 때 도움이 되었으면 하는 단어들이다.

세계 최대의 박물관인 인디아나폴리스 어린이박물관의 전략적 목표와 전략이 홈페이지에 기술되어 있었다. 새로운 사명에 기반을 둔 이 전략 계획은 이웃, 지역 사회 지도자, 박물관 직원, 이사회, 자원봉사자를 포함한 250명 이상의

86_ https://lcm.org/about/

다양한 구성원의 피드백의 결과로 구성되었다고 한다.[87] 가능한 한 많은 목소리를 포함하여 다음 세기를 함께 공유하고 형성하는 데 도움이 되도록 설계되어 인디아나폴리스 어린이박물관이 지구의 자전축인 북극성이 되어 100년의 성공과 지속 가능성으로 이끌도록 할 것이라 소개하고 있다. 인디아나폴리스 어린이박물관의 가치 5종은 전략 체계의 목표 5개와 연결되어 있다.

첫째 가치인 학습 촉진은 첫째 목표인 혁신적이고 영향력있는 학습 경험을 제공하도록 한다로 설명하고 있다. 둘째로 사람을 축하해주는 가치는 지역사회의 촉진자 역할을 하도록 한다. 셋째인 혁신의 장려는 다양성, 형평성, 접근성, 포용성(DEAI)의 원칙을 포함하여 직원들의 역량 강화, 협력, 창의성, 즐거움의 문화를 육성하는 것으로 연결된다. 넷째 가치인 지속가능성은 미래 세대에게 봉사하고 교육하기 위해 우리의 자원을 활용하게 의도한다. 다섯째인 세계 선도는 리더로써 역할인데 이는 자선활동 문화를 구축하게 언급되었다.

상기 내용들의 키워드를 뽑아내면 학습 촉진, 지역사회 촉진, 혁신의 장려, 문화 육성, 지속가능성, 자원 활용, 세계 선도와 리더의 역할, 확장된 자선활동 문화 구축이다. 세계 최대의 박물관인 만큼 지역성인 로컬의 지역사회를 기반으로 세계 선도까지 글로벌한 내용으로 명시되어 있다. 매년 국내 어린이박물관에서 구축하는 전략적 서류 작업들은 기관의 사업을 이끌어 가는 근간이 되므로 언급한 내용들이 도움이 되었으면 한다. 기관의 비전과 미션들이 사업의 연결성과 지속성이 부족한 모습들이 보여지는 기관에서는 리더나 종사자들이 목표점을 위하여 사업과 연결되도록 지속적인 노력들이 필요하고 본다.

---

87 https://www.childrensmuseum.org/about/mission

〈표 4-6〉 인디아나폴리스 어린이박물관의 목표 및 전략 체계

목표	내 용[88]
목표 1	기대를 뛰어넘고 가능성을 넓히는 변혁적이고 혁신적이며 영향력있는 학습 경험을 제공합니다.
	전략 1 : 진정한 이야기, 실제 사물, 최첨단 기술과 환경, 강력한 해석과 뛰어난 서비스 제공을 완벽하게 융합하여 호기심과 학습을 꼼꼼히 고취시키는, 경외감을 불러일으키는 신중하게 조사된 가족 학습 경험을 만듭니다. 전략 2 : 박물관의 독특한 본질과 정체성을 포착하고 확대해 혁신적인 브랜딩 전략의 기반을 마련합니다. 전략 3 : 배경이나 능력에 관계없이 모든 개인이 안전과 소속감을 통해 대표되고, 환영받으며, 힘을 얻는 포용적인 공간을 만듭니다. 전략 4 : 전략적으로 대상 고객을 확대, 최적화, 다양화하여 리소스의 잠재력을 최대한 활용하고, 성장과 지속 가능성을 위한 새로운 길을 개척합니다.
목표 2	지역사회 촉진자이자 세계 시민으로서의 역할을 수용합니다.
	전략 1 : 지역 주민들의 목소리를 적극적으로 수렴하고, 경청하고, 확산하며, 깊고 협력적인 파트너십을 구축하여 새로운 기회를 창출하고 지역 사회의 요구를 해결합니다. 전략 2 : 서비스가 부족한 지역에 도달하고 모든 사람에게 풍부한 경험을 제공함으로써 접근성과 포용성을 보장합니다. 전략 3 : 도시와 주 차원의 의사결정에 박물관의 영향력 있는 목소리를 활용하고, 박물관의 영향력을 확대하며 지역 사회에서 박물관이 차지하는 중요한 역할을 옹호합니다. 전략 4 : 국내외 전략적 파트너, 조직, 커뮤니티와 의미 있는 연결과 협력을 강화하여 지식을 교환하고, 자원을 공유하고, 문화 교류를 촉진합니다.
목표 3	역량 강화, 협력, 창의성, 즐거움의 문화를 육성하세요

---

88 https://www.childrensmuseum.org/about/mission

목표	내 용[88]
	전략 1 : 다양성, 형평성, 접근성, 포용성(DEAI)의 원칙을 조직 문화에 통합합니다. 전략 2 : 직원과 자원봉사자들이 현 상태에 존중심을 가지고 도전하고, 위험을 감수하고, 실수를 하고, 책임감을 갖고, 포괄적으로 행동하여 공동의 성공에 기여할 수 있는 문화를 조성합니다. 전략 3 : 원하는 조직 문화에 맞는 자원을 정의하고 명확한 우선 순위를 전달하여 직원과 자원봉사자가 이러한 우선순위를 향해 노력할 수 있도록 지원과 공동의 이해를 보장합니다.
목표4.	우리의 서비스를 제공하는 지역사회 전반의 미래 세대에게 봉사하고 교육하기 위해 우리의 자원을 활용합니다.
	전략 1 : 박물관의 유연성, 지속 가능성 및 장기적 목표 달성을 적극적으로 지원하고 기여하는 전략적인 체계적 재정적 접근 방식과 절차를 지속적으로 적용합니다. 전략 2 : 다각화, 지속 가능성, 박물관의 사명을 고려한 포괄적인 수익 창출 전략을 수립합니다. 전략 3 : 신중하고 정보에 입각하고 효과적인 자산 관리를 통해 장기적인 재정적 안정을 보장합니다. 전략 4 : 박물관의 혁신, 현대화, 전반적인 지속 가능성을 포괄하는 포괄적인 인프라 전략을 구현합니다.
목표5	장기적인 수익 성장을 촉진하고 성공적인 육성, 권유 및 관리를 가능하게 하는 확장된 자선활동 문화를 구축합니다.
	전략 1 : 박물관 전체의 자선 활동 접근 방식을 지원하는 개발 구조를 확립하고, 박물관의 운영, 기금, 자본 요구 사항을 효과적으로 해결하기 위한 성장 중심 전략에 집중합니다. 전략 2 : 포괄적인 100주년 기념 캠페인을 성공적으로 완료하세요. 전략 3 : 기부자 기반을 인종적으로 더 다양하게 만들기 위해 기부자 잠재 고객을 확대합니다. 전략 4 : 박물관의 다세대 회원, 자원봉사자, 기부자 기반의 참여를 전략적으로 극대화합니다.

다음은 브루클린 어린이박물관의 재미난 사례를 살펴보고자 한다. 브루클린 어린이박물관의 목표[89]는 아동들을 언급하면서 시작한다.

목표는 총 3개의 문구로 기술되었다.

- 아동들이 그들만의 문화 여행을 하는 것이다.
- 아동들이 조사, 위험 감수, 자기 표현을 실천하는 것이다.
- 아동들이 그들의 공동체가 박물관에 반영되는 것을 보는 것이다.

이후 이와 연결된 문구들이 존재하는데, 아래와 같다.

그래서 아동들이 적응적이고, 창의적이고 열정적이다. 아동들이 탐구하고, 발견하고 배우는 것을 사랑한다. 아동들은 자신의 배경을 인식하고 소중하게 여긴다. 아동들은 다양한 관점을 존중하고 이해한다. 결국 예술, 과학, 인문학의 힘을 통해서, 브루클린과 그 너머의 아동들은 자신감 있고, 공감적이며, 회복력있는 학습자이다.[90]

상기의 언급한 타 기관들보다 아동들을 문구에서 명시하면 더욱 기관의 이미지가 부드러워지고 익숙하게 들리는 것 같다. 브루클린 어린이박물관의 목표들을 기관의 목표를 설정할 때 도움이 되리라고 생각한다.

하단은 국내 기관들의 가치와 목표들인데, 해외에 비해서는 다소 사무적으로 작성된 것으로 보인다.

---

89 https://www.brooklynkids.org/wp-content/uploads/2022/04/BCM-Theory-of-Change-Model.pdf
90 상동

〈표 4-7〉 국내 어린이박물관의 가치와 목표들

기관명	목표
서울상상 나라	**주요 목표** ● 창의와 상상 : 어린이의 발달에 적합한 전시와 교육프로그램을 통해 창의력과 상상력을 키울 수 있도록 지원합니다. ● 소통과 참여 : 어린이를 포함한 모든 시민들에게 열려 있는 기관으로서 다양하고 적극적인 참여를 수용하여 활발하고 신선한 소통의 매개체가 될 것입니다. ● 배려와 존중 : 사회의 다양한 구성원이 스스로 행복하게 지낼 수 있도록 서로의 차이를 존중하고 다름을 인정하고 배려하며, 나눔을 통해 신뢰와 존중을 받는 기관이 될 것입니다. ● 변화와 혁신 : 미래 지향적이고 사회 발전적인 도전과 혁신을 지속적으로 추구함으로써 교육기관, 보육기관, 어린이박물관, 문화예술기관 등에 긍정적인 영향을 미칠 수 있는 선도적인 기관으로서 지속적으로 변화하는 모습을 선보이겠습니다. ● 통합과 성장 : 놀이를 통한 즐거운 체험으로 구성주의적, 통합적 교육을 지향함으로써 능동적이고 자기주도적인 삶의 태도를 갖춘 문화예술시민으로서의 성장을 도울 것입니다.
경기도 어린이 박물관	**핵심 가치와 전략 목표** ● 전문성 : 교육 및 연구 기능의 활성화 ● 다양성 : 다양한 전시와 쾌적한 관람 환경 조성 ● 지속가능성 : 미래를 준비하는 박물관의 도약 ● 포용성 : 모두에게 열린 플랫폼 구현
고양 어린이 박물관	**핵심 가치와 목표** [91] ● 무한한 잠재력으로 : 어린이의 잠재력에는 한계가 없습니다. 어린이의 그 큰 가능성처럼 고양어린이박물관은 더 앞선 생각과 새로운 도전으로 큰 그림을 그려갑니다. ● 무궁무진한 가능성으로 : 그 무궁무진한 상상을 현실로 펼치는 최고의 공간과 최고의 시간을 선물합니다. 　– 상상이 실현되는 전시 : 다양한 테마로 구성된 12개의 기획·상설전시실 및 체험물을 통해 어린이 가족의 오감을 만족시키는 경험을 선사합니다. 　– 놀이보다 재밌는 교육 : 어린이가 주도적으로 보고 느끼고 만들어가는 체험 교육을 통해 호기심과 상상력을 키워갑니다. 　– 다채로움이 가득한 커뮤니티 : 늘 찾고싶은 가족 복합문화공간으로서 축제, 온·오프라인 연계 이벤트 등 다채로운 프로그램을 펼칩니다. 　– 안전하고 유연한 운영 : 배려와 공존을 생각하며 누구나 누리는 장벽없는 박물관을, 안전하고 편안한 박물관을 만들어갑니다.

---

91 기관의 홈페이지에서 핵심 가치와 목표라고 판단되는 것으로 명시했음

기관명	목 표
인천 어린이 과학관	**목표 및 내용[92]** ● 메타 사이언스 : 이야기를 만드는 과학관, 감성을 이끄는 과학관, 꿈울 찾는 과학관, 함께 넘나드는 과학관
경기북부 어린이 박물관	**핵심 가치와 전략 목표** ● 어린이와 가족, 모두가 즐겁고 행복한 박물관 : 정체성 정립과 가치확산, 모두의 박물관으로 확장, 공동체와 함께하는 박물관
국립 어린이 박물관	**인재상** ● 미래사회를 이끌어가는 자기주도적 어린이 : 윤리적이고 책임감 있는 인재, 변화에 능동적으로 대처하는 인재, 새로운 도전을 즐기는 인재

키워드로는 창의, 상상, 소통, 참여, 배려, 존중, 변화, 혁신, 통합, 성장, 전문성, 다양성, 지속가능성, 포용성, 잠재력, 가능성, 메타, 행복, 모두, 공동체, 자기주도, 도전, 책임, 윤리 등이 언급되어 있다. 모두를 위한 디자인이나 모두를 위한 박물관으로써 포용성, 다양성 등이 언급되어 있고, 최근의 화두인 지속가능성도 언급되어 있다. 기관의 목표들이 장기적으로 콘텐츠와 통합되면서 기관을 이끌어 가기를 희망해 본다.

---

92 https://www.insiseol.or.kr/culture/icsmuseum/introduction/intro.jsp

5장

어린이박물관의
심볼과 로고

　어린이박물관은 기관의 미션과 비전과 더불어 정체성을 나타내기 위해 심볼과 로고를 디자인한다. 사람들에게 먼저 인지되고 인식되는 것은 기관을 상징할 수 있는 심볼과 로고이다. 우리나라는 어린이 기관하면 캐릭터들을 선호하는 경향이 있으나 해외는 캐릭터를 사용하는 편은 아니다. 캐릭터는 흔히 만화나 애니매이션에 등장하는 인물을 아동들이 좋아하는 것이지 기관을 상징하는 것은 아니기 때문이다. 따라서 건물의 외관이나 어린이 실루엣, 체험 전시라서 만지고 조작하는 손을 많이 이미지화 하는 경향이 있다.

　그러면 미국와 유럽 어린이박물관의 사례로 살펴보자.

〈표 5-1〉 미국권 어린이박물관 웹사이트

	기관 명	웹사이트[93]
1	휴스톤 어린이박물관	http://www.cmhouston.org/
2	인디아나폴리스 어린이박물관	https://www.childrensmuseum.org/
3	플리즈터치 어린이박물관	http://www.pleasetouchmuseum.org/
4	보스턴 어린이박물관	https://bostonchildrensmuseum.org/
5	매디슨 어린이박물관	https://madisonchildrensmuseum.org/
6	콜 어린이박물관	http://www.kohlchildrensmuseum.org/
7	피츠버그 어린이박물관	https://pittsburghkids.org/
8	피닉스 어린이박물관	https://childrensmuseumofphoenix.org/
9	놀이 스트롱 국립박물관	https://www.museumofplay.org/
10	미네소타 어린이박물관	https://mcm.org/
11	브루클린 어린이박물관	http://www.brooklynkids.org/
12	키즈스페이스 어린이박물관	https://kidspacemuseum.org/
13	새로운 어린이박물관	https://thinkplaycreate.org/
14	산호세 발견 어린이박물관	https://www.cdm.org/
15	빠빠로떼 델 니뇨 (멕시코)	https://www.papalote.org.mx/

　　미국권은 살펴본 상기의 박물관들에서 색은 어두운 계열이 대세를 이룬다. 총 15개 기관 중에서 9개 기관이 푸른색과 어두운 색을 사용한다. 8개 기관이 모두 한가지 색만을 사용하였다. 심볼을 사용하는데 구체적인 형상을 지닌 기관이 9개 기관이다. 이 중에서 건물의 이미지를 사용하는 휴스톤어린이박물관,

---

93 * 저작권 사항으로 인하여 로고 이미지를 모두 삭제하고 웹사이트 주소로 갈음함.

매디슨어린이박물관, 피닉스 어린이박물관, 산호세 발견 어린이박물관 4개 기관이고, 아동의 이미지는 보스톤 어린이박물관과 미네소타 어린이박물관 2개 기관이다. 또한 반 구상성을 띄는 기관은 인디아나폴리스 어린이박물관, 키즈 스페이스, 새로운 어린이박물관 3개 기관이다. 이외에도 글자만 사용하는 기관은 콜 어린이박물관과 피츠버그 어린이박물관 2개 기관이며, 2차색인 녹색을 사용한 기관은 콜어린이박물관과 브루클린 어린이박물관 2개 기관이다. 재미난 곳은 플리즈터치 어린이박물관인데 이미지가 두 아이가 눈으로 마주보는 듯도 하고 알 수 없는 털복숭이 생명체 같기도 하며 흥미를 느끼게 해준다. 피츠버그 어린이박물관은 매우 정갈한 글자를 쓰며 기관에서 내세우는 첫 만남의 인사 'Hi'를 색으로 강조하며 정겹게 하려고 의도한 듯하다.

미국권의 15개 어린이박물관을 살펴보았을 때의 특징으로 심볼의 구체적인 형상성을 띄는 것이 많아 건물의 이미지나 아동의 이미지, 반 구상성을 띄고 있으며, 색깔은 어두운 계열을 많이 쓰고있으며, 주로 다양한 색이 아닌 한가지 색만을 사용하였다.

아래는 유럽권 어린이박물관들의 웹사이트다.

〈표 5-2〉 유럽 어린이박물관 웹사이트

번호	기관명	웹사이트
1	유레카 국립어린이박물관 (영국)	https://play.eureka.org.uk/
2	트로펜 주니어 (네델란드)	https://amsterdam.wereldmuseum.nl/
3	풀잎 박물관 (프랑스)	https://www.musee-en-herbe.com/
4	영 뮤지움, 프랑크푸르트 (독일)	http://kindermuseum.frankfurt.de/english/index.html

번호	기관명	웹사이트
5	프리다 & 프레드 어린이박물관 (오스트리아)	https://fridaundfred.at/en/
6	줌 어린이박물관 (오스트리아)	https://www.mqw.at/en/institutions/zoom-kindermuseum

유럽권의 어린이박물관의 유형들은 독립형 기관으로 유레카 국립어린이박물관, 풀잎박물관, 프리다 & 프레드 어린이박물관이다. 소속 기관이 있는 곳은 트로펜 주니어, 영 뮤지움이며, 줌 어린이박물관은 뮤지엄 쿼터내에 입지하고 있다.

많지는 않지만 유럽권의 특징은 미국의 어두운 계열과는 대조적으로 붉은 계열의 따스한 색채를 선호하는 것으로 보이며 4개의 기관이 한가지 색을 사용하였다. 또한 심볼을 사용하지 않고 글자체로 변화를 주며 재미나게 구성한 특징을 보이며, 말풍선을 사용하는 기관이 풀잎 박물관과 프리다 & 프레드 어린이박물관이다. 글자체와 이미지를 혼합한 유레카, 트로펜, 영 뮤지움, 줌 어린이박물관이다. 유레카는 글자체에 여러 색을 그라데이션 처리하면서 다양성을 보여주었고, 트로펜은 글자체에 알파벳 O와 E를 이중 강조하면서 재미를 주었으며, 영 뮤지움은 뮤지움의 M을 크게 강조하면서 * 표시로 아이를 상징하기도 하면서 포인트로써 역할도 하면서 뮤지움의 일부분이라는 느낌으로 함축적인 의미를 주었고, 줌 어린이박물관의 '줌'이라는 글자는 사물을 쳐다보는 시선으로 축소 확대하면서도 볼 수 있는 눈을 강조하였다. 따라서 미국권에 비해서 더 창의적이며 재미나면서도 세련된 느낌을 준다.

국내에서 어린이박물관들을 살펴보면, 독립형 어린이박물관들이 웹사이트를 보유하고 있다.

〈표 5-3〉 국내 어린이박물관 웹사이트

번호	기관명	로고 심볼
1	서울상상나라	https://www.seoulchildrensmuseum.org/
2	경기도어린이박물관	http://gcm.ggcf.kr/
3	고양어린이박물관	https://www.goyangcm.or.kr
4	인천어린이과학관	https://www.insiseol.or.kr/culture/icsmuseum/
5	경기북부어린이박물관	https://ngcm.ggcf.kr
6	국립어린이박물관	https://child.nmcik.or.kr/

국내 어린이박물관의 특징은 경기북부어린이박물관을 제외하고는 모두 심볼을 사용하고 로고 네이밍을 정렬하게 되어있다. 색채도 거의 어두운 색이거나 푸른 계열을 사용하고 심볼에서만 색을 다양하게 썼다. 유럽권과는 매우 대조적인 느낌이다. 글자체로 재미난 모습을 띄는 것은 경기북부어린이박물관으로 기관의 주제인 숲과 생태를 잘 활용하여 북부 글자체에 나무 느낌을 주어서 잘 표현하였다. 모두 국공립 기관들이며 향후 신생 기관들은 조금 더 창의적인 느낌의 것들이 있었으면 한다.

따라서 미국권, 유럽권, 한국의 로고과 심볼 사례들을 살펴보았을 때 이를 간단히 특징별로 정리해보았다.

〈표 5-4〉 어린이박물관의 심볼과 로고 특징 비교

로고 심볼	미국	유럽	국내
색깔	어두운 계열 많이 사용하고 한가지 색만을 사용함	붉은 계열을 많이 사용하고 한가지 색을 사용함	어두운 계열 많이 사용하고, 심볼에서 색을 다양하게 씀
심볼	구체적 형상을 띄는 기관이 많고 건물 이미지와 아동 이미지 사용	심볼을 사용하지 않음	모두 심볼을 사용함
종합	비교적 어두운 계열을 많이 사용하고 심볼에서 형상성을 많이 띄고 있음. 이중에서도 구체적인 형상을 띄는 심볼을 사용하였음	붉은 계열을 쓰면서 심볼을 사용하지 않고 글자와 이미지를 합체형으로 사용하였음. 비교적 세련되어 보임	어두운 계열의 색과 심볼을 사용하면서 네이밍을 정렬하는 일종의 심볼과 로고 타입의 틀이 있는 경향을 보임. 향후는 조금 더 창의적인 심볼과 로고 타입이 필요해 보임

　종합적으로 검토해 볼 때, 유럽권이 심볼과 로고가 비교적 세련되게 사용하는 것으로 보여진다. 심볼을 사용하지 않고 글자체를 이용하여 변형을 주면서 이미지를 만들어 내었다.

　재미난 심볼과 로고로는 플리즈터치 어린이박물관의 알 수 없는 이미지, 공간적인 재미난 만남이 이뤄질 듯한 휴스턴 어린이박물관과 매디슨 어린이박물관, 그리고 줌 어린이박물관의 눈알이 튀어 나올 듯한 이미지, 말풍선을 사용한 기관들, 경기북부어린이박물관의 숲속 이미지가 있다. 어린이박물관의 심볼과 로고도 기관의 정체성이 실리면서 흥미진진한 호기심을 끄는 이미지가 바람직해 보인다.

6장

어린이박물관
건축

여기에서는 어린이박물관 건축의 설립 요건 및 과정, 입지 조건을 서술하고
자 한다.

어린이박물관의 건물을 짓기 위해서는 먼저 사전에 생각해야 할 요건들이
있다. 필자는 어린이박물관 종사자로 근무하면서 인식하게 된 요건들이 있다.

● 사전 검토 요건들

- 위치는 어디로 해야 할 것인가? 예를 들면 도심 속인가 아니면 지역의 한
  적한 곳인가?
- 위치에 따라서 어떤 기대 효과를 거둘 수 있는가? 도심 속의 지역 재생인
  가 아니면 한적한 지역의 활성화인가?
- 위치에 따른 교통편은 어떻게 중점을 둘 것인가? 또한 대중교통을 어찌 끌
  어들일 것인가?

- 대상 연령(영아, 유아, 초등)은 어떻게 설정할 것인가? 반경 개인 차량으로 핵심 방문객인 1시간 거리 내의 어린이 수는 어떠한가?
- 박물관의 연 면적은 어느 규모로 할 것인가?
- 건물을 신축할 것인가? 아니면 기존 건물을 임대할 것인가? 혹은 기존 건물에 독자적으로 있을 수 있는가? 대중이 이용하는 쇼핑몰 같은 위치에 함께 할 것인가?
- 어린이박물관 건물이라는 특징을 사람들에게 인식하도록 할 수 있는가?
- 건축가와 전시 설계자가 어찌 협업할 수 있는가?
- 친환경, 지속 가능한 에너지 절감을 할 것인가?
- 모든 요건을 검토할 때 최적화된 비용 지출을 함께 고려해야 한다.

입지 기준과 우선 순위에 대해서 언급한 난 밀러(Nan Miller)의 의견을 검토해 보면 도시를 선호하는 공통된 점이 있다. 그는 입지와 인접 지역, 시너지, 안전, 규모와 확장, 부지의 편의시설, 접근성, 이미지와 정체성과 가시성, 활용 가능성, 자금조달 가능성, 소유권, 적절한 가격 순서[94]로 말했다. 특히 입지로는 대도시 지역의 중심지로 관람객들에게 친숙하면서 긍정적으로 받아들여지는 곳으로 선정하기를 추천했다. 이는 어린이박물관의 입지로 인해 지역 사람들에게 긍정적인 이미지로 지역사회에 수용되는 것으로 해석되며, 지역 사람들이 이용할 것이고 또 외부에서 찾아와서 이용할 장소가 되기 때문으로 이해된다. 도심 재활 활동에서 어린이박물관의 입지에 대해 언급한 테드 실버버그(Ted Silberberg)와 게일 로드(Gail Lord)는 미국의 쇼핑몰이나 백화점들이 교외화 현상으로 인해서 도심들

94　Nan Miller : Site and Location, Location, Location, In Maher(Ed), Collective Vision : Srarting and Sustaining a children's museum, Association of Youth Museum Washington, D.C,1997

이 6시 이후에 죽은 도시처럼 되는 현상에서 도심 재활 계획으로 어린이박물관 설립은 사람을 오게 만드는 훌륭한 사업 대상이라고 말했다.[95] 특히 시카고어린 이박물관이 시카고 시의 노드 피어 건물 내에 입지함에 따라 첫해 250,000명 이 상의 관람객이 방문하여 건물 내 입점한 시설을 이용함을 예로 들 수 있다. 따라 서 한국에서도 부대 시설이나 효율적인 여러 요건들을 생각한다면 도심 재생이 필요한 지역에서 검토해 볼 필요가 있겠으며, 도시를 활성화시키기 위하여 추진 된 어린이박물관은 고양어린이박물관, 경기북부어린이박물관 2개시에서 경기 도의 지원으로 설립된 긍정적인 사례이다. 안산시에서는 시의회의 주도로 어린 이박물관이 추진 되었는데 이곳은 어린이체험관으로 명명되었다.

1. 건물 외관

필자가 95년 국내 최초의 어린이박물관인 삼성어린이박물관 개관시 TF팀에 일했던 사례를 통해서 건축에 대한 이야기를 기술하고자 한다.

첫 시발점에서는 경험자들의 노하우로 도움을 얻어야 한다. 당시 국내에서 의 개관 사례가 없어 보스톤 어린이박물관에 많은 비용을 주고 다양한 자문을 받았었다.

건물은 신축할려면 많은 비용과 시간이 소요되니 당시 의사결정자들에 의 해서 기존 건물에 임대로 들어가기로 결정이 되었다. 대중교통 편들을 이용하 여서 서울 도심에서 비교적 편리할 곳으로 해서 당시 시청역 인근에 있었던 동

---

95 Ted Silberberg & Gail Lord : Making the Case : What Children's Museums Have to Offer Downtown Revitalization Effort?, In Maher(Ed), Collective Vision : Srarting and Sustaining a children's museum, Association of Youth Museum Washington, D.C,1997

방 플라자 건물내, 강남 테헤란 대로변의 건물을 검토하다가 잠실역에 있는 신축 건물에 입주하기로 결정되었다. (향후에는 삼성미술관 리움 설립시에 삼성어린이박물관이 입지하는 것을 검토한 적도 있었다) 당시 오피스 건물로 1층은 공용 공간이므로 2층부터 4개 층을 사용하여 약700여평을 임대하였다. 향후 개관 5주년때에 1층에 제대로 된 입구 간판들을 설치하고 지하를 단체 점심식사 장소로 임대하여 1200평으로 운영하였다. 오피스 건물이라 다른 사무실 사람들과 섞이지 않도록, 내부 인테리어 설계 시에 관람객들이 박물관만을 이용하도록 내부 계단을 만들고, 층고를 확보하기 위해서 노출 천정으로 설계하였다. 잠실역에서 바로 연결되는 역세권으로 대중교통은 매우 편리하였다. 단지 임대 건물이다 보니 외부에서 어린이박물관이라는 상징이나 싸인을 달지 못하였고, 네비게이션도 없던 시절이라 위치를 묻는 문의 전화가 폭증하였다. 건물 외부에는 한눈에 어린이박물관이라는 이미지를 줄 수 있는 상징물이 있으면 가장 효율적일 듯하다. 삼성어린이박물관은 오피스 빌딩에서 약 17년의 운영을 마감으로 폐관하였고, 그 운영 인력들은 현재 서울시에서 운영하는 서울상상나라에서 그 노하우를 펼쳐가고 있다.

삼성어린이박물관 입구 전경으로 오피스 빌딩 내 입주

인디아나폴리스 어린이박물관
건물의 상징 조형물

[그림 6-1] 국내외 어린이박물관의 건물 외관들

인디아나폴리스 어린이박물관의 건물 외경은 공룡이 건물을 뚫고 나오거나 공룡이 건물을 들여다보고 있는 모습을 하고 있다. 전시실은 대형 돔속에 공룡 전시 및 실험실까지 포함되어 있다. 그 기관에 대한 상징적인 이미지를 공룡으로 하여 관람객들에게 잘 인식 시킨 사례로 보인다. 인디아나폴리스 어린이박물관은 수많은 사람들과 기업에서 후원하여 어린이박물관이 위치하는 시를 먹여 살릴 수준까지 되는 아주 훌륭한 사례이다.

휴스턴 어린이박물관의 경우는 건축가 로버트 벤츄리(Robert Venturi)에 의해서 설계된 기관으로 대형 신전처럼 대형 석주를 입구에 디자인하며 회랑 기둥에 대형 어린이 그래픽이 건물과 회랑을 신화의 아틀라스처럼 떠 받치고 있다. 박물관과 어린이를 한 번에 훌륭하게 조화시킨 건물 디자인으로 판단된다.

플리츠터치 어린이박물관이 현재 위치한 건물은 필라델피아 시에서 1달러의 비용을 받고 80여년간을 거의 무상으로 기관에 임대하였다. 따라서 건물은 신축 공간이 아니라 다른 용도로 쓰여졌던 곳으로 드넓은 공원 내에 위치하여 야외에서도 편하게 놀이할 수 있는 여건이다. 건물 외관을 보면 어린이박물관의 이미지는 전혀 없어서, 건물 입구에 커다란 어린이 이미지의 싸인물에만 의존한다.

프로비던스 어린이박물관(Providence Children's Museum)은 프로비던스 주에서 최초이자 현재 유일한 어린이박물관인데, 교회의 건물을 박물관으로 임대하였고 어린이를 위한 전시와 놀이 공간 및 활동으로 개조하여 1977년에 문을 열었다.[96] 재미난 것은 상상의 용을 심볼로 하여 흥미진진하게 건물 정문에 꼬리가 보이면서 건물 상단을 감싸고 있는 모습으로 설치하여 측면에서는 용의 얼굴도 보이도록 하였다. 심볼을 건물에 사용하면서 아동의 상상력을 불러일으킬 수 있는 사례라고 볼 수 있다.

96_ http://matraveler.com/providence-childrens-museum-2938

멕시코 시에서 설립한 어린이박물관인 빠빠로테 어린이박물관은 건축가 리골레타(Legorreta)[97]에 의해서 설계되었는데, 95년 당시 건물 연면적 5000평 이상과 드넓은 공원 안에 이상적으로 개관하였다. 건물은 큐브를 아이템으로 푸른색을 사용하며 궁궐같은 이미지를 준다. 최근에는 건축가 리골레타가 다시 리노베이션 설계를 맡아서 새로운 인테리어와 확장으로 에너지 절감 및 물 재활용 시스템 등 에너지 소비의 약25%를 절감하고 있다.[98] 이곳은 몇 년전 분관을 구축하였는데, 예술을 주제로 하여 우범 지역에 설립하여서 그 지역사회의 아동들을 위하여 헌신하고 있다.

시카고 어린이박물관은 네이비 피어스(Navy Pier)쇼핑몰 내에 위치하여 있다. 관람객이 쇼핑몰 내의 음식점이나 휴게 등의 부대 시설을 이용할 수 있는 장점이 있어, 박물관의 부대 시설인 식당이나 숍 관리 등의 인력과 비용 면에서 박물관의 지출 부담을 줄일 수 있다. 그러나 쇼핑몰 내에 여러 시설들과 함께 있어서 접근성에서 다소 복잡할 수 있고 임대 비용이 비싸다면 부담이 되며, 임대 기간 이후 위치를 어찌할 것인지를 고려해야하는 단점들도 있다.

---

97 그는 미국 산호세 발견 어린이박물관도 설계한 사례가 있다. 산호세 어린이박물관은 실내 공간이 매우 다이나믹하게 구성된 어린이박물관이다.

98 https://www10.aeccafe.com/blogs/arch-showcase/2019/05/21/papalote-childrens-museum-renovation-in-mexico-city-mexico-by-legorreta/

루이지애나 어린이박물관 건물 외관
- 2개의 윙이 펼쳐져 있음

루이지애나 어린이박물관 건물 야간의 모습

키즈스페이스 어린이박물관의 내부 건물

호놀룰루 미술관의 분관 스팔딩 하우스내
어린이 미술관(사택 건물 활용)

[그림 6-2] 해외 어린이박물관 외관 사례

루이지애나 어린이박물관 야외 정원과 수변

게티 센터의 야외 정원
- 조경이 매우 아름답고 잘되어 있음

[그림 6-3] 야외 조경 사례

2. 공간 요건

어린이박물관 공간을 설계할 때는 고려할 점들이 많다. 이 중에서 아동들의 특성을 고려해서 네 가지로 어린이박물관의 설계 요소를 언급한 제와이드 하이더(Jawaid Haider) 교수의 사례를 인용하고자 한다. 그는 다감각적인 요소, 공간과 신체의 관계, 공간과 규모 다양성의 병치, 성인과 아동에게 어필하는 매력[99]이라고 언급했다.

첫 번째, 다감각적 요소들은 오감의 자극을 말하는데, 하나의 감각보다는 시각, 청각, 후각, 미각, 촉각까지 감각이 복합적으로 사용되면 어린이의 경험에 더 강한 영향을 줄 수 있다. 이는 어린이박물관의 공간뿐이 아니라 체험 전시를 기획할 때도 고려해야 할 중요한 요소이다. 공간 디자인은 전시를 위한 맥락을 형성하기 때문에 인테리어는 반드시 전시들과 관계를 맺어 고려되어야 한다. 하이더 교수는 다감각의 환경 디자인으로 형태와 공간의 조작, 자연광의 성질, 색깔, 질감, 소재의 선택, 시스템 구축, 청각, 조명 등 다양한 요소들을 언급하였다.[100] 거의 다감각 환경디자인의 형태와 공간 사례로서는 관람에게 비를 피할 수 있고 그늘을 만들어 주는 회랑이다. 국립어린이박물관은 회랑 상단에 거울을 설치하여 멈춰서서 거울에 비친 본인의 평소에 보기 힘든 구도의 모습을 볼 수 있다. 또한 국립어린이박물관 로비에 있는 화려한 예술 작품들은 대기 시에 휴게를 겸용하며 화려한 색으로 인하여 사진이 잘 나올 수 있어, 가족들이나 아동들이 단체로 사진을 찍어보는 포토존의 역할을 하기도 한다. 심지어 너무 화

99 Jawaid Haider, Children's Museum : Critical Issues in Architectural Design, In Maher(Ed), Collective Vision : Srarting and Sustaining a children's museum, Association of Youth Museum Washington, D.C,1977

100 상동

려한 감이 있어서 한쪽은 비워도 될 것 같은 소견을 가진다. 인테리어 설계시 자연 재질의 소재를 선택한다면 재질에서 느낄 수 있는 색깔의 시각적 편안함과 만져볼 수 있는 촉각으로 편안한 공간이 조성될 수 있다.

국립어린이박물관의 회랑과 상단의 거울　　　국립어린이박물관 로비의 예술작품들

[그림 6-4] 국립어린이박물관의 형태와 공간 관계

　두 번째 공간과 인체의 관계로는 아동들의 역동적인 에너지는 공간을 탐색하고 공간과 인체와의 관계를 느끼면서 체험할 수 있다. 특히 기어가거나 구멍에 들어가거나 미로형 전시들에서 아동들은 공간과 인체와의 관계를 탐험할 수 있다. 국내에서 몇 기관들에 설치되어 있는 클라이머 전시에서 아동들은 클라이머 판을 오르며 공간과 자신의 인체를 인식하고 파악해 가며 도전 정신도 함께 고취해 간다.

　또한 어린이박물관에서 아동들은 활동하면서 실내외의 공간 경험으로 개방성과 폐쇄성을 인체로 느껴볼 수 있다. 실내외 공간이 개폐식으로 아동들이 이용하여 활동하게 된다면 매우 이상적인 공간으로 볼 수 있다. 실내 공간에서의 내 인체의 인식과 실외 공간에서의 내 인체의 인식은 다르게 느껴진다. 따라서 실내외 공간을 바로 연결한 국립어린이박물관의 전시실이나 교육실은 매우 이상적인 환경으로 볼 수 있다. 국립어린이박물관의 미디어 공간인 '우주여행'은 작가의 작품으로 이뤄진 공간이다. 오롯이 사각의 공간에서 대형 미디어를 보고 들으며, 아동이 신체 활동을 하면서 뛰거나 활발하게 움직일 수 있다. 공간과 신체와의 관계를 알 수 있고, 빈백을 설치하며 아동들을 데리고 다니느라 피곤한 보호자들에게는 휴식을 취하게 한다. 또한 경기도어린이박물관에 설치되었었던 클라이머 '젝크와 콩나무' 전시는 아동들이 자기 신체를 사용하여 발판을 한 단계씩 올라가면서 최상단 16미터 층고까지 오르게 되는 모험심을 길러줄 수 있는 전시이다. 자신의 신체와 발판 사이의 공간에서는 한 계단씩 두려움이 없이 올라갈 수 있고 상단의 끝 지점에 올라서 아래 하단을 내려다보면서 공간과 신체의 관계를 알아볼 수 있다.

시카고 인근 주택가에 있는 콜 어린이박물관은 유아를 대상으로 넓은 단층에 지역사회의 다양한 시설들로 구성되어 있다. 전시와 인테리어가 합쳐져서 지역사회의 시설들이 구분을 주면서도 개방적으로 조성이 되었다. 샌드위치 가게, 마트, 동물 병원, 자동차 정비소와 청소실, 주택 건설 현장, 돌봄 센터 등 동네의 시설들이 구획되면서도 개방적으로 잘 조성된 인테리어이다. 화성시어린이문화센터는 어린이박물관은 아니지만 유사한 기관으로 공간을 전시와 프로그램을 함께 할 수 있게 룸으로 설계했다. 룸 내에 전시가 있으면서 아동들이 프로그램으로 체험할 수 있게 구성된 경우이다.

국립어린이박물관의 교육실과 실외 공간의
개방성

국립어린이박물관의 실내 공간에서 전시실의 개방
성과 워크숍룸의 폐쇄성

국립어린이박물관 대형 미디어 작가 작품 '우주여행'

경기도어린이박물관의 '잭크와 콩나무' 클라이머 전시

캘리포니아 사이언스 센터의 입구
– 대기하는 공간으로 그늘과 조형성을 살려 설계함

LA카운티미술관의 회랑
– 철기둥 곳곳에 붉은색을 채색하여 주목성과 강한
인상을 주도록 디자인함

[그림 6-5] 어린이박물관들의 공간과 인체의 탐구 관계

세 번째, 규모와 공간적 다양성의 병치는 아동들은 사물이나 공간의 규모에 매우 흥미를 느낀다. 실제 우리의 세계보다 매우 작거나, 아동과 같은 작은 규모이거나, 거대한 규모 같은 것에 매력을 느낀다. 이런 규모들이 한 개 이상이 있어서 함께 병치를 한다면 더 흥미진진한 경험으로 이끌 수 있다. 예를 들면, 경기북부 어린이박물관에 있는 개미굴이나 공룡클라이머이다. 거대한 개미굴에서 아동들은 자신이 개미처럼 작은 곤충이 되어서 공간을 탐험한다. 또한 공룡 클라이머속에서 공룡 내부를 탐험하면서 공간적인 다양성을 경험하게된다. 줌 어린이박물관에서 오래전 기획전으로 했었던 전시로 '땅속의 생물들'에 대한 전시가 있었다. 대형의 땅속에 들어가서 생물체들 속에서 아동들은 조그마한 존재가 되어서 전시 공간과 자신의 신체에 대한 감각을 익혀 볼 수 있는 전시였다. 이런 규모 요소들은 어린이박물관의 인테리어나 전시에서 자주 사용하는 것들이다.

경기북부어린이박물관 개미굴 전시

경기북부어린이박물관 공룡클라이머 전시

[그림 6-6] 경기북부어린이박물관의 규모와 공간적 다양성

또한 건축 모형은 스케일이 동반되는 것이라 아동들에게 관심의 요소가 될 수 있다. 특히 사람의 움직임이 빠른 건설 현장의 모습들은 아동들이 매우 흥미

있는 관찰꺼리가 된다. 국립어린이박물관의 건축 모형은 건설 현장의 대대적 모습을 작은 모니터에 담아서 아동들에게 시각적인 자극을 주었다. 대형 건축 모형은 크기가 너무 커서 아동들에게는 퍼즐로 체험하게 하였고, 동반 보호자 들은 시야가 아동보다 넓어서 대형 건축 모형을 먼저 보기도 한다.

국립어린이박물관의 건축모형 동영상을 보는 아동의 모습   국립어린이박물관의 건축모형 퍼즐을 맞추고 있는 아동들

[그림 6-7] 국립어린이박물관의 규모와 공간적 다양성

네 번째, 성인과 아동에게 어필하는 매력이다. 모든 사람에게 매력적인 공간 디자인과 전시는 모든 연령을 아우르는 것이다. 성인과 아동에게 어필하는 것 은 관심과 발달과 흥미에 따라서 다르다. 따라서 서로 상이한 욕구에 맞는 공간 의 예로, 어린이박물관마다 필수적으로 있는 영아 공간에는 영아들의 발달에 맞는 수준의 디자인과 전시들, 동반된 양육자에게는 그들에게 어필하는 편안 한 휴식 분위기 조성이 되어야 한다. 또한 영아 양육을 지원하는 정보 잡지들이 전시되어 휴식을 하면서 영아를 돌보는 공간을 조성해 주는 게 좋다.

고양어린이박물관의 영아 공간(36개월미만)
- 예술가 협업

서울상상나라의 영아 공간

[그림 6-8] 어린이박물관의 성인과 아동에게 어필하는 공간 – 영아 공간 연출 사례

　국립어린이박물관의 복합전시실인 예술 작가 작품이 놓인 계단식 휴게 공간
은 아동이나 보호자에게 매우 어필하는 공간이다. 보호자는 계단에서 잠시 쉴
수 있고, 아동들은 페브릭 작품에 앉아있거나 작은 구멍에 있는 작가 소품을 들
여다 볼 수 있다. 게다가 이 공간은 간단한 공연이나 기념식을 할 수 있는 장소
로도 활용이 가능한 복합적인 다용도의 공간이기도 하다.

국립어린이박물관의 복합전시실

국립어린이박물관 복합전시실 인형극 상영

[그림 6-9] 국립어린이박물관의 성인과 아동에게 어필하는 공간

루이지애나 어린이박물관 안내데스크
– 낮은 높이로 관람객 접근성이 더 좋도록 하며
깔끔한 디자인으로 설계함.

케이톤 어린이박물관 안내데스크
– 목재를 사용하여 친근하게 하고 역반원형의
데스크로 관람객 접근을 더 용이하게 하였음.

[그림 6-10] 안내데스크 사례

케이톤 어린이박물관 – 개방형 극장으로 공연이 없을 때는 자유로운 블록놀이를 하면서 공간을 다목적 활용함.

[그림 6-11] 공간 활용 사례

이런 모든 여건들을 종합적으로 고려하여, 필자가 한 가지 제안을 하면 아동들을 위한 공간 조성에 대한 팁을 언급하고자 한다.

어린이박물관을 자주 이용하는 관람객인 아동들과 부모들의 의견을 자문하여 건축가와 함께 설계 디자인에 반영하는 것이다. 그들의 흥미진진한 공간적 욕구들을 건축과 인테리어와 전시에 반영이 된다면 좋은 디자인이 나올 것으로 충분히 예견된다. 특히 함께 오는 부모님들이 자녀의 체험을 함께하다 인근에서 편안하게 틈새로 잠시 앉을 수 있는 벽면 의자들이 필요할 수 있고, 가족 나들이 장소로써 부대 시설에 대한 세심한 요구들, 박물관 대상 연령에는 속하지 않지만 1세 미만의 영아를 위한 수유실을 구성해야 한다. 아동의 경우는 매우 창의적인 사항들로 이 세상에 없는 특별한 창작적 전시품을 요구할 수 있다. 이는 예술가들과 함께 만들어 가는 설계도 좋을 것으로 예상된다. 최근에는 한국의 건축가들도 아동의 욕구에 부합하도록 아동과 함께 워크숍을 진행하면서 놀이터를 설계 제작까지 하는 사례가 있었다. 앞으로 신축하는 어린이박물관에 대상자인 아동과 가족들과 콜라보해보는 좋은 사례가 나올 것을 기대해 본다.

키즈 프라자 오사카 – 건축적 구조물을 실내 중심에 두어 층별로 공간을 탐색하도록 설계함
(건축가 훈데르트 바서)

[그림 6-12] 키즈 프라자 오사카 사례

7장

어린이박물관
전시 기획

　전시 개발 과정의 기초는 아동 발달 및 교육학적 이론를 기반으로 이론적인 내용의 핵심을 파악하고 있어야 한다. 이후 상설전이거나 기획전의 현황에 맞는 내용이나 주제를 선정하여 전시를 기획하고, 전시디자이너와 협업한다. 전시 설계 후 전시 제작을 거치면서 수정하고, 전시 설치 후 어린이 관람객의 전시 참관을 관찰한 후 수정 보완하여야 최종으로 완성된다.

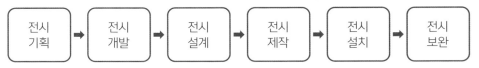

[그림 7-1] 어린이 체험 전시 프로세스

7-1. 전시 기획 과정

어린이 전시에서 기획자가 파악해야하는 것이 3가지 범주가 있다. 어린이 대상자에 대한 이해가 있어야 하고, 전시 주제에 대한 교육과정을 이해해야 하며, 전시 개발 과정을 습득하고 있어야 한다. 전시 주제에서는 상설전과 기획전은 고려해야 할 사항이 차이가 있다. 3가지 범주별로 각각 살펴보면 아래와 같다.

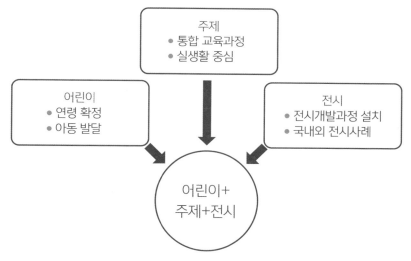

[그림 7-2] 어린이 전시 기획자가 고려할 3개 범주들

1. 어린이 연령 확정

일반적으로 기관의 미션에 따라서 혹은 기관 시설의 규모에 따라서, 주변 기관들의 입지가 영향을 미치기도 하는데 이에 따라서 어린이 연령의 폭이 정해진다. 영아, 유아, 초등 저학년까지를 핸즈온 전시로 주로 구성하는데, 미국의

2500~3000평 이상의 대형 어린이박물관들은 보통 초등학생까지를 대상 연령으로 전시를 기획한다. 한국은 취학전 후의 아동이 어린이박물관의 핸즈온 전시를 많이 찾고 있어, 특별한 목적성의 전시를 제외하고는 이 연령대에 맞춰 전시를 기획하는 현상을 보이고 있다. 또한 영아 관람객이 점차 증가해서 앞으로 신설되는 기관은 그들의 발달을 지원하는 전시도 함께 기관에 설치할 것을 조언한다. 예로는 필라델피아 어린이박물관은 같은 시에 있는 프랭클린 과학관이 있어 연령을 과학관을 주로 찾는 연령이 아닌 초등 전의 영유아로 설정하였다.

2. 주제의 범위

주제를 선정하기 전에 취학 전후는 통합교육을 지향하므로 실생활 측면 그리고 학교 연계 측면에서도 교육과정을 살펴볼 필요가 있다. 또한 상설전이냐 기획전이냐에 따라 선정하는 주제는 다르다. 상설전은 기관의 미션을 충분히 반영하고, 기관의 지역사회에 관한 콘텐츠가 반영된 전시 주제를 선정하여야 한다. 기획전의 경우는 최근 어린이교육계나 아동과 가족에게 이슈가 되는 것들, 어린이에게 의미가 있는 국내외 화두 등을 선정하여 관람객을 지속적으로 재방문하게 만드는데 기여하도록 한다.

1) 교육과정
어린이박물관 전시들은 박물관과 학교와의 연계가 필수적인 사항이며, 학교나 박물관이나 지향점은 결국 학습으로 동일한 것이다. 따라서 학교의 커리큘럼을 이해하고 이를 전시 기획시에 고려해야 한다. 유아에 해당되는 교육과정은 누리과정에 언급된 신체운동·건강, 의사소통, 사회관계, 예술경험, 자연탐구[101] 5개 영역으로 분류되며 상호 통합적인 내용을 지향한다.

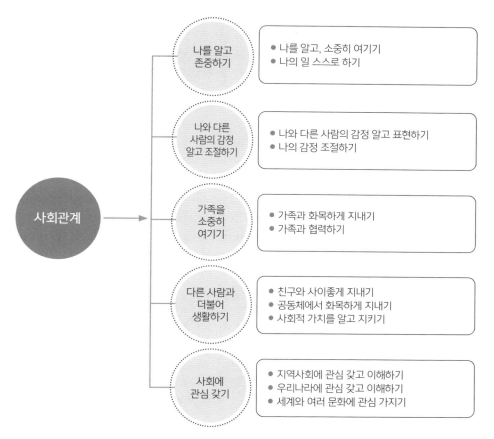

[그림 7-3] 누리과정 : 사회관계 영역[102]

101_ 교육과학기술부 및 보건복지부,3-5세 연령별 누리과정, 교육과학기술부 및 보건복지부, 2013

102_ 교육과학기술부 및 보건복지부,3-5세 연령별 누리과정, 교육과학기술부 및 보건복지부, 2013

2) 실제 생활 중심

어린이 전시의 핵심어로써 실제 생활 중심은 학교 공부와 성인 전시와 차별되는 것이다. 아동에게는 그들에 발달에 맞는 직관적 사고나 구체적 사고를 요하기 때문에, 전시 주제는 '실제 생활 중심'으로 기획하는 것을 기본으로 볼 수 있다. 이를 뒷받침할 수 있는 이론으로는 브뢴펜브뢰너(Bronfenbrenner)의 생태학적 이론으로 설명할 수 있다. 그는 개인의 발달을 개인과 환경과의 상호작용과 제도적 측면에서 바라보는데, 특이 이 이론은 어린이를 중심으로 직간접적 영향을 미치는 체계를 볼 수 있다. 미시체계, 중간체계, 외체계, 거시체계, 시간체계로 이뤄지며 원형을 중심으로 각 체계들이 확산된다.

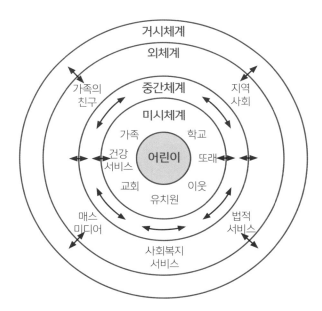

[그림 7-4] Bronfenbrenner의 생태학적 이론[103]

---

103 http://blog.naver.com/djjung1715?Redirect=Log&logNo=220453563086

미시체계는 아동과 직접 접해있는 환경을 말하며 즉 유치원, 학교, 가족, 교회, 이웃 등이며, 중간체계는 미시체계 사이의 상호 관계들이며, 외체계는 매스미디어, 지역사회, 가족의 친구, 사회복지 및 법적 서비스 등 아동에게 영향을 주는 환경을 말한다. 거시체계는 아동이 속해있는 사회의 가치, 법률, 관습을 의미하며, 시간체계는 아동의 발달이 시간이 지남에 따라서 일어남을 말한다.[104]

따라서 연령이 영유아일수록 미시체계적 접근을 하는 것이 바람직하고, 점차 중간체계를 거쳐 초등 이상일 경우 외체계, 거시체계, 시간체계로 시각을 바라볼 수 있겠다.

3. 어린이 전시

어린이 전시 개발의 과정은 전시 개발 과정의 틀을 먼저 서술하고, 구체적인 사례의 예를 들면서 개발 단계를 전시 기획, 전시 개발, 전시 설계, 전시 제작, 전시 설치, 보완수정 및 평가로 6단계로 구분하여 기술하고자 한다.

1) 전시 개발 과정의 틀

자료 조사가 먼저 선행되어야 하며 이는 하단에서 기술한 국내외 현황 조사를 거치고, 기관 위치 주변의 어린이 전시 주제를 조사하여서 전시 주제와 개념을 설정한다. 가장 기본이 되는 개략적인 틀을 서술하고자 한다.

(1) 전시 기획

전시의 가장 기본적인 개요로써 전시 주제에 해당되는 개념, 전시 디자인 혹

---

104 상동

은 전시 연출 방향, 면적당 전시품 수 그리고 중요한 요건인 예산에 맞는 콘텐츠를 구상하는 첫 그림의 단계이다.

아동에게 가장 바람직한 전시는 포먼(F. Forman)[105]이 언급하길 평범한 자료들을 직접 경험해보고, 참여해 보고 관심을 가지는 것이다. 첫째로 전시물은 그 연령대의 아동들이 전시의 목적을 빨리 이해할 수 있도록 계획된다. 둘째, 아동들이 전시에서 이뤄지는 이벤트를 조정할 수 있도록 한다. 셋째, 이러한 변화들은 연령대에 따라 다르게 계획된다. 넷째, 전시는 간단한 행동과 경험으로 다양한 반응을 보이도록 한다. 다섯째, 전시는 아동들이 문제를 재미있게 해결하도록 한다.[106] 따라서 전시 기획시 전시품도 함께 고려가 되므로 상기 내용을 염두에 두고 직감적이고 다변적이고 다연령적이며 문제 해결력이 있는 것으로 기획할 것을 제안한다.

● **기획시 고려할 점**
- 방문객 수 : 전시를 하는 기관의 인근 지역 반경 1~2시간내 어린이의 수를 통계청 자료로 검토해 보며, 일반적으로 유아는 이동 시간이 짧아야하므로 1시간내는 유아 관람객, 2시간내는 초등학생까지 관람이 가능하다고 예상한다. 즉, 몇 명의 아동과 가족이 관람 대상자가 될지를 예상할 수 있다.
- 주변 기관 : 기관 주변 2시간 반경의 어린이 전시 시설이 있는가? 전시 시설이 있다면 어떤 방향인가를 검토하여 주제가 유사하거나 중복되지 않게 고려한다. 이는 어린이 관람객의 분산을 방지할 수 있다.

---

105 Forman, F. Constructive Play. In D, Fromberg & D, Bergen, D. (Eds.) Play from birth to twelve and beyond. New York : Garland, 1998
106 Joe L. Frost & Sue C. Wortham & Stuart Reifel. 양옥승외 7인 역, 놀이와 아동발달, 정민사, 2005

- 트렌드 파악 : 최근의 전시 경향 조사로 흐름을 알고 부족한 내용이 무엇인지 파악한다. 예를 들면 국공립, 사립 박물관·미술관·과학관의 어린이 전시, 영리 시설의 상설 및 기획전시, 해외 뮤지엄들의 전시 주제 조사 등이 있다. 국내 어린이와 가족문화 현황이 있는 서적이나 기사들, 어린이 교육계, 어린이가 성장 후 경험하게 될 미래 세상에 대한 준비, 어린이에게 21세기에 필요한 역량 등을 고려한다.
- 전시 유형 : 상설전이냐 기획전에 따라서 전시 주제가 달라질 수 있으니, 기관의 미션이나 지역사회 이해를 고려하고, 기획전은 최근의 시의성 있는 이슈나 기관에서 필요하다고 판단되는 주제로 선정할 수 있다.
- 현실 가능 : 사용할 수 있는 예산과 전시물을 설치할 수 있는 공간, 제작 기간을 고려하여 현실 가능하도록 준비한다.
- 인력 협업 : 만약 기관내에 디자이너가 없다면, 전시 설계 업체에게 아웃소싱하는 방법도 있고, 공간을 연출하는 설치미술가들과도 협업하여 독창성을 올릴 수도 있다. 단 아웃 소싱과 예술가 협업 등은 외부의 인력이므로 시간과 예산이 더 소요된다는 점이 있다.
- 내구성 : 핸즈온 전시이므로 고장이나 파손이 되므로 전시 개발시에 견고하게 제작하고 유지 보수가 신속히 가능하도록 고려하여 설계되어야 한다.

① 전시 개념 설정

어린이박물관의 전시는 어린이들에게 세상에 대한 이해를 돕도록 도와주어야하는 내용으로 통합교육을 지향한다. 기관이 추구하는 대상 연령에 따라서 유아나 초등까지 연령이 학습할 수 있는 대부분의 교과 내용이 주제가 될 수 있다. 주제는 문화, 예술, 수 과학, 신체발달, 언어교과, 영유아 등 다양한데 기관에서 미션이나 지역사회에 대한 이해 등으로 추구하는 전시 내용에 따라서 주제가 선정될 수 있다. 하나의 예로 문화에 대한 내용에서도 매우 다양한 주제가 나올 수 있는데, 예를 들면 나라의 민속문화, 다문화, 지역사회 문화, 인종에 대한 것, 마을에 대한 이해, 학교 문화 등 범주가 매우 넓다. 또한 하나의 주제를 선정하여도 통합 교육이므로 예술, 수과학, 신체, 문화 등의 전시품이 다양하게 연출될 수 있다. 아래는 분류별 전시 사례의 예시들이다.

사회 문화

인디아나폴리스 어린이박물관의 중국문화 전시

예술

뉴욕어린이미술관의 예술작품 체험식 전시

수 과학

피츠버그어린이박물관 물 전시

신체발달

휴스톤어린이박물관 클라이밍 전시

언어	영유아발달

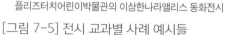

플리즈터치어린이박물관의 이상한나라앨리스 동화전시	미네소타어린이박물관 영아전시

[그림 7-5] 전시 교과별 사례 예시들

전시 주제 중에는 특히 과학 교과에서 몇 가지 아동이 선호하는 아이템들이 있다. 이는 주로 어린이박물관 전시 혹은 과학관의 어린이 전시에서 찾아볼 수 있다.

- 무형의 소재 : 물, 모래, 흙, 바람
- 지속적으로 움직이는 소재 : 공, 비누방울
- 혼합 : 공+물, 물+모래

이런 과학적인 아이템들은 어린이 전시에서 발달을 고려하여 실생활에서 적용할 수 있는 전시품으로 연출해야 하며, 전시품이 단품의 과학 원리가 아니라 맥락적인 전시로써 총체적인 연출 내에서 제작하여 전시 전반에 대한 이해를 돕도록 해야한다. 과학관의 물 전시라면 물의 원리를 이해하는 것을 목적으로 할 수 있다. 그러나 어린이박물관의 물 전시라면 기관이 있는 지역사회 주변에 있는 강에 대한 이해를 돕는 전시 연출을 하는 것이 맥락적인 환경이 될 수 있으므로 제언한다. 루이지애나 어린이박물관은 미시시피 강을 실제 100배로 축소하여 물 전시를 설치한 사례를 추천한다.

맥락적인 전시 연출
- 가옥 건축 공사를 활용한 과정 중심의
체험 전시물
콜어린이박물관

실제 생활 중심
- 차량 정비소, 슈퍼마켓 등의 환경
연출과 체험 전시물
콜어린이박물관

[그림 7-6] 전시 연출 사례

② 전시 디자인 (전시 연출) 방향

전시 개념과 전시 디자인은 전시 기획 초기부터 함께 고민하고 연출되어야 한다. 어린이 전시품들은 3차원의 창의적인 전시들이라서 항시 기획자와 디자이너는 상호 소통해서 어린이에 맞는 좋은 전시를 만들어내도록 노력해야한다.

얀 로렌스, 리 스콜닉과 크레이그 버거(Jan Lorenc & Lee H. Skolnick & Craig Berger)[107]는 전시 디자인의 핵심은 디자인의 모든 요소가 쌍방향성을 가미하는 것이라고 말했다. 물리적이든 사회적이든 혼자서 하는 놀이든 아

---

107 Jan Lorenc & Lee H. Skolnick & Craig Berger, 오윤성 역, 전시 디자인의 모든 것, 고려닷컴, 2007

동들은 만들어내고 실험하는 놀이 과정을 통해서 배움을 얻는다고 언급하였다. 그리고 아동의 신체에 맞는 전시 규모와 전시품의 내구성과 안전성을 말하였다[108]. 즉, 전시가 관람객과 상호작용적 요소를 가지고 있어야한다는 것과 아동의 놀이단계의 발달에 따라서 과정 중심적 학습과 신체적 발달에 따른 전시품의 차이를 언급하고 있다. 또한 다양한 연령대의 아동이 체험하므로 전시는 공간에 자유롭게 배치가 가능하며 역사 전시 공간처럼 선형적 흐름을 구축할 필요가 없다[109]고 말한다. 보호자와 부모들은 자녀가 어디에서 무엇을 하고 있는지 한눈에 볼 수 있는 공간을 원한다.[110] 따라서 이상적인 전시는 전시와 상호작용하고 있는 전시품과 자유로운 전시 구성, 그리고 이런 상황을 보호자가 쉬면서 지켜볼 수 있게 공간의 벽면 중심이나 갤러리 영역의 울타리에서 가벼운 수틀이나 벤치가 있게 조성하는 것이 바람직하다.

전시 디자인이나 연출에 따라서 같은 물 전시 주제라 하더라도 전시 개념과 디자인을 어떻게 하느냐로 전시는 완전히 달라진다. 이를 물 테이블 전시 사례로써 비교해보면 다음과 같다.

108　Jan Lorenc & Lee H. Skolnick & Craig Berger, 오윤성 역, 전시 디자인의 모든 것, 고려닷컴, 2007

109　Jan Lorenc & Lee H. Skolnick & Craig Berger, 오윤성 역, 전시 디자인의 모든 것, 고려닷컴, 2007

110　Jan Lorenc & Lee H. Skolnick & Craig Berger, 오윤성 역, 전시 디자인의 모든 것, 고려닷컴, 2007

한강과 물 : 한강을 경기도 상류부터 하류,
서해까지 스토리 설정(맥락적)

경기도어린이박물관

Water Works : 실생활용품인 실로폰,
수도꼭지로 전시 제작(실생활)

콜어린이박물관

Idea Factory : 공과 물의 혼합형인 공장
제작같은 물전시

시카고 과학산업박물관 어린이관

WaterWays : 대형 물펌프 전시대

시카고 어린이박물관

Water Game : 물길에 댐을 쌓아 물살의
힘을 측정하는 게임식 전시

네델란드 네모 과학관

Water World : 물의 순환을 알 수 있게 비가 오는 것
부터 시작하여 물의 쓰임새 파악

네델란드 네모 과학관

Move With The River : 미시시피 강의
야생 동물과 서식지 이해, 시설인 수문, 댐,
배수 시스템 등 체험 (맥락적)

루이지애나 어린이박물관

쏴아 물놀이 : 물의 다양한 특성을 활용한
창의적 과학 놀이

서울상상나라[111]

[그림 7-7] 물테이블 전시 사례들

---

111 https://www.seoulchildrensmuseum.org/display/displayAll.do

③ 개략적인 예산과 전시품 수

기획 초기 단계에서는 예산에 맞는 전시품 수와 면적을 계산하여야 한다. 어린이박물관 전시의 경우 기관에 따라서 다를 수도 있으나 2010년경 경기도 기관 사례로는 약 3평당 1개의 전시품, 전시품당 최소 1000만원 내외로 비용이 소요된다. 최근 자재비와 인건비 상승으로 많은 제작비의 부담이 있다. 이런 대략적인 전시품 수와 면적, 예산으로 전시를 예상하며 구체화하는 전시 개발 단계로 들어간다.

2) 국내외 전시 사례 조사

전시 기획 시에 국내외 자료들을 벤치마킹하도록 국내외 출장이나 홈페이지 등을 통해서 유사한 주제는 자료 수집을 거쳐야 한다. 이런 사례 조사를 통해서 어린이 전시를 참고하고 더 새로운 전시 주제나 전시물로 거듭나야 한다. 국내외 참고 기관들과 어린이 관련 협회에서 정보를 찾아볼 수 있다.

- 국내
  - 어린이박물관의 전시
  - 어린이미술관의 전시
  - 어린이과학관의 전시
  - 교육과학원의 전시
  - 유아체험교육원의 유아전시
  - 어린이 체험전시에 도움이 될 수 있는 다양한 뮤지움 및 전시 주제들

- 국외
  - Children's Museum의 전시들
    : 미국의 베스트 10 어린이박물관들, 미국 어린이미술관 베스트 10, 미국

어린이 과학관 베스트 10, 미국 어린이놀이터 베스트 10 등, 유럽의 어린이 박물관들 (독일 프랑크푸르트 어린이박물관, 오스트리아 줌, 네델란드의 트로펜주니어, 프레드 & 프리다 어린이박물관 등)

- Science Museum & Center의 어린이 과학전시
  : 미국 Exploratorium, 시카고 과학산업박물관, New York Hall of Science, 프랑스의 Cite' des enfant, 네델란드의 네모 과학관 등

● 어린이박물관 전시 및 과학관 전시 협회들
- ACM (Association of Children's Museum)
- Hands on International Association of Children's in museum
- Asia Pacific Children's Museum Conferance
- ASTC (Association of Science Technology Centers)
- COSI (Centers of Science and Industry)
- ECSITE (European Network Science Centres & Museums) 등

3) 전시 개발 사례

구체적인 예시로써 경기도어린이박물관의 기획 전시 개발의 실제 사례를 들어서 서술하도록 하겠다.

(1) 전시 개념 선정

경기도어린이박물관은 2015년 개관 4주년 기념의 '조부모'를 주제로 기획전시를 개발하여 설치하였다. 기획전은 상설 전시와는 다른 주제로 기관의 미션과 목표에 부흥하며 상설전에서 다루지 않은 주제로 선정된다. 관람객의 요구, 어린이 흥미, 시의성이 있거나 사회적 이슈가 되며 가족과 아동이 세상을 살아가는데 도움이 되는 학습적 요인이 필수 요건들이다. 또한 아무리 좋은 전시 주

제라 하더라도 체험식 전시기법으로 다양하게 풀 수 없는 내용이면 구현되기 어려우며, 사전의 유관 기관에서 유사한 주제로 다뤄진 것들도 검토해서 차별화되게 기획되어야 한다.

● **주제의 필요성**

당시 경기도어린이박물관 내 증가하고 있는 약25%의 조부모 동반 관람객에게 공감이 가는 전시[112]를 생각하고, 2015년 65세 이상 인구 12.7%의 비율을 고려하여 주제로 선정하고자 하였다. 또한 시대적 이슈인 '활기찬 노년'을 반영하는 세대 통합적 전시가 가능하며, 아동의 정서 및 인성 발달에 기여할 수 있는 가족 친화 문화를 형성하는데 조력할 수 있으며, 누리과정 검토에 따른 소수인 다양한 문화 존중이 가능한 전시가 될 수 있다고 검토되었다.

● **국내외 참고 사례 조사**

국내외의 사례 조사를 거쳐, 기관이 추진할 전시 방향을 선정하였다. 해외 사례들에서 유사한 것들을 살펴보았고, 국내에는 서울/경기 인근지역의 성남 고령친화체험관, 서울의 노인체험관 2곳이 있어 방문하였다. 국내 두 개 관은 인체 노화에 따른 여러 가지 가구나 소품 중심 판촉으로 이뤄져 있었다. 해외 사례에서는 어린이 대상 전시로는 없었으며, 과학관과 통신박물관에서 인체 노화에 초점을 둔 전시가 있었다. 이런 사례 검토를 거쳐, 경기도에서는 3세대 공감이 가는 정서적 연대감, 노화에 따른 장단점을 중심으로, 인간이면 누구나 거쳐 가는 노년을 조부모로 보고, 상호 이해를 통해서 가족간 관계를 좀 더 좋아질 수 있도록 방향을 선정하였다.

---

112 경기도어린이박물관, 관람객 설문조사 결과 보고서, 2014

<표 7-1> 유사 전시 사례

기관명	전시명	전시내용 및 특징
보스턴 과학관	Secrets of aging	몸과 마음의 변화, 노화의 과학적 사실, 원리 소개
프랑크푸르트 통신박물관	Dialogue with Time	노년의 다양한 이미지, 늙음에 대한 공포 감소, 세대간 대화를 장려

● 전시 목표
 - 3세대 간 이해와 소통의 장으로서 교류를 통해 가족 공동체 의식과 유대감을 가질 수 있다.
 - 노인의 고유한 특성을 이해하고 노인과 노화에 대한 올바른 인식을 가질 수 있다.
 - 과거와의 연결자며 지혜의 원천인 노인에 대한 긍정적인 역할 모델을 재발견하고, 편견을 극복할 수 있다.

(2) 전시 개발

전시 개념을 확정하는 전시 기획 단계를 지나면, 전시 개발로 들어가며 여기서 전시품들과 공간 연출들의 모든 세부사항들이 정해진다. 국내외 사례 전시품의 사진을 참조하고, 구체적 전시 방법 및 전시품 디자인 개발이 창의적으로 이뤄지도록 한다.

● 전시물 아이템 도출 및 전시품 개발 (1차)
전시 담당 학예사가 중심이 되어 자료 조사 및 진행을 하며, 준비된 자료로 브레인스토밍을 전개한다. 전시기획자들, 디자이너, 에듀케이터가 함께 전시 개발 회의를 수 차례 거쳐 전시 소주제 및 전시 아이템을 선정한다. 흥미/난이도, 교육성, 제작구현 가능성, 매체의 다양성을 종합적으로 고려하여 아이템을 분석하며, 이 과정 중에서 어린이 자문단과 전문가 자문회의를 거쳐서 전시 아이템을 최종 확정한다.

- 어린이자문단을 통한 아동의 의견과 관심사 수렴
  : '친구'인 할아버지 할머니 전시명 반영, 조손이 상호 관계 친밀도의 전시물, 조부모의 유년 시절에 대한 흥미 반영 전시물 등
- 아동학, 노인학, 가족학 콘텐츠 및 박물관계와 전시디자인 전문가 자문 결과 반영
  : 3세대의 동질성을 부각하는 것의 의미, 나의 뿌리 그리고 부모와의 연결성 등을 통해 3세대 공감대 형성, 노인을 큰 어른보다는 나와 같은 친구, 평등한 관계임을 부각, 아이들이 원하는 조부모상은 '친구같은 조부모'임. 특히 현재 60~70세 전후의 젊은 노년, 현실적인 노인상의 제시 (중략)

자문 의견들을 반영하여, 전시명을 '아주 특별한 친구, 우리 할아버지 할머니'로 결정하였고 프로토타입에 3세대 공감형 전시, 조부모 유년기 등의 전시품을 확정하였다.

〈표 7-2〉 전시물 확정표

전시물 명	내용	평가 기준				종합
		흥미/난이도	교육성	구현 가능성	매체 다양성	
똑똑똑 할아버지	조부모에게 인사	●		●	●	●
별난 할아버지	조부모가 되어보기	●		●	●	●
노화의 진실	노화의 과학적 사실 이해		●			X
어려움	일상속 노화 어려움 체험	●	●	●	●	●

전시물 명	내용	평가 기준				종합
		흥미/난이도	교육성	구현가능성	매체다양성	
변화와 늙음	노화의 변화 턴테이블 체험		●	●		X
할머니는나에요	나의 미래모습 체험	●				X
할머니는 내 편!	조부모 역할 이해	●	●	●		●
할아버지의 꿈	사회 속 노인 역할 이해		●	●	●	●
할머니상담소	고민에 대한 처방, 해결	●	●			X
할머니의 보물함	조부모 생활문화 이해		●	●	●	●
지혜 보따리	조부모 지혜, 경험 탐색	●	●	●		●
사진첩	조부모 손주 닮음 탐색	●	●	●		●
할머니 생일	조부모 생신 축하	●		●	●	X

전시 아이템 선정 과정

● **전시물 아이템 도출 및 전시품 개발** (2차)

1차 협의된 전시품 개발에서 전시물 선정 기준을 종합하여 최종적으로 결정되었다. 최종 전시 아이템은 소분류로 4단계로 나누고, 소분류내 콘텐츠를 더 풍부히 할 전시 아이템을 추가한다. 전시품은 연출 매체를 모두 다르게 하여 아동의 흥미를 끌도록 고려하고, 대형미디어, 예술가 협력, 단체 대상으로 할 수 있는 것 등을 검토하여 최종 확정하였다. 최종 전시품 확정 후에도 향후는 전시 제작 설계 공모를 하여, 전시업체가 선정되면 업체의 제안서를 가지고 좋은 아이템이나 예산에 맞는 실제적 구현을 위하여 전시를 더 발전시킨다.

〈표 7-3〉 전시물과 전시기법 개요[113]

분류	전시물 명	전시 내용	연출 방법
관심·만남	똑똑똑! 할아버지~할머니 〈인사〉	문을 열면, 패널 속 할아버지, 할머니의 일부 모습이 나타나 인사함	문과 패널
	별난 할아버지 〈접촉〉	노인의 모습을 대표하는 콧수염, 안경, 지팡이, 가발 등의 소도구로 촬영, 역할놀이 체험	소도구, 실시간 카메라
알아가기·다가가기	어려움이 있어요 〈특성 이해〉	일상 속 어려움, 노화 체험(시력 노화, 청력, 손떨림, 인지적 노화)	테이블탑 작동, 모형
	할아버지의 특별한 비밀 〈매력 발견〉	노인의 장점과 잠재력을 애니메이션으로 살펴보기	애니메이션
	할머니 할아버지의 꿈 〈매력 발견〉	평범한 할머니의 위대한 모습 발견하기	회전패널
	할머니의 보물상자 〈유산 발견〉	옛 물건과 현대의 물건과 비교 탐색하기	모형, 쇼케이스
	특별한 레시피 〈유산 발견〉	아이의 질문에 대한 답을 어르신의 전통지식, 생활의 지혜에서 찾아보기	칩과 작동모형
교류·소통하기	할아버지의 사진첩 〈마음열기〉	할아버지의 어린시절부터 현재까지 변화를 앨범으로 살펴보고, 나의 미래 모습을 그려봄	테이블탑, 앨범
	할아버지와 나는 닮았어요 〈동질성 찾기〉	아이와 조부모의 공통점을 퍼즐로 맞춰보기	테이블탑 퍼즐
	할아버지와 즐거운 시간 〈소통〉	실뜨기, 싸인 만들기 등 함께할 수 있는 놀이 체험	체험테이블

113 경기도어린이박물관, '조부모' 기획전시 계획 보고서, 2014

분류	전시물 명	전시 내용	연출 방법
교류 · 소통 하기	할머니의 머리를 꾸며 요 〈소통〉	소품을 이용해 할머니 머리를 꾸미는 역할 놀이	모형, 소품
	서로가 필요해! 〈도움주기〉	노인과 아이가 서로에게 줄 수 있는 도움을 떠올려보고, 칩 맞춰보기	작동
관계 맺기	할머니께 편지 보내요 〈애정표현〉	송풍관을 통해 조부모께 편지 보내기	작동 (송풍시스템)
	함께 만들어요 <협력, 어울림>	협력하여 세대간의 어울림을 상징하는 작품 만들기	인터랙티브 미디어

● **전시 디자인 방향**

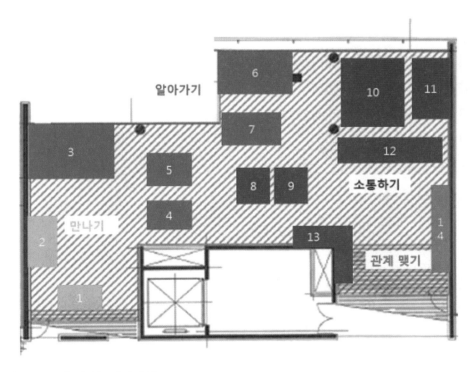

[그림 7-8] 전시품 예상배치도

- 아동의 입장에서 이해하기 어려운 '조부모'를 마음의 문을 열고 알아가며 특별한 친구가 되어가는 과정으로 전시 구성, 즉, '조부모와 나'의 관계를 중심으로 관심, 이해, 소통, 관계로 사회적 관계 기술별로 구성
- '마음의 문'을 시각적 모티브로 활용하여 심리적 거리가 가까워지는 단계를 형상화하여 전시 연출
- 최근에는 전시에서 예술가 참여가 추세라 이는 전시의 독창성을 불러일으켜 차별화하고자 의도
- 기획전시 종료 후 국내 '순회전'을 고려하여 이동이 원활하도록 단품들로 제작하고, 환경 구성보다는 전시품에 집중시키는 디자인

(3) 전시 설계

전시 기획안은 설계와 제작 공고 후에 업체가 선정된다. 선정 이후부터는 제작 업체와 발주처인 전시기획팀은 협업이 이루어지는데, 발주처인 전시기획팀은 설계서 검토를 면밀히 하고 비용인 내역서를 확인하는 것이다. 하단에 기술한 고려 요건들 어린이에게 맞는 요건이나 안전 점검, 눈높이 등이 철저히 살펴야 한다.

● 고려할 점
- 어린이들의 의견 : 적용 가능한 것은 수렴한다.
- 아동의 눈높이(eye-level) : 평균 110~120Cm
- 전시 테이블의 높이 조절 : 65, 70Cm
- 페인트 : 친환경 (수성) 페인트로 하되, 유지 관리를 생각하여 유성페인트는 체험식이 일어나는 테이블 주변의 손의 접촉이 있는 곳이 좋음
- 재질 : 목재, 아크릴, 피씨, FRP, 유리 등 다양한데, 되도록 연출상 필요시에만 친환경이 아닌 재료를 사용하도록 한다. 최근에는 친환경 뮤지움을

위하여 친환경 자제를 사용하거나 자재를 재활용하여 쓰는 추세임.

- 새활용 : 기존에 제작되어 있는 전시품이나 폐기용이라 하더라도 친환경을 위하여 새활용으로 하는 방법도 검토 가능

- 미디어 : 최근에는 실감 콘텐츠, 대형 미디어, VR, AR 등의 멀티미디어들을 다양하게 사용하는 경향이 있으나, 유아들에게는 비선호 되며, 아동 발달에 맞게 전문가들이나 학부모들은 아날로그를 선호함. 대형 미디어들은 기술력을 기반으로 하기 때문에 빠르게 신 기술이 개발되므로 계속 업데이트 되어야하기 때문에 비용이 많이 들어감을 파악하고 있어야 함.

- 일러스트레이터 : 분위기에 맞게 환경 연출 분위기, 동화 일러스트레이터 혹은 예술가들에게 외주 가능함

- 국내 기술력 검토 : 업체의 납품한 제작 기관 직접 방문하며 기술력을 파악

- 시공 상세도 확인 : 전시는 디테일이 중요하므로 수많은 미팅, 회의록 공유

- 어린이 놀이시설기준법에 준거 필요 : 안전점검 사전 도면 점검 및 제작 후 감수 수정 필요함

- 베리어 프리(Barrier -Free) 검토 : 장애인이나 노인 등의 사회적 약자를 고려한 디자인 필요, 이를 좀 더 확장하면 모두를 위한 유니버설 디자인이 있음.

- 순회전 검토 : 기획전 철거후에 폐기 처분하는 것이 아니라 유관 기관에 순회전으로 보낼 수 있는지를 고려하여 기획하는 것을 검토한다. 전시 철거후 폐기 처분은 엄청난 쓰레기를 발생하므로 지구촌의 화두인 친환경과 새활용을 검토하는 것이 유관 기관과 상호 원원할 수 있는 전략임.

(4) 공장 제작 실사 및 감수

공장 제작 시에는 현장에 가서 실사를 거쳐서 설계된 것으로 의도대로 제작되는 지를 살피고 현장에서도 수정할 것들은 살펴볼 수 있다.

- 일일 보고, 주간 일보, 월간 일보를 보고 받아서 진척 사항을 확인함.
- 공장 제작처 방문 및 기관 내 직접 제작할 때 설계도로 파악하고 현장 제작물을 체크함
- 하도급 승인 문제가 있을시에는 보통 전시의 질이 더 떨어지므로 면밀하게 살피고, 전기 공사는 보통 제작처와 분리 발주를 하며, 전시품들은 물품 구매에 해당되며 보통 예술작품으로 취급됨.
- 노인복지관과 어린이박물관에 오시는 노인자원봉사자들의 의견 피력의 협조를 받아 제작 진행

(5) 전시 설치

전시장에서 전시 제작품이 설치되는 과정으로 설계도를 중심으로 설치하되 기관의 특수한 사정, 아동 동선 파악 등 실제 현장에서 보다 적합하게 조정될 수도 있다.

● 사전 홍보

전시 프로토타입을 활용한 사전 홍보존을 운영하였는데, 오픈 1개월부터 박물관 내 설치하여 사전 관심 유도 및 홍보 효과를 꾀하였다. 내용은 3세대가 공통점을 찾아보는 3단 인간 형태의 종이에 그려 보았다.

우리는 닮은꼴(사전홍보 전시)

전시장 입구

전시 전경

조부모 알아가기 소분류2

조부모 소통하기 소분류3

조부모 관계맺기 소분류4

나도 할머니,할아버지

할아버지의 어려움

할아버지의 새로운 꿈

할머니는 내편

할머니의 지혜보따리

할머니의 보물함

놀이-보자기, 실뜨기, 붓글씨

할아버지의 사진첩

도움 시소

| 미디어 연결놀이 | 인생 자전거 | 숭 바람 편지 |

[그림 7-9] '조부모' 전시품 설치

(6) 수정 보완 및 평가

체험 전시품은 설치 후 어린이들의 전시 체험 반응을 보고 수정 보완할 필요가 있다. 기획자의 의도가 있었지만 어린이의 행동이 다를 경우는 이를 보완할 수 있다. 신규 기술력에 의한 제작품이므로 어린이의 작동으로 고장이나 작동이 원활하지 못할 수도 있으니 이를 유지 보수 가능하도록 보완하고, 향후 다른 전시 기획 시 피드백으로 고려되어야 한다. 또한 관람객 설문조사를 거쳐서 수정하거나 기획 의도의 학습과 아동의 반응을 살펴볼 수 있다. 전시업체의 하자 보수는 1~2년의 기간으로 이뤄지나 계약 상황에 따라 다를 수도 있다. 전시 수정 보완은 최소 1주일~ 한달 정도 소요된 후 전시 설치가 완료된다.

(7) 참고 : 어린이 전시 개발시 인력의 협력

어린이박물관의 체험식 전시는 다양한 전공의 전문가가 필히 상호 협력해서 팀으로 일을 추진해아 한다. 전시디렉터, 전시기획자, 전시디자이너, 전시업체 및 제작자들, 전시 유지보수 인의 종류가 있다.

전시 디렉터는 전시기획자가 하기도 하고, 전시의 관리자가 기관의 현황에 맞게 할 수 있다. 전시의 큰 방향성을 제시하고 결정하며, 전시 관계자들을 관리하고 조율한다.

전시기획자는 아동 교육이나 아동학과 전문가, 주제에 따라서 미술, 과학, 역사나 교육학 전공의 학예사가 필요하다. 유아교육계에서 활발하게 하고 있는 레지오 에밀리아 프로그램처럼 아동 전문가와 주제에 따른 전공 학예사가 함께 주 기획자, 부 기획자로 협력해서 아동의 발달을 맞추며 전문성 있는 내용으로 하는 것이 가장 이상적이다.

또한 전시 기획 단계부터 기획자, 전시 디자이너, 에듀케이터가 함께 참여해서 브레인스토밍으로 일을 하는 것이 가장 이상적으로 추후 전시 디자인이나 교육프로그램이 정확한 이해를 기반으로 해석되고 기획될 수 있다.

전시 디자이너는 디자인 전공생으로 공간을 다루는 업무이므로 공간 디자이너, 산업 디자인 등의 입체적인 전공생을 추천한다. 제작하는 핸즈온 전시품은 하나의 예술 작품에 해당되어 전후좌우 상단하단 등 상호 전시품 사이의 관계성, 공간과의 관계성, 아동의 전시 활동 반응성 등 관여된 모든 맥락과 공간 상황을 고려해야 되므로 이는 상호 회의를 통한 끊임없는 모색이 필요하다.

전시 설계업체 및 제작자는 미국의 몇 대형어린이박물관을 제외하고는 인하우스 제작팀을 두고 있지 않으므로 보통 외주로 이루어진다. 제작 설치 공모를 통해서 전시업체의 제안서가 선정된 후에 전시를 기획하는 발주처가 전시 설계를 컨트롤 해야한다. 이때 기획자의 정확한 기획 의도가 전달되고 설계되도록 전시업체와 상당한 협의와 노력이 필요하다. 이는 전시의 질이 보장되는 길이다. 기획자는 최근의 해외 사례 사진 등을 참고로 개발한 독창적인 전시품을 설명하며, 전시업체 측에서는 최근의 미디어나 실제 제작 기술 등에 대한 정보를 주며 상호 협력이 이뤄진다. 전시 설계서를 기획자가 일일이 크기, 소재, 색상, 전시 매체의 다양성, 일러스트, 설명판, 각종 디자인 등을 검토 후에 전시품 제작으로 발주를 하게 된다.

전시 유지 보수인은 테크니션이라고 명명하기도 하는데, 핸즈온 전시는 작동 불량, 파손으로 기계적인 장치나 전자 장치들이 상시 대기 인력을 필요로 하기 때문이다. 따라서 전시를 기획할 때도 실제 전시품 실시 설계시에 참여하여 회의를 하는 것을 제안한다. 꼭 기계적인 장치가 아니더라도 보수인의 역량에 따라서 목공, 소품장치, 미디어, 전기 등 다양하고 폭넓게 전시 유지 보수에 대한 모든 것을 관할한다. 1인이 업무로 해결할 수 없는 것이 있으므로, 이럴 때는 보수 관련 외주를 준다.

7-2. 어린이박물관 전시 기술의 다양성

어린이박물관의 전시 기술은 무궁무진하게 창의적인 영역이다. 전시기획자와 전시디자이너, 전시 제작업체와의 협력 회의로 수차례에 걸친 개발 회의로 최종 제작물이 확정된다. 이번 장에서는 어린이박물관 전시로 많이 이용되는 전시기법을 내용 범주로써 소개한다.

1. Low Tech 전시기법

어린이 전시는 발달에 맞춰서 제작되어야 하므로 영유아, 취학전 후를 대상으로 하면 주로 놀이 활동 중심의 기법으로 이뤄진다. 어린이 전시에서 가장 많이 다루는 영역별로 구분하여 기술하고자 한다.

1) 사회 문화 전시

(1) 사회 영역과 문화 전시들

전통 문화, 사회적 내용, 위인들 등 정보를 파악하게 하는 기법과 역할 놀이나 활동 중심의 전시 기법들이 다양하게 있다.

이집트에 대한 정보
- 버튼식, 터치식 전시기법을 사용하여 파라오 상형문자를 읽기

인디아나폴리스 어린이박물관

인쇄 활동
- 실제 옛 인쇄기구에 인쇄 기술을 찍어보는 전시물

프랑크푸르트 어린이박물관

그리기나 오리기 활동
- 동양의 서화 기법을 그리거나 적거나, 종이를 오려 부착하기

인디아나폴리스 어린이박물관

전통 음식점
- 중국 전통 음식점을 모형으로 조성하여 가상으로 음식문화 예절 활동

인디아나폴리스 어린이박물관

극생활 체험
- 눈썰매를 타는 것처럼 영상에 개들이
끌어서 썰매를 타는 듯하게 느끼는 체험 전시

스테이튼아일랜드 어린이박물관

인형극 놀이
- 나라들의 전통 이야기를 빛과 그림자로
활동해 보는 인형놀이

인디아나폴리스 어린이박물관

의상 걸쳐보기나 입기
- 나라들의 문화 축제에 참여한 것처럼
의상 걸쳐보기

브루클린 어린이박물관

민속놀이감
- 체스나 도미노 등 전통적 가족놀이감
활동들

스테이튼아일랜드 어린이박물관

슈퍼마켓
- 음식 모형으로 슈퍼에서 마켓놀이 활동

플리즈터치 어린이박물관

방송국 촬영 체험
- 방송 장비와 방송 촬영을 해볼 수 있는 전시

인디아나폴리스 어린이박물관

도움이 필요할 때 전화하기 (아동들이 좋아하는
전시로 수화기를 들어 의사소통하려 시도를 함)

케이톤 어린이박물관

유아용 슈퍼마켓
체험하기

케이톤 어린이박물관

헬기 타보는 체험하기

케이톤 어린이박물관

야채 수확과 판매 전시 공간

루이지애나 어린이박물관

해산물 모형을 구매하는 마켓 전시

루이지애나 어린이박물관

대형 마켓 체험 전시

루이지애나 어린이박물관

고기잡이 배에서 어부들의 삶을 체험함

루이지애나 어린이박물관

게를 잡아 통에 쪄서 먹는 법을 알게 하는 전시

루이지애나 어린이박물관

동물 병원과 돌봄 전시

루이지애나 어린이박물관

허리케인으로 물에 잠겼던 도시 재건을 위해서 관람객에게 필요한 것을 물어보는 공간 구획 벽면을 이용한 좌석판

루이지애나 어린이박물관

[그림 7-10] 사회문화 전시기법

(2) 모 박물관이 있는 어린이박물관

역사나 민속에 관련된 이야기들을 소장품과 연계하면서 전시를 풀어간 어린이 갤러리들이다. 국내 대부분의 국립 지역 소속관들에 어린이박물관과 어린이체험관에 해당된다.

모 박물관이 있는 기관들은 소장품을 중심으로 아동의 발달에 맞게 풀어 전시를 구성한다. 소장품이 고급지지 않아도 교육용이기 때문에 아동들에게 보여줄 수 있고 더 효율적이라 판단된다. 역사적 물건들은 쇼케이스 내에 있어야할 것이며, 체험식의 소품들은 따로 제작하기를 권한다. 국내에는 국립중앙박물관의 어린이박물관, 국립민속박물관의 어린이박물관이 대표적이라고 할 수 있다. 국립박물관들은 지역별로 브랜드화 되어 있어 국립김해박물관의 어린이박물관은 가야의 철기 이야기를 풀어갔고, 국립제주박물관의 어린이박물관은 해녀들의 삶에 대한 이야기를 풀어가서 특히 제주도 해녀의 콘텐츠가 탄탄해 보이며 좋은 사례로 판단된다. 해외에는 모 박물관 중심의 어린이박물관은 프랑크푸르트 어린이박물관과 암스텔담의 트로펜뮤지움쥬니어가 인지도가 있다.

이외에도 사립으로 아해박물관이 있는데 선조들의 전통 놀잇감들을 쇼케이스 내에 전시를 하면서 해설사가 관람자인 아동들이 놀잇감을 체험하고 만져보면서 관람하도록 하거나 쇼케이스 옆에 테이블에서 전통 놀잇감을 만들어보게 하는 사례도 있다.

국립중앙박물관의 어린이박물관
'십장생 열가지 이야기' 전시

국립민속박물관의 어린이박물관
'골골이와 인형 친구들'의 고민 자판기 인형들

국립제주박물관 어린이박물관
해녀의 이야기를 듣고 있는 아동

국립제주박물관 어린이박물관
물동이를 이고 있는 아동들[114]

비숍박물관(하와이)
- 배의 모양과 돛대의 모양에 따른 체험하기

비숍박물관(하와이)
- 해산물 헝겊 모형으로 먹는 도구를 알수 있게
체험하기

프랑크푸르트 박물관의 아동청소년박물관의 기획전
'혁명'

프랑크푸르트 박물관의 아동청소년박물관의 기획전
'혁명' - 역사적 사건 당시의 사람들의 분장을 하고
데모에 참여하는 모습들

---

114 https://blog.naver.com/hyugapo/222898904100

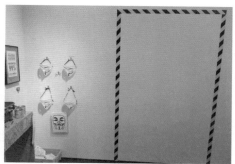

프랑크푸르트 박물관의 아동청소년박물관의 기획전
'혁명' - 역사적 사건 당시의 사람들의 영상을 보고
그림을 그려봄

프랑크푸르트 박물관의 아동청소년박물관의 기획전
'혁명' - 역사적 사건 당시 사람들의 분장한 가면을
쓰고 사진을 찍어봄

[그림 7-11] 모 박물관이 있는 역사/사회 주제들의 어린이박물관

2) 수 과학 전시 기법

빛, 에너지, 공, 물, 바람, 모래 등을 이용한 과학적 원리를 탐색하는 전시 기법과 인체, 생태 및 동식물, 공룡, 건축 전시품들이 있다. 유아를 위해서 활동 중심인 것이 많다.

어린이박물관에서는 발견(discovery)이라는 단어가 들어간 곳이 과학 중심의 박물관이다. 해외에는 미국 산호세 어린이 발견 박물관, 매사추세츠의 발견 박물관이 있고, 발견이란 단어는 없으나 앤아버의 핸즈온 박물관이 있다. 수 과학 전시들은 대부분 유물이 없기 때문에 체험 전시만 있다고 보면 된다. 국내에는 서울 창경궁로에 있는 국립어린이과학관, 대전의 국립중앙과학관의 어린이과학관, 국립부산과학관의 어린이과학관 등이 대표적으로 있다.

기하학이나 도형의 원리
- 조각을 맞춰보는 대형 전시물

네델란드 네모 과학관

자동차 경주
- 미니카 두 대를 상부에서 굴려 요철에 따라
차의 속도를 파악할 수 있는 기법

피츠버그 어린이박물관

공 전시
- 공이 굴러가며 연쇄반응으로 상호작용을 하며,
아동은 공을 레일에 넣거나 움직이도록 함

앤아버 핸즈온박물관

모래 놀이
- 굵은 모래알을 모래관에 넣으면 하단의
물레방아틀이 돌아감

피츠버그 어린이박물관

물 전시
- 물의 흐름과 원리를 전시 기구들을 통해서
파악할 수 있는 테이블 전시 형태

앤아버 핸즈온 박물관(과학관)

바람 놀이
- 돔내에 아동이 들어가면 바람이 나와
미니 스카프들이 날리며 함께 참여하는 놀이

인디아나폴리스 어린이박물관

블록 놀이
- 구성주의 기법으로 자신의 발달에 맞게
블록을 쌓고 부수는 놀이

앤아버 핸즈온박물관

배관 연결 활동
- 구성주의식 기법으로 아동이 자신의 발달에 맞게
조립할 수 있음

피츠버그 어린이박물관

공룡처럼
- 공룡 의상을 입고, 알을 품어보는
전시기법

인디아나폴리스 어린이박물관

병원 놀이
- 사람처럼 인형 모형을 올려놓고 씨티
촬영하는 기법

플리즈터치 어린이박물관

살아있는 벌 전시
- 실제의 벌집과 벌 키우기 전시품을 뚫린 벽과 전시
품을 연결하여 조성하여 벌을 관찰함

스테이튼 아일랜드 어린이박물관

동물의 보호색
- 보호색 생물들을 관찰하고, 나무결에 새 모양의 종
이에 보호색으로 색칠하여서 나무에 끼워보기

브루클린 어린이박물관

식물 모형 전시
- 태양열을 이용하여 모형 꽃을
피우는 전시

브루클린 어린이박물관

작은 수족관과 코지 코너
- 물속 생물의 볼 꺼리를 제공하면서
영아용 쉬는 공간

브루클린 어린이박물관

물과 모래놀이 전시

캘리포니아 사이언스센터

나무 조각들과 원형기둥을 조합해 보는 구성주의 전시

키즈스페이스 어린이박물관 (건축)

공을 굴려볼 수 있도록 조립해 보는 구성주의 전시
(검은 고무재질의 길이 탄성이 있어서 공 실험하는데
매우 유용함)

키즈스페이스 어린이박물관

자전거를 타면 그 힘으로
레일을 움직여서 공을 움직여 볼 수 있는
결합형 전시물

케이톤 어린이박물관

기어의 상호 연동을 알 수 있는
벽면 활용한 전시품

루이지애나 어린이박물관

투명 원통에 들어가면 바닥에서 바람이 올라오는
아동들이 좋아하는 바람놀이 전시

케이톤 어린이박물관

미시시피 강을 축소하여 만든
물테이블 전시

루이지애나 어린이박물관

물 전시장 입구에 있는 전시품으로 물이 흘러내리는
유리벽으로 아동들이 물을 만져볼 수 있음

루이지애나 어린이박물관

물 전시장 벽면에 비치된 핸드드라이어
(아동의 물 그래픽으로 친근하게 연출)

루이지애나 어린이박물관

새집처럼 만들어진
아동이 좋아하는 코지코너

키즈스페이스 어린이박물관

외부에 원형을 내부와 연결하여 살아있는
벌을 양봉하는 전시

키즈스페이스 어린이박물관

대형 새둥지 모형에 직조를 하면서 무늬를
만들어보고 소근육 개발을 하는 체험 전시품

루이지애나 어린이박물관

옥수수가 매우 높게 자라는 것을 알 수 있게
옥수수모형을 레버를 돌려 높이 올려보는 전시

루이지애나 어린이박물관

나무 그림자같은 실루엣 속의 원통 속에서
발견할 수 있는 생물의 그림과 사진

루이지애나 어린이박물관

증기 기차
- 기차 뒷면에서 모형 석탄을 캐고 나르며
증기 기관차에 넣어보면서 소리와
증기가 나게 작동해보는 활동

국립어린이박물관

종이 비행기 날려보기
- 3가지 종류의 종이비행기를 접어서
어떤 것이 멀리 날아가는지
시험 비행하기

국립부산과학관 어린이과학관

[그림 7-12] 수 과학 전시기법

3) 신체 발달 및 영유아 전시 기법

전신 발달을 추구하는 대근육 활동과 신체 각 기관 발달을 추구하는 전시기법과 영아 발달에 맞춰서 안전과 높이를 조절한 전시들이다.

에어 바운스
- 대근육을 발달시키는 전신 놀이

피츠버그 어린이박물관

기어오르기 구조물
- 벽면을 이용하여 구성한 신체 놀이 구조 전시물

피츠버그 어린이박물관

야외의 대근육활동놀이

키즈스페이스 어린이박물관

그물망의 대근육활동 놀이

케이톤 어린이박물관

발달 측정
- 전시물과 팔씨름을 하여
자신의 근력을 체크함

앤아버 핸즈온 어린이박물관

신체를 활용한 과학 원리 기법
- 시이소의 힘을 활용하여 물관의 기포를
형성해보는 전시

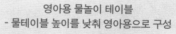

인디아나폴리스 어린이박물관

영아용 오르기 구조물
- 2~3미터이내의 공간으로 올라가보는 전시

인디아나폴리스 어린이박물관

영아용 물놀이 테이블
- 물테이블 높이를 낮춰 영아용으로 구성

인디아나폴리스 어린이박물관

걸음마전의 아기 공간

케이톤 어린이박물관 (LA)

걸음마전의 아기 공간

루이지애나 어린이박물관

걸음마전의 아기 공간 (외형)

루이지애나 어린이박물관

걸음마전의 아기 공간 (한쪽 벽을 터서 출입하게 함)

루이지애나 어린이박물관

영유아실로 집 주제로 구성

캘리포니아 사이언스센터

숲 주제의 영아 전시

루이지애나 어린이박물관

[그림 7-13] 신체 발달 전시 및 영유아 전시기법

4) 예술 전시 기법

(1) 음악 전시와 미술 전시

음악 전시는 주로 타악기 종류를 전시하며, 예술가들의 상호작용식 전시 작품들을 다양하게 활용하여 전시품이 될 수 있다. 어린이박물관에서 작가 레지던시 사업이 함께 있으면 예술가의 작품을 활용하여 전시할 수 있다. 예술가 레지던시는 피츠버그 어린이박물관이 있고, 미술과 음악과 공연자까지를 포함한 레지던시로 루이지애나 어린이박물관이 있다.

타악기
- 타악기를 신나게 두드려 볼 수 있고 룸안에 흡음 장치 필수 요건임

인디아나폴리스 어린이박물관

난타
- 일상용품을 이용하여 타악기처럼 두드려보는 벽면형 전시

브루클린 어린이박물관

예술가 인터렉티브 작품
- 관람객이 움직이면 각 조각들이 움직임을 감지하여 함께 움직이며 작은 소리들이 남

뉴욕 어린이미술관

우주선
- 예술가 제작물로 페트병을 재활용하여서 양 모양의 스페이스쉽으로 안으로 들어가 볼 수 있음

피츠버그 어린이박물관

작품 '리프' (작가 : 한창민)
- 아동들이 패드에 그림을 그리면 나뭇줄기에서 그린
그림쪽지가 나뭇잎처럼 떨어지는 작품

국립어린이박물관

작품 '리프' 종이 쪽지들
- 작품에서 떨어진 아동들의
그린 종이 쪽지들

국립어린이박물관

뽁뽁이 색피스를 유리 벽에 자유롭게
붙여보면서 서로 상호작용할 수 있는 전시

키즈스페이스 어린이박물관

투명벽에 상호 자유롭게
그리기 활동 전시

루이지애나 어린이박물관

라이팅 박스를 이용한 대형 빛깔 놀이 전시

루이지애나 어린이박물관

트롬펫을 버튼으로 눌러 소리를 들어 볼 수 있음

루이지애나 어린이박물관

실제 피아노가 있어서 관람객이 쳐볼 수 있는 전시

루이지애나 어린이박물관

착시 효과를 활용한 트롬펫 형태의 포토존

케이톤 어린이박물관 (LA)

[그림 7-14] 예술 전시기법

(2) 어린이미술관

어린이미술관은 어린이를 대상으로 생각하고 만든 미술 작품을 전시하거나 성인 대상의 예술 작품을 전시하고 이를 이해하기 위해서 체험식 활동을 주변에 같이 설치하기도 한다. 즉, 모 미술관이 있기도 한 곳은 어린이미술관이 있기도 하고, 모 미술관이 없으면 설치예술품들 중에서 체험식 예술품이 있기도 하다. 혹은 최근에 장애인에 대한 관심이 쏟아지면서 장애 예술작가나 장애 아동들의 예술 작품을 전시하는 경우도 있다.

한국에서 인기있는 작가 '에릭 칼' 같은 예술 동화책을 담은 미술 체험 전시도 있기도 하다. 국립현대미술관의 어린이미술관, 사립으로 있는 '헬로우뮤지움', 현대백화점에서 운영하고 있는 '현대어린이책미술관'이 있다. 해외에는 뉴욕에 있는 어린이미술관, 매사츠세추의 '에릭 칼 미술관', 명화를 대상으로 체험 전시를 펼쳤던 파리의 '풀잎 박물관', 최근에 오픈한 런던의 '빅토리아 알버트 어린이미술관'이 있다.

정원 주제의
환경 구성과 작품들

풀잎박물관

호수를 들어서 정원의 대나무 소리를
들어 볼 수 있음

풀잎박물관

'제라르 가로스테'의
동화책[115]

뽕피두 센터의 전시 작가

동화 '끝없는 숲' 작가 '제라르 가로스테'의 동화책
내용을 어린이 전시로 풀어감

뽕피두 센터의 어린이 전시장

작가의 동화 내용을
원형안에 들어가면 영상을 볼 수 있고
외부에서는 물로 드로잉 할 수 있음

뽕피두 센터 어린이 전시장

동화 속 괴물처럼 여러 형상을
라이팅 박스 위에 올려놓고
괴물 모양을 조합해보는 전

뽕피두 센터 어린이 전시장 시

115 새들의 나라에서 살고 있는 어린 거위 '루아손'과 그의 친구 까치 '피아'의 모험담 이야기
이다.

데이비드 호크니가 모리스 라벨의 음악을 듣고 펼친 오페라 전시 공간	오페라 전시 입구
호놀룰루 미술관의 분관 스팔딩 하우스 어린이 전시장	호놀룰루 미술관의 분관 스팔딩 하우스 어린이 전시장

[그림 7-15] 예술 전시기법

5) 친환경 전시 기법과 사례

최근 지구촌의 화두인 기후 변화로 인하여 인간은 생존권에 위협을 받게 되었다. 이런 현황이 전시에도 연관되어 지금은 친환경 전시를 추구하는 추세이다. 전시는 철거 시에 많은 쓰레기를 배출하는데 전시 연출한 것을 재활용하는 전시 기법, 친환경 자재를 사용하는 방향뿐 아니라 전시 주제로도 친환경은 많이 다루어지고 있다. 따라서 여기서는 좀 더 광범위하게 우리에게 필요한 환경 관련된 전시 사례와 기법들을 들어보고자 한다.

환경을 분류하자면, 생태계를 다루는 생태환경, 분리배출이나 자원순환에 관련된 생활환경, 기후 위기나 미세먼지와 에너지를 다루는 지구환경, 지속 가능 발전이나 생명 윤리를 다루는 문화환경 4종으로 말할 수 있다. 각 분류 주제별 전시 사례를 들어보자.

(1) 생태 환경

① 생태 환경은 그야말로 생태계에 대한 이야기들이다. 경기북부어린이박물관은 주제가 숲생태와 환경이라서 전시 대부분이 생태에 관련되어 있다. 숲생태 상설전시, 바다놀이터 상설전시, 책을 활용한 오감이 환경 동화 순회 전시, '얼어죽지않을 거야' 기획전시이다.

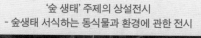

경기북부어린이박물관

경기북부어린이박물관

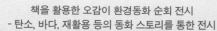

경기북부어린이박물관

[그림 7-16] 경기북부어린이박물관의 생태 환경 관련 전시들

② 경기도어린이박물관에는 '아기둥지'라는 영아용 공간과 인천어린이과학관, 국립과천과학관, 서울시립과학관과 함께 콜라보로 추진한 '별꼴' 순회전이 있다.

경기도어린이박물관 / 인천어린이과학관

[그림 7-17] 어린이 기관의 생태 환경 관련 전시들

③ 국립현대미술관 서울관의 정원 전시와 프로그램이 체험식으로 구성되었고, 국립현대미술관 어린이미술관의 다섯발자국 전시가 있다.

④ 루이지애나 어린이박물관에는 바닷속 환경과 봄 식물에 관련된 호기심을 촉발할 수 있는 전시가 있다.

---

116 https://gcm.ggcf.kr/exhibitions/17

거울 모양의 물고기를 달아 바닷속 환경을
구성하여 바다 생물 옷을 입어보며 바닷속 체험 공간
(커튼으로 개폐형을 할 수 있음)

자연물을 탐구하면서
봄의 시를
지어보는 공간

루이지애나 어린이박물관   루이지애나 어린이박물관

[그림 7-18] 루이지애나 어린이박물관 생태 환경 사례들

(2) 생활 환경

말 그대로 우리의 일상 생활 환경을 개선할 수 있는 내용의 전시들이다. 광명 업사이클링 아트센터 전시들, 경기도어린이박물관의 '업사이클 포레스트' 전시, 서울 아리수 나라 전시 : 물의 상수도 순환, 줌 어린이박물관의 '플라스틱' 기획전시가 있다.

폐자재를 이용하여
휴게 공간 조성

바다 모형에 펼쳐진 프라스틱들을 건져보는
체험전시

경기도어린이박물관의 '업사이클 포레스트' 전시   줌 어린이박물관의 '플라스틱' 기획전시

[그림 7-19] 국내외 생활 환경 관련 전시들

(3) 지구 환경

지구촌의 환경을 위한 내용들로 국립과천과학관의 '탄소 제로' 기획 전시, 미국 국립어린이박물관의 '기후 행동 영웅' 전시가 있다.

국립과천과학관의 '탄소제로' 기획전시

[그림 7-20] 국내외 기후 환경 관련 전시들

(4) 문화 환경

지속발전 가능과 생명 윤리에 대한 내용이 있는데 매디슨어린이박물관은 건물과 전시로 친환경 자재와 지속가능성을 보여주고 있다.

친환경 재료의 전시들

매디슨어린이박물관

업사이클링 재료 사용의 야외놀이터 전시

매디슨어린이박물관

업사이클링 아웃리치 버스

매디슨어린이박물관

업사이클링 아웃리치 버스내 전시들

매디슨어린이박물관

[그림 7-21] 매디슨어린이박물관의 친환경 관련 전시들

2. 하이테크 미디어 활용 전시 기법

최근의 아동들은 디지털 미디어 세대로 미디어가 생활화되어 있다. 미디어는 전시 영역에서 모두 반영될 수 있으나 전시품 비용이 많이 들고, 개발되는 미디어로 지속적인 업데이트를 해야하는 점을 가지고 있다. 최근 한국에서는 실감 콘텐츠가 대유행이었는데, 전시 공간에 들어가면서 대형미디어가 펼쳐지

면서 압도가 된다. 이런 실감 콘텐츠는 담고 있는 내용이 의미가 있고 아동과의
상호작용이 잘 일어나야 한다.

인디아나폴리스 어린이박물관

인디아나폴리스 어린이박물관

네델란드 네모 과학관

뉴욕홀 오브 싸이언스

[그림 7-22] 미디어 전시기법

3. 사인, 그래픽

어린이 전시의 사인과 그래픽의 종류는 전시명, 전시 설명, 전시품 이용 문구가 있다. 전시품 이용 문구는 전시를 잘 체험하도록 동기유발을 시키기도 한다. 어린이 전시이므로 일러스트를 활용하여 하기도 하고, 전시 설명인 경우에는 실물 사진으로 설명을 돕기도 한다. 따라서 글과 그림과 사진이 적절하게 조화되는 것이 바람직하다.

- 이용 방법 : 체험 전시를 어떻게 이용해야 하는지 순서도를 제시한다. 주로 글로 쓰긴 하지만 간단한 일러스트와 글이 같이 제시되면 더욱 명확해진다. 간단한 이용 방법이며, 아동이 전시품을 사용하고 있는 사진을 사용해도 된다.
- 전시품 지식 : 전시가 품고 있는 이야기를 설명하거나 더 확장된 지식을 설명할 수 있다. 그러나 어린이박물관은 지식에 대한 호기심을 불러일으키는 기관이기 때문에 자세한 설명보다는 관심을 가지게 끔 유도한 설명과 사진, 그림이 제시되면 더욱 좋다. 더 깊이 있는 설명은 추가로 QR코드나 설명지를 제시할 수 있다. 최근에는 환경 보호와 더불어 종이 설명지가 없어지는 추세이므로 QR코드를 제시한다. 전문적인 지식은 글이 어려울 수 있으므로 어린이 서적 수준이나 어린이 전공자들에게 쉽게 글을 작성하도록 감수받을 수 있다.
- 예술 작품 설명판 : 미술관처럼 명패인 작가명, 작품 제목, 제작 년도, 작품 크기 등이 제시되고 아동에게 맞는 간단한 설명이 있으면 더 좋다.

종합형
- 전시명, 이용 방법, 설명 문구가
모두 제시된 형태

인디애나폴리스 어린이박물관

설명판과 이용 방법
- 사람과 동물이 비교되도록 하는 사진과 설명,
이용 밥구

인디애나폴리스 어린이박물관

이용 방법
- 의상을 입어보는 순서의 글과 일러스트

브루클린 어린이박물관

예술 작품 소개
- 작가 사진, 이름, 년도, 작품명, 작품 설명

피츠버그 어린이박물관

이용 방법
- 사진만으로 전달됨

순천만의 습지 야외 관찰

종합형 - 전시명, 이용 방법, 설명 문구가
사진과 그림을 통해 제시

국립어린이박물관

이용 방법
- 바닥을 이용한 문구(아동은 바닥을 보는게 더 쉽기 때문에 필요한 곳에 동선 방향과 더불어 있음)

국립어린이박물관

이용 방법
- 전시품에 부착된 이용 문구
(이용 순서가 있으면 흐름대로 작성)

국립어린이박물관

큐알 코드
- 최근에는 전시 정보나 지식은 큐알코드로 볼 수 있도록 함

국립어린이박물관

갤러리 설명판
- 갤러리에 어떤 주제로 전시품들이 있는지를 소개하는 전체 설명판임

국립어린이박물관

[그림 7-23] 전시 사인 및 그래픽

이외에도 어린이박물관에서는 시설 이용 관련해서 안내 사인들이 필요하다. 예를 들면 입출구에 부착하는 사인, 개관을 알리는 스탠딩 사인, 상설전이나 기획전 공간을 말하는 사인, 갤러리별 안내는 알려주는 사인, 편의 시설 이용 안내 사인 등이 있다. 주목성 있게 하는 것이 가장 좋은데 그것은 공간에 잘 어

울려야하며 박물관의 아이덴티티에도 부합해야한다.

국립어린이박물관은 심볼이 없는 관계로 개관을 하면서 귀엽다고 여길 수 있는 이미지들로 아동들에게 친근하게 다가갈 수 있도록 조성하고자 노력하였다. 칼라는 기관의 메인인 파랑과 노란색 중에서 주로 주목성이 있도록 노란색을 적용하여 추진하였다. 주로 바닥과 스텐딩을 위주로 하였다. 천정에 매다는 사인물들은 추천하지는 않는다. 공간상 주목성이 없으면 관람객들이 잘 보지를 않기 때문에, 모든 사인물들은 최소한 아동과 어른들의 눈높이 아래에서 사인물들이 있어야한다.

출입문에 부착한 사인

박물관 입구에 세워진 개관 사인

야외 도로에 출구 방향 표시 사인

기획전시 유도 스탠딩 사인물들

바닥에 부착한 방향 사인물들

[그림 7-24] 국립어린이박물관 안내 사인 및 그래픽

루이지애나 어린이박물관 - 가로등 배너 디자인 (아동의 그림을 활용해서 친근하게 함)

케이톤 어린이박물관 외부 사인물 (쇼핑몰내에 위치)
- 다양한 파스텔톤으로 다양한 아동을 상징하면서
어린이 기관임을 한눈에 파악하도록 함

키즈스페이스 어린이박물관 외부 사인물
- 다양한 파스텔 톤으로 조성함

프랑스과학산업박물관 어린이도시 입구
- 30주년을 기념하여 고양이 일러스트를
설정하여 홍보함.

프랑스과학산업박물관의 어린이도시
- 연령대별로 2개의 전시실이 구획되었음

케이톤 어린이박물관
- 대형 실루엣 그래픽으로 화장실을 잘 파악하도록
디자인함

루이지애나 어린이박물관
- 아동의 그림으로 친근하게 디자인하였음.

[그림 7-25] 해외 어린이박물관 안내 사인 및 그래픽

4. 색채, 상호 간섭, 공간, 야외놀이터

과한 노출의 색이나 지나친 흥미 요소들은 아동의 학습을 방해하는 것이므로 색채도 절제하도록 하는 것이 좋다. 어린이 하면 관념적으로 떠오르는 무지개색들은 모두 사용하면 전시물에 집중할 수 없으므로 주조색과 보조색을 두고 포인트색 정도를 쓰도록 한다. 전시 공간에서 가장 중요한 포인트는 아동이 전시에 집중할 수 있는 환경이다. 요즘은 친환경 뮤지움에 맞춰서 자연색을 선호하는 경향을 보이며, 이런 자연색은 시간이 지나도 질리지 않는 장점이 있다.

전시품들도 상호 간섭을 받는데, 이것도 유념해야하는 요소이다. 움직이는 것들인 공이나 자전거, 빛, 대형의 미디어 등들은 아동의 시각적 호기심을 바로 이끌어 내는 것이므로 그 옆에 설치된 전시품에는 체험을 상대적으로 유도하기 어렵다. 이런 경우는 다른 전시품에 비해서 간격을 더 떨어뜨리도록 혹은 벽면형으로 가볍게 스치고 지날 수 있는 전시를 설치하는 것이 좋다. 각 전시품 사이에는 최소 2미터 이상의 사이 간격을 두도록 해야 한다. 다시말하면 재미난 인터렉티브형의 전시 옆에는 어떤 전시물도 주목을 받기가 어려워서 아동들이 스치고 지나가게 된다. 간섭을 받지 않을 정도의 적당한 거리를 두고 다른 전시물을 주목성 있게 배치해야 한다. 아동 관람객들의 경향을 잘 파악해서 큐레이터가 전시 설치시 고려해야 한다.

소리가 나는 전시들은 소음으로 타 전시 관람에 방해가 되지 않도록 하는 것이 고려할 점이다. 특히 관람객이 많다 보면 관람객의 소음으로 전시물에서 나는 소리를 제대로 듣기가 어렵다. 이럴 때는 1인용 헤드폰이나 지향성 스피커, 1인이 들을 수 있는 원형의 입출구만 약간 개방된 1인 방을 권장한다. 예를 들면, 경기도어린이박물관의 상설전시 '한강과 물' 전시장에서 경기도 사찰인 수종사의 종소리를 듣는 전시가 있었다. 1일 3500명이 관람하는 환경에서 수종사의 종소리를 듣기에는 한계가 있었고 종소리는 시끄러운 소음이 되었다. 전시 의도와는 달리 실제 관람객이 있을 때 어떤 경향이 생기는지를 큐레이터의 세심한 현장 관찰로 운영이 잘되도록 수정해야 한다. 국립어린이박물관의 '도시디자인놀이터'에는 책을 보는 부스 옆에서 북처럼 두들기는 전시품이 있다. 소음과 책은 상극이므로 이를 재설치하는 것이 필요하다.

비오는 날과도 관람객의 소음은 관계가 있다. 날씨가 흐리고 비가 오게 되면, 관람객의 소음이 최소한 3배 이상으로 소리가 울리게 된다. 관람객들의 소음들은 전시 관람을 방해하게 되어서, 소음을 흡수하는 흡음 장치의 시설이 매우 잘 설비되어 있어야 한다.

공간은 되도록 맥락적인 연출과 시각적인 몰입형이 되도록 하는 것이 좋으나 환경 연출은 비용 지출이 많다는 것이 단점이다. 상설 전시는 맥락적인 환경 연출을 해야하므로 비용 지출이 많을 수 밖에 없고, 기획전은 전시품 중심으로 디자인을 해서 비교적 입체적인 환경 연출을 줄이고 2차원적인 배너나 시각적 디자인물로 갈음하는 경향을 보인다.

야외 놀이터도 마찬가지로 기관의 미션과 비전에 맞도록 조성되어야 한다. 야외놀이터가 시설물처럼 설치되어 있는 기관도 있는데, 이것 또한 기관의 정체성에 맞는 주제로 선정되어 설계되고 설치되어야 한다. 국립어린이박물관은 중단기 계획으로 야외놀이터에 박물관의 앞 수변에 있는 금강을 모티브로 해서 대형 물테이블 전시를 계획하고 있다. 야외는 배관 작업과 구배를 잡는 땅고르기 작업이 추가되어서 실내보다는 설치가 더 어렵고 비용이 많이 수반되지만, 아동들에게는 최고의 인기 전시품이며 야외의 개방감과 자연과의 조화는 어디서도 경험할 수 있는 최고의 경험이 될 수 있다.

키즈스페이스 어린이박물관
- 야외에 배와 바다 공간
(파란 모래로 바다를 표현 설치함)

키즈스페이스 어린이박물관
- 야외의 옛날 마켓 플라자

키즈스페이스 어린이박물관
- 야외의 테라코타로 만들기 활동

키즈스페이스 어린이박물관
- 야외의 과학놀이

키즈스페이스 어린이박물관
- 야외의 물놀이

키즈스페이스 어린이박물관
- 야외의 캠핑공간

[그림 7-26] 키즈스페이스 어린이박물관 야외 놀이터

5. 사후 운영 관리

어린이 전시 관리는 핸즈온의 체험식 전시이므로 전시품의 파손, 유지 보수의 중요성 등을 고려해서 전시 제작 시부터 이점을 염두에 두고 기획하여야 한다. 되도록 복잡하지 않은 장비 시스템, 이용이 단순한 기법들이 고장율이 적다.

전시 유지보수 업무를 담당하는 테크니션이 기관에 상주해 있는 것이 현장에서 바로 수리를 하는 장점이 있으나, 이점도 기관의 상황에 따라서 다를 수 있다. 기관이 상설 전시를 하는 곳이라면 상주해 있는 것이 운영상 바람직하며, 기관의 규모가 클 경우는 2인 체제의 테크니션이 있는 것도 권장할 수 있다. 테크니션은 전자, 전기, 기계 등의 전공과 경험, 현장에서 고칠 수 있는 간단한 목공이나 각종 수리같은 업무가 요구된다.

이상에서 어린이 전시와 전시 프로세스 등에 대해 살펴보았다. 결론적으로 어린이를 위한 전시는 아동과 가족을 위한 학습 문화공간이며, 아동의 발달과 가족의 삶을 지원하며 가족문화 형성에 기여한다.

앞으로의 과제는 어린이 기관들이 양적 확산이 되어가면서 어린이 전시들이 많이 있으나 콘텐츠의 질적인 부분에서는 아동 발달에 맞는 시각과 설계의 필요성 등 많은 노력들이 필요하다. 또 아동의 발달을 근간으로 하되 기관의 미션에 맞는 상설전, 기획 전시로 펼쳐가며 사회적, 시대적, 지역사회의 요구에 부합하는 전시 콘텐츠로 아동과 가족에 헌신하고 온/오프라인 학습 시대에 학교를 넘어 새로운 미래를 대비할 수 있는 콘텐츠, 예를 들면 21세기 학생 역량 6가지 기술들(창의력, 의사소통, 미디어 문해력, 문제해결, 협업, 리더쉽, 문화다양성) 등의 역량 개발들로 미래를 대비하도록 전시 개발 시에 고려해 볼 것들이다. 초미의 관심사였던 인공지능과 인간의 대결에서 미래를 열어갈 어린이들에게는 변화하는 시대에 맞는 우수한 전시 콘텐츠를 기획하여 아동의 사고를 확장시키고 인공

지능이 결코 풀어갈 수 없는 인간의 무한한 잠재력인 창의성을 육성할 수 있도록 펼쳐가야 할 것이다.

7-3. 기획 전시

기획 전시는 상설 전시가 영구적인 전시이고 변화를 주기에는 비용이 많이 들기 때문에 관람객을 끌어오기 위한 유인책의 일종으로 개최한다. 따라서 주제 또한 상설전과는 무게감이 다르다. 시대적인 화두가 되는 주제나 관람객에게 재조명할 수 있는 생각을 요하는 전시를 개최한다. 일정 기간을 소요하는데 기관의 사정마다 전시 기간이 달라진다. 통상적으로 국내외를 고려하면 3개월에서 1년 정도라고 볼 수 있다. 과학관에서는 기획전을 블록버스터식으로 하지만, 어린이박물관에서는 기관에서 필요하다고 판단되는 전시를 하고, 미국은 어린이박물관의 수가 많아[117] 순회전으로 기획전을 하기도 한다. 국내에서는 아직 박물관의 수요가 안되기 때문에 순회전 시도는 있었으나 활성화 되지는 못했다. 최근의 추세는 지구 환경을 생각하고 비용 절감도 있기 때문에 기획전을 개최 후에 폐기 처분하는 것이 아니라 순회전으로 전환한다.

---

117 50개주에 보통 큰 시마다 있으므로 주에 최소 2개 정도는 설립되어 있다. 따라서 100개 정도가 있다고 갈음된다.

● 기획 전시를 기획할 때 고려 사항들

- 국내외의 기획전 자료 조사를 했는가?
- 기관의 미션과 비전 그리고 정체성에 부합하고 있는가?
- 모 박물관이 있는가? 있다면 콜렉션을 어떻게 연출하여 전달할 것인가?
- 전시 목적은 무엇인가?
- 아동과 가족 관람객에게 기대 효과는 무엇인가?
- 최근에 아동 가족 문화의 화두는 무엇인가?
- 최근 뮤지엄 계의 트랜드가 있는가? 박물관, 미술관, 과학관 모두를 살펴야 한다.
- 최근 개발된 전시 기법은 어떤 것이 있는가?
- 기획 인력이 있는가?
- 공간 면적은 어떠한가?
- 예산과 개발 기간이 적절한가?
- 친환경 재질로 할 것인가?
- 직원들, 아동 가족 관람객들, 전문가들에게 주제에 대한 의견을 청취했는가?
- 내가 지금 간과하고 있는 점이 있는가?
- 향후 순회전으로 운영할 예정이 있는가? 등

여러 가지 요건들이 있겠지만 대략 명기해 보았다. 문화예술 분야는 정답이 없어 무궁무진하고 어떤 것을 펼쳐가야 할 지는 학예사가 늘 관찰자의 시점으로 통찰하고 고민하는 자세가 필요하다.

1. 해외 기획 전시

1) 콜 어린이박물관의 모든 사람을 위한 반고흐 (Van Gogh for All) 전시

콜 어린이박물관에서 2024년 5월 19일부터 9월 8일까지 약 4개월 기간 전시되었고 이 전시는 돌로레스 콜 교육재단(Dolores Kohl Education Foundation)에 의해서 제작되었다. 반고흐의 작품에 몰입할 수 있도록 유아를 대상으로 한 전시로 볼 수 있으며 향후 순회전으로 운영할 계획을 갖고 있다. 유아 관람객들은 체험을 통해 반고흐의 작품에 노출되며, 그의 작품에 대한 관심을 갖게 된다.

필자는 약 25년전 쯤에 '어린이를 위한 샤갈 전'을 벤치마킹하기 위해서 콜어린이박물관으로 출장을 갔었다. 놀랍게도 샤갈 작품을 액자에 프린트 해놓고 어린이, 심지어 영유아가 즐길 수 있도록 소품 중심의 체험식으로 구성되어 있었다. 파티션의 높이도 1미터 남짓한 수준으로 유아를 고려한 높이였고, 이런 명화 감상의 체험식 유아 대상 전시는 당시에 매우 혁신적인 것이였다. 이곳을 벤치마킹 한 후 삼성어린이박물관에서 국내외 유명 명화 작품에 대한 체험식 전시를 국내 최초로 선보였다.

● 참고 : 삼성어린이박물관의 미술 감상 체험 전시들[118]

관람객에게 친근한 인상파 화가들을 피카소, 뭉크 등의 유명한 대가들의 모사 작품을 체험하도록 첫 번째 구성하였다,[119] 전시 기간 이후에 두 번째로 구성한 것은 국내의 근현대 작가들 이중섭, 박수근, 장욱진 등의 작품을 유아들이

---

118 당시 상설전이기 했지만, 기획전 공간이 없어서 상설전을 기획전처럼 순차적으로 신규전시로 리노베이션했었다.

119 * 이 전시는 철거 이후에 광주시립미술관에 기증하여 리노베이션 후 새롭게 전시되었다.

체험하도록 기획 제작하였다.

- 해외 작가들의 체험전시를 설명하면 작가 작품들은 모사본으로 전시하였다. 체험 전시들은 작품옆에 각기 제작하였다. 피카소의 우는 여인 작품에서 각지고 분절된 얼굴이 보여지므로 아동들에게는 깨진 거울을 연출하여 자신의 얼굴을 보도록 하여 마치 작품같이 느낌으로 보여지도록 의도했었다. 드가의 발레리나 작품은 구도가 특징적이라 발레리나가 상부를 쳐다보는 구도로 아동들이 포즈를 취해보도록 전시품을 구성하였다. 작은 구석의 공간을 이용하여 뭉크의 '절규' 작품을 세 벽면으로 작화하였고, 한 면에는 주인공의 절규하는 실루엣 안에 거울을 삽입하여 아동들이 거기서 절규하는 모습을 거울을 보면서 따라하도록 유도하였다. 이 곳은 단체 유아들이 찾아와서는 소리를 실컷 지르고 가면서 스트레스를 풀고 가는 공간이 되었다.

- 국내 작가들의 체험 전시는 한국적이면서 친근한 소재를 쓴 근대 작가 3명으로 잡았다. 이중섭의 '달과 까마귀' 작품은 전선줄과 까마귀가 특징이라 작품을 네면으로 세로 컷팅하여서 미닫이처럼 밀어서 퍼즐식으로 맞춰보도록 하였다. 장욱진의 '닭과 아이' 작품은 닭의 부리에 먹이를 주어 아래로 떨어지도록 연출하였고 이 전시품은 아동들이 너무 좋아해서 대박이 났었다. 박수근 작품은 마띠에르를 느껴보도록 그가 영감을 받은 화강암 일부를 손으로 만져보게 하였다. 지금 생각하면 그리 어렵지 않게 할 수 있었던 것 같지만, 당시에는 너무 혁신적인 전시 기법이라 체험식으로 만들기 위하여 엄청나게 고민하였다.

● 참고 : 리움 삼성미술관의 어린이 개관전 〈명화와 함께하는 시간 여행〉

　삼성미술관의 개관전에서 삼성아동문화센터에 리움의 소장품을 중심으로 아동에게 적합한 명화전을 기획하였다. 2년여간의 준비기간을 거치며 자료 조사 끝에 시카고아트인스티튜트의 전시 연출 사례를 자료로 접하게 되었다. 세계 여러 나라의 문화가 실린 예술품들을 쇼케이스에 전시하면서 아동에게 다가가도록 체험식 전시와 환경 연출로 구성하였다. 우리는 300평 공간에 고미술품부터 현대미술까지 리움의 소장품을 전시하면서 주변에 체험식 전시와 환경 연출로 기획하고 1년간 운영하였다. 리움을 방문했었던 관람객들, 미술 애호가들이 정말 많이 다녀갔고 이때부터 국내 미술관들에서 어린이 콘텐츠를 유심히 살펴본 듯하다. 국내 미술관계에 많은 기여가 있었던 전시로 생각된다. 이후 삼성아동문화센터는 기획전을 할 때 마다 출구쪽에 어린이를 위한 전시를 기획하였다. 년 3회정도로 3년여간 운영되었었다.

　삼성어린이박물관의 시리즈물인 명화 체험 전시들은 국내의 여러 기관에서 벤치마킹을 위해 무수히 다녀갔고, 명화 감상에 대한 아동과 가족의 예술 문화적 수준을 높이고 대중화시키는데 많은 기여했다고 사료된다. 이번에 책 원고를 쓰면서 삼성 시절을 다시 생각해보게 되었고, 콜 어린이박물관에서 유아 대상의 반고흐 전시를 접하게 되어 매우 반가웠다. 또한 리움에서 어린이 전시들은 국내 미술관에 많은 영감을 주고 기여한 것으로 파악된다.

2) 미시시피 어린이박물관

(1) 북극으로의 여행 (Journey to the North Pole)
　전통적 문학과 항해 및 지리학에서 영감을 얻은 전시로 마치 겨울 마을에 도착한 듯한 곳이다. 전시 기간은 2023년 11월 19일에서 2024년 1월 7일로 약 2개월간의 겨울 기간을 이용해서 계절에 맞는 전시를 하였다. 아동과 관람객들은 여행을 가는 기분으로 제작된 마법의 기차를 타보고, 명절 편지와 소포를 우편으로 보내고 분류할 수 있는 작은 우체국 활동도 하고, 기어를 돌려 시계의 시간을 바꾸고 미끄럼을 탈 수 있는 북극 시계탑, 기차 모형이 있는 테이블, 산타에게 편지를 쓰는 편지 스테이션, 순록과 양말을 신고 타는 스케이트장, 눈 미끄럼, 거실에 있는 난로 옆에서 아늑하게 지내기 등의 전시 활동이 있다. 2023년 말에는 산타가 등장한다.

(2) 퍼피 구조대 : 모험 놀이 (Paw Patrol : Adventure Play)[120]

TV 애니메이션 인기 시리즈인 〈퍼피 구조대〉를 기반으로 한 전시[121]로 어린이와 가족이 구조 임무에 참여하고 함께 협력하여 어려움을 극복하도록 한다는 내용이다. 2024년 5월 11일부터 9월 8일까지 약 4개월간 전시 기간을 가진다. 아동들이 좋아할 요소인 강아지, 영웅, TV 애니메이션 경험을 가지고 있어 이미 흥미를 가지고 관람을 시작한다. 관람객은 모험 만(Adventure Bay)안에서 구조대 팀을 만나 공통의 목표를 향해 협력하는데, 8마리의 구조된 강아지 그룹과 함께 한다. 각 강아지 모형은 소방관(소방견 마샬), 경찰관(경찰 강아지 체이스), 건설 노동자(러블), 용감한 조종사(스카이) 등과 같은 실제 직업인들에서 기인하였다. TV에서 영웅적인 강아지들이 함께 협력하여 지역사회를 보호하는 것처럼, 아동과 가족들도 박물관에서 할 수 있다는 태도로 함께 힘을 모아 체험을 한다. 아이들은 지역사회 내의 다양한 직업과 전문가들이 사람들을 안전하게 유지하기 위해 협력하는 법을 알 수 있다.

---

120 * 〈퍼피 구조대〉는 캐나다의 애니메이션으로 TV나 OTT에서 2013년부터 방영하고 있다.
121 미국의 기획전이나 순회전들은 TV 애니메이션 인기물을 어린이박물관에서 교육용으로 전시로 하기도 한다.

2. 국내 기획 전시

1) 국립중앙박물관 어린이박물관의 특별 전시

모 박물관이 있는 국립중앙박물관 어린이박물관은 상설전시장 옆에 특별전을 기획하였다. 최근의 전시 주제인 '십장생, 열 가지 이야기', '모두가 어린이', '반구대 바위그림 : 고래의 여행' 등이 있다. 옛 사람들이 변치 않고 오래 사는 십장생을 선정한 아이템인 해, 구름, 산, 물, 소나무, 바위, 불로초(영지버섯), 학, 거북이, 사슴을 디자인 요소로 어린이들이 놀이하면서 알게 끔 조성하였다.

'십장생, 열 가지 이야기' 전시 공간   '반구대 바위그림 : 고래의 여행

[그림 7-27] 국립중앙박물관 어린이박물관의 특별 전시들

2) 고양어린이박물관의 '원더풀랜드', 에르베 틸레 '색색깔깔 뮤지엄' 전시

(1) '원더풀랜드'

고양시 장항습지는 버드나무숲, 논, 갯벌 등의 서식 환경 속에서 황오색나비, 붉은발말똥게, 고라니와 저어새 등 다양한 생물들이 공존하며 습지의 새들을 위해 볍씨를 뿌려주는 농부와 장항습지의 물고기들을 지켜주는 어부들이 있다. 지역사회의 장항습지를 디지털 숲으로 재현해 아동들이 체험해 볼 수 있게 하였다. 대형 미디어 전시이기 때문에 몰입 환경으로 만들어서 빛이 차단된 룸

에서 구성되었다. 벽면의 동물 친구들을 터치하면 이들의 다양한 모습이 움직이고 중앙 바닥에는 작은 미디어 물고기를 뜰채를 사용해서 웅덩이 쪽으로 옮겨볼 수 있다. 또한 원더풀랜드 앱(APP)을 다운받으면 이 곳을 탈출한 동물 친구들을 다시 원더풀랜드로 돌려 보낼 수도 있다.

(2) 예술놀이터 : 에르베 튈레 '색색깔깔 뮤지엄'

어린이박물관에서는 예술 작가들과 협업을 하기도 하는데, 작가의 작품으로 전시하고 워크숍을 한다. 이는 어린이미술관에서 가장 적합한 콘텐츠이나 문화예술기관으로 어린이박물관은 예술가를 기반으로 한 기획 전시를 진행하기도 한다.

이 전시의 작가인 에르베 튈레는 프랑스에서 태어난 일러스트레이터로 동

원더풀랜드

[그림 7-28] 고양어린이박물관의 기획 전시

그라미, 점, 선, 얼룩, 낙서와 같이 일상속에서 흔히 발견할 수 있는 요소들로 무한한 상상의 세계를 펼쳐보인다. 아동들은 이 작가의 작품을 보고, 예술가처럼 단순한 것들로부터 쉽고 재미있게 예술 활동을 즐길 수 있는 방법을 알아간다. 어린이기관에서 작가 선정시 아동들이 그리는 난화와 같은 미완성된 표현을 하는 작가를 선정하여 전시하기도 한다. 2024년 약 3개월 기간에 걸쳐서 전시했다.

3. 틈새 전시

상설전도 기획전도 아니지만, 공간이 제공되지 않을 때 작은 공간에 연출하는 전시들이 있다. 틈새 전시라고 여기서는 명명하겠다. 공간은 유휴 공간이 될 수도 있고, 짜투리 공간이 될 수도 있고, 로비의 한 모퉁이일 수도 있다. 기관의 상황에 따라 다를 수 있지만, 보통 예산이 넉넉하지 않은 경우에 하는 경우가 많다. 어찌 보면 국내는 이런 전시들이 더 많이 있는 듯도 하다.

1) 경기북부어린이박물관 '얼어죽지 않을 거야'

기관에 기획전 공간이 없어, 학예사들의 고민이 많은 기관이다. 본 전시는 기관의 유휴 공간과 활성화되지 못한 공간을 활동하여 예술 작가들과 펼쳐간 특별 기획전시 유형이라고 볼 수 있다. 기관의 주제인 숲, 생태, 환경에 대한 내용들을 예술 작가와

웹포스터 이미지

[그림 7-29] 경기북부어린이박물관 '얼어죽지 않을 거야' 틈새 전시 포스터

함께 체험식, 혹은 어린이 참여식으로 펼쳐 놓았다. 생태 환경을 구성하는 식물, 동물들에 대한 작가의 해석이 담긴 전시인데, 옥상에는 아동들과 작가가 식물을 나무단에 심어서 아파트 형식으로 구성하고, 건물 유리 벽이 많아 새들이 부딪혀 죽어 이를 방지하기 위해 작가가 유리 벽에 이미지를 펼쳐놓았으며 이후 다소 새들이 죽는 사례가 줄어들었다고 한다. 복도 공간에는 새 둥지처럼 조성하기 위한 아동들이 실을 둥지에 감아주는 전시, 그리고 아동들이 생각하는 생태 환경에 대한 글과 전문가들의 글이 실린 신문을 제작하여 옆 공간에 설치하였다. 8개월간 기관의 곳곳에서 작가들과 펼쳐진 생태를 위한 전시 작품이다.

2) 경기도어린이박물관 '업사이클 포레스트', '작은 생태전' 틈새전시

'업사이클 포레스트 전'은 작가에게 의뢰하여 공장에서 버린 플라스틱으로 박물관의 빈 공간을 찾아 숲 이미지로 구성하였다. 기후 변화의 원인과 대응 방법에 대해 알아보도록 하고, 활동지에 나뭇잎을 꾸미고, 업사이클링 화분으로 마을을 꾸며 볼 수 있다.

'작은 생태전'은 필자가 본 기관의 재직 시에 예산의 어려움으로 고민 끝에 가장 효율을 꾀하기 위하여 방향을 설정하였다. 박물관의 변화를 인식하기 가장 좋은 곳은 첫 만남이 시작되는 입구라 첫 갤러리인 '자연놀이터'의 컨셉에 맞게 생태 전시품 5점을 입구에 설치하였고, 현재도 박물관 방문자가 모두 체험하도록 운영되고 있다. 아쉬운 점은 옆에 48개월 미만을 위한 자연놀이터 공간이 넓은 편이라, 이 곳과 연결되도록 5점 정도 더 추가 기획하여 설치하면 두 공간이 자연스럽게 어울렸을텐데, 더 기회를 갖지 못했다.

| 업사이클 포레스트 | 작은 생태전 |

[그림 7-30] 경기도어린이박물관 틈새 전시

3) 서울상상나라의 '올림픽 전' 틈새 전시

2024년은 파리 올림픽이 후끈한 여름을 더 덥히며 열광하게 했다. 서울상상나라에서 물 전시를 대거 확장 오픈해서 그 전시 보러갔다가 로비에서 만난 전시이다. 작은 여백의 공간을 이용하여 로비 끝부분에 설치하였는데, 인기 만발이였다. 시의성이 있는 전시는 항시 관람객의 관심사와 직결된다. 더욱이 뉴스에서 매일 올림픽을 보도하니 누구나 관심있게 머릿 속에 입력된 상태에서 우리나라 어린이들에게 정말 필요하고 아이들이 좋아하는 신체 발달을 위한 시의성 전시였다.

종류는 골프. 태권도. 양궁. 역도, 종이 메달을 만들어 수상대에도 올라가 볼 수 있다. 잠시 관찰했지만 이 중 인기 종목은 역시 양궁이였다. 우리는 고구려의 시조이며 양궁을 매우 잘했다는 고주몽의 후예이다. 엄청난 집중력을 요하는 종목인데, 고구려의 벽화들을 보면 유목민들처럼 심지어 말을 타고 움직이면서 활을 쏜다. 여하튼 10여년을 한번도 남들에게 우승을 빼앗기지 않은 종목이며, 우리의 아이들이 매우 좋아하는 종목이다. 운동을 경험하고 종이 메달을 만들어서 수상대에 올라가보는 것까지로 해서 올림픽 종목들의 경험과 수상까지의 흐름이 있어서 좋았다. 틈새 전시라 전시대들은 허니콤보드나 가벼운 목재들을 이용하여 제작하였다.

특히 전시와 프로그램이 연결되도록 입구에서 교육프로그램 몇 가지를 신청받아 유무료로 운영하고 있었다.

미니 올림픽 틈새 전시

양궁을 하고 있는 아동들

[그림 7-31] 서울상상나라의 '올림픽 전' 틈새 전시

7-4. 순회 전시

상설 전시 외의 전시는 기획 전시와 순회 전시가 있다. 기획 전시는 상설 전시의 전체적인 변화가 어려우므로 기획 전시로 관람객을 방문하게 만드는 방법이다.[122] 기획 전시는 상설 전에 비하여 전시 환경에 대한 연출을 줄이고 전

---

122 단, 상설 전시는 기관에 따라서 관람객의 요구이던, 예산 상황이던, 유지보수의 어려운 상황이던 조금씩 부분적으로 변화하는 것이 일반적이다.

시 기간이 한정되어 있어 예산을 적정하게 사용할 수 있다. 경험치에 의하면 경기도어린이박물관 재직 시절에 기획 전시를 1년으로 하였으나 전시 운영 후에 전시품의 상태가 비교적 양호하여 여러 고심 끝에 일부분들은 보수를 거쳐서 순회 전시로 사용하기로 하였다. 당시 전시 주제는 애완동물로 경기도민의 5:1 이 애완동물을 기르고 있어 의미있다고 판단되어 동물들에게도 사람과 같은 돌봄이 필요한 내용들을 반영하여 놀이식으로 구성하였다. 국내 기관들에 공문으로 사용 신청을 받아 여러 기관들을 순회 하였다. 최소 1~2년의 계획을 거쳐서 일정과 예산들의 협의를 하였다. 렌트비는 무료이나 기관에서 운송비와 설치비 그리고 부분 파손된 것을 유지 보수비를 사용하도록 협의하였다. 관련 내용은 국내 사례를 들 때 소개하겠다. 최근에는 지구 환경을 생각하며 전시 폐기시 쓰레기 방지를 위한 것도 있고, 예산 절감도 있고 기관들간의 상호 콜라보 등 여러면에서 순회전시가 활성화되고 있는 분위기이다.

● **순회 전시를 기획할 때 고려할 점들**
- 기관 고유의 순회 전시로 기획할 것인가? 아니면 기관들 협력으로 진행할 것인가?
- 기관 고유의 순회전이라면 기관의 정체성에 맞는가? 타겟 층, 예산, 면적 등을 어떻게 고려할 것인가?
- 기관 협력 순회전이라면 주제를 어떻게 잡을 것인가? 협력 기관들의 공통된 주제가 있는가?
- 년차적인 시리즈의 순회전인가? 1회성의 순회전인가?
- 기획 기간과 제작까지 기간은 어찌되는가? 예산은 검토되었는가?
- 이동시 편의를 고려한 디자인으로 설계가 되었는가?
- 철거와 설치 때마다 편의를 고려한 디자인으로 설계가 되었는가?
- 체험 전시의 유지 관리에 용이한가?

- 친환경 재료들로 사용이 되었는가?
- 운영 매뉴얼이 있는가?
- 운영 인력은 몇 명인가? 등

1. 미국의 순회 전시

1) 프리먼 재단의 아시아문화 전시 시리즈 : 집, 놀이, 음악, 축하 전

(1) 아시아 문화 전시 시리즈(the Freeman Foundation Asian Culture Exhibit Series, FFACES)

해외에서 가장 잘하고 있는 사례들을 조사하였다. 미국 ACM의 홈페이지에 오래전부터 아시아의 문화에 대한 순회 전시가 탑재되어 있다. 지난 20년 동안 프리먼 재단은 ACM과 협력하여 '프리먼 재단 아시아 문화 전시 시리즈(the Freeman Foundation Asian Culture Exhibit Series, FFACES)'를 통해 아시아 문화를 접할 수 있도록 했다.[123] 미국을 순회하는 2개 그룹의 시리즈로 총 12개의 영향력 있는 전시가 만들어졌는데 현재까지 총 340만 명 방문객으로 집객되었다.[124]

① 집(Home)

중국, 일본, 몽족 세 나라의 가정의 안과 밖을 살펴보도록 설계되어 각 문화권의 요리와 음식, 원예와 놀이에 중점을 두고 있다. 아동들은 베이징 발코니 정원에서 식물에 물을 주는 놀이를 할 수 있고, 연못을 건너

---

123 https://childrensmuseums.org/ffaces/
124 상동

고, 종이접기를 하고, 이야기 천을 디자인하고, 몽족 축제를 위해 바비큐를 하는 놀이를 할 수 있다.

② 놀이(Play)

중국, 일본, 한국 문화를 중심으로 역할 놀이, 이야기, 상징적인 다양한 유형의 놀이를 탐험하도록 설계되었다. 중국의 보호 구역에서 팬더에게 먹이를 주는 상징 놀이, 일본의 벚꽃 소풍에 참석하는 놀이, 한국의 제주 인어 이야기에서 바닷속 지역을 탐험하는 다이빙을 포함한 역할 놀이를 할 수 있다. 극동 아시아 3개국의 문화적 풍부함과 다양성에 대해 알 수 있게 놀이식으로 접근하였다.

③ 음악(Music)

중국, 일본, 한국(K-pop 포함) 문화권의 타악기에 초점을 맞춰 아이들이 연주하도록 장려하기 위해 고안되었다. 아동들에게 접근하기 좋은 악기는 두드리는 타악기가 가장 적합하므로 아동들은 다이토쿠이지(일본식 노래 그릇)부터 대형 전통 한국 북 드럼까지 다양한 악기를 탐험할 수 있다. 이러한 문화권의 리듬을 배우거나 스스로 즉흥 연주하도록 체험한다.

④ 축하(Celebrations)

불꽃 놀이, 등불, 연꽃, 연의 이미지를 통해 3개국인 한국, 중국, 베트남의 새해 축하 행사를 탐험하기 위해 설계되었다. 아동들은 북 연주와 이야기 같은 활동에 참여할 수 있다. 작은 극장에서 몬스터 이야기를 들려주는 것부터 아침 식사로 제공되는 다양한 요리를 아이 스파이 게임으로 발견하는 것까지, 아동들은 아시아 새해 축제의 풍부한 역사를 경험할 수 있다. 순회 전시를 유치하는 기관마다 홈페이지에 여러 가지 정보를 제공하기도 하는데 사우스타코타 어린이박물관에서는 축하 전시를 유치하면서 아시아의 문학, 가상 체험, 아시아 축하문화 학습, 일본의 민속 전래 이야기, 중국 음력 설날의 리본 댄스 등을 다양하게 소개하고 있다.[125] 전시품을 보면 이동식에 맞게 전시품을 접거나 펼 수 있도록 연출되어 있다.

(2) 프리먼 재단의 아시아 문화 전시(the Freeman Foundation Asian Culture Exhibit) : 동방으로 가라 (GO EAST)

ACM은 상기에 설명한 현재 아시아문화 전시(집, 놀이, 음악, 축하)를 제작하기 전에, 프리먼 재단의 700만 달러 기부로 2002년부터 2004년까지 기획 및 설계를 하여 2004년부터 4년간에 걸쳐서 '동방으로 가라(GO EAST)' 라는 순회 전시를 운영하였다. 미국의 아동과 가족에게 아시아 문화에 대한 인식의 수준을 높이고자 하는 목적으로 총 7개의 전시로 한국, 중국, 일본, 베트남, 중국의 소수민족인 몽족 등 각 나라별의 문화를 소개하며 미국을 순회하는 전시를 만들었다. 전시 규모는 약300~ 600평(900~1800 square feet)까지 다양하며, 대상 연령은 아동 만 5세부터 12세까지로 고려했다. 관람객은 년간 500,000명이 방문하였고, 4년간 총 340만명이 방문하였다.

맨하탄 어린이박물관에서 기획한 '손오공 : 중국 여행', 매디슨 어린이박물관에서 기획한 '몽족의 마음', 오스틴 어린이박물관 기획과 협력한 삼성어린이박물관의 '한국의 노래', 휴스톤 어린이박물관에서 기획한 '용과 선녀 : 설화를 통한 베트남 탐험', 보스톤 어린이박물관과 미국 국립어린이박물관이 기획한 '일

---

125 https://prairieplay.org/seize-the-play/celebrations/

본으로부터온 5명의 친구들 : 오늘날 일본의 어린이', 브루클린 어린이박물관이 기획한 '일본과 자연 : 계절의 영혼', 미네소타 어린이박물관과 시애틀 어린이박물관이 기획한 '일본으로 점프 : 대중 예술을 통한 문화 발견'으로 총 7개로 중국 1개, 몽족 1개, 한국 1개, 베트남 1개, 일본 3개의 전시가 있다.[126] 당시 7개의 전시 중에서 일본의 전시가 3개가 선정되어 필자가 느끼기 엔 일본에 대한 미국의 관심이 높다고 판단되었다. 지금 시점에서 놀라운 것은 2차로 진행하는 프리먼 재단의 아시아 전시 4종에서 모두 한국이 있다는 점이다. 이 점을 어떻게 해석을 해야할지, 현재의 트랜드는 한국에 대한 관심이 많아졌고 위상이 많이 높아졌다고 생각해야할 것인지 객관적인 시각이 매우 궁금하다.

① 손오공 : 중국 여행

맨하탄 어린이박물관이 기획하였다. 손오공을 통해서 중국의 전통 이야기를 중국 문화, 과거와 현대를 이어주는 창으로 만들었다. 관람객은 상호작용과 멀티미디어 체험 요소를 통해서 등장인물이 소개하는 이야기를 따라서 관람할 수 있다.[127] 지금 생각해도 세계 4대 문명부터 오랜 역사를 가지고 50여개 이상의 민족이 있는 중국에 대해서 어떻게 풀어낼지가 고민될텐데 중국을 대표할 수 있는 전통 이야기인 손오공을 선정한 것은 탁월한 사고라고 생각된다. 단, 전시마감은 다소 조악하였다.

---

126 Increasing U.S. Children and families's Understanding of Asian Cultures : A Final Report (2008), Association of Children's Museum, p I-2

127 Increasing U.S. Children and families's Understanding of Asian Cultures : A Final Report (2008), Association of Children's Museum, p A-2

주인공들을 자석으로 판에 붙여보면서 스토리를
연상하며 재구성해 보는 전시

부처님의 손바닥 안에서 노는 손오공의 모습처럼
손바닥에 앉아보는 체험

[그림 7-32] 프리먼 재단의 아시아 문화 중 '손오공' 순회 전시물들

② 몽족[128]의 마음

매디슨 어린이박물관에서 기획하였다. 1970년말 난민으로 미국에 온 동
남아시아 몽족의 실제 이야기이다. 난민 몽족이 말했던 이야기대로 관람
객이 전시를 경험할 수 있는데 라오스에 있는 몽족의 전통집과 정원, 태
국의 몽족 난민들, 미국의 몽족 집과 마당이 있고 상호작용을 하거나 역
할극을 할 수 있게 조성하였다.[129]

③ 한국의 노래

오스틴 어린이박물관에서 기획하고 삼성어린이박물관에서 협력하였다.

---

128 참고 : 베트남, 중국, 라오스 등지에 사는 묘족이다. 중국에 가장 많이 거주하는 묘족과 같
은 민족 집단으로 같은 계통의 언어를 말하는 사람들은 태국, 미얀마, 라오스, 베트남 등
의 산악 지대에 살고 있다. 중국에서는 55개 소수 민족의 하나이다.
(위키백과 https://ko.wikipedia.org/wiki/%EB%AA%BD%EC%A1%B1)

129 Increasing U.S. Children and families's Understanding of Asian Cultures : A Final Report
(2008), Association of Children's Museum, p A-10

한국의 문화적 실제와 전통을 소개하기 위해 음악을 주제로 하였는데, 각 섹션에서는 한국 아동의 실제 크기 사진 전시에 대한 소개를 하게 디자인되었다. 한국 문화의 배경 정보로 사례를 본 후에, 관람객들은 전통 한국 가옥과 북을 칠 수 있는 워크숍을 할 수 있다. 현대의 아파트와 교실을 탐구할 수 있고, 몇 가지 한국 음악으로 노래와 춤을 출 수 있다. 한글을 써볼 수 있고 전통 음식에 대한 전시를 관람할 수 있다.[130] 20여 년 전의 전시들인데도 불구하고 한류에 대한 주제를 뽑아낸 선견지명이 있었던 전시이다.

| 한국의 노래 전시장 입구 | 노래방 전시물에서 노래 선택하는 전시판 |

[그림 7-33] 프리먼 재단의 아시아 문화 중 '한국의 노래' 순회 전시물들

④ 용과 선녀 : 설화를 통한 베트남 탐험
　　휴스턴 어린이박물관에서 기획하였다. 베트남의 문화와 유산을 소개하기 위해서 베트남의 전통이야기를 사용하였다. 베트남의 어선과 집을 몰

130 Increasing U.S. Children and families's Understanding of Asian Cultures : A Final Report (2008), Association of Children's Museum, p A-19

입형 환경으로 설치하고 이야기를 말하는 상호작용식 전시를 설치하였다. 악기 연주, 전통 음식 시장, 옛 명절을 소개하는 전시, 인터넷 카페를 배경으로 한 베트남 아동의 삶을 알 수 있는 정보와 베트남 아동의 이름도 배울 수 있게 제작하였다.[131]

⑤ 일본에서 온 5명의 친구들 : 오늘날 일본의 어린이

보스톤 어린이박물관과 미국 국립어린이박물관이 함께 기획하였다. 5명의 일본 아동의 이야기를 들려주며 5명의 친구들 간의 차이점, 미국 아동들의 삶의 유사점과 차이점을 강조하였다. 미국 아동들이 생각하는 고정 관념인 모든 일본 아동이 모두 똑같다는 생각을 깨도록 하는 내용을 포함하였다.[132] 학교 교실과 책상, 복도. 청소 도구들을 볼 수 있고, 5명 아동이 사는 각기 다른 가옥과 모형을 볼 수 있다. 어린이박물관 관람객인 아동에게 동 시대의 일본 아동의 생활 문화를 소개한 것은 친근함이 있으면서도 차이점을 볼 수 있기 때문에 잘 선정한 것으로 보인다.

⑥ 일본과 자연 : 계절의 영혼

브루클린 어린이박물관에서 기획하였다. 2000년대 초반 일본 출신 미국인 관장인 케롤 엔사키가 재직 시절쯤으로 브루클린 어린이박물관이 일본을 주제로 할 수 밖에 없었던 이유로 생각된다. 일본의 4개 지역의 자연을 선정하여 그 곳의 아름다움을 연출하였다. 다른 전시에 비해서 구

---

131 Increasing U.S. Children and families's Understanding of Asian Cultures : A Final Report (2008), Association of Children's Museum, p A-29

132 Increasing U.S. Children and families's Understanding of Asian Cultures : A Final Report (2008), Association of Children's Museum, p A-36

성이 매우 탄탄해 보인다. 겨울은 삿뽀로, 봄은 학교, 여름은 비와 호수, 가을은 교토를 선정하여 소개한다. 추운 겨울인 삿뽀로의 집안과 새해에 12가지 동물 스탬프 찍기, 얼굴에 웃기는 눈코입 자석 붙이기, 봄은 벚꽃 나무 아래 앉아서 피크닉을 즐기고 어린이날을 축하하며 전통 옷을 입어보는 체험, 여름은 비화 호수 사진을 배경으로 사진을 찍어보는 경험과 물고기 잡기 체험, 가을은 교토 신사에서 아동들이 단풍을 즐기고 신사의 자연 환경을 탐구할 수 있다.

⑦ 일본으로 점프 : 대중 예술을 통한 문화 발견

미네소타 어린이박물관과 시애틀 어린이박물관에서 기획하였다. 일본의 애니메이션 영화, 만화를 통해서 일본 문화를 소개했는데, 3개의 부분으로 나눴다. 판타스틱 애니메이션, 예술적인 전통, 만화 매니아로 구분하였다. 미야자키 하야오가 감독한 '이웃집 토토로'를 배경으로 관람객이 몰입할 수 있고, 예술적 전통은 관람객이 애니메이션과 만화의 뿌리를 탐구하고, 일본 옷을 입고 다도를 할 수 있다. 만화 매니아는 관람객이 만화 가게에서 만화를 보거나 팔 수 있고, 만화와 애니메이션 장면을 만들어 볼 수 있다.[133] 일본을 대표할 수 있는 만화 문화를 선정하고 만화나 애니메이션이 아동들이 선호하는 것이므로 주제 선정이 탁월하다고 보여진다. 또한 3가지 요소로 구분을 한 것은 일본 문화를 대표할 수 있게 잘 분류한 것으로 보인다.사진 자료에서 보여지는 전시 기법을 보면 20여년 전의 전시로 당시에는 혁신적인 기법이다. 현재와 비교해보면 매우 초보

133 Increasing U.S. Children and families's Understanding of Asian Cultures : A Final Report (2008), Association of Children's Museum, p A-54

적인 전시로 보여지기도 한다. 제가 직접 본 전시는 중국의 손오공 전시였다. 어린 시절 중국하면 떠오르는 동화로 아동에게 접근하기 쉬운 장르를 중국 문화를 실어 잘 체험하도록 만들어졌었다. 물론 다소 전시 연출이 조악한 점들도 있었음에도 불구하고. 삼성어린이박물관에서 근무 당시 오스틴 어린이박물관에서 기획한 '한국의 노래' 전시에 기획 협찬을 한 적이 있었는데, 학예연구실에서 기획 협력 회의를 했던 기억이 난다. 당시 오스틴 시는 음악의 도시였고, 우리 문화를 노래라는 주제로 풀어간 것이 특이하다 생각했었다. 한국의 대중 문화를 생각해보면 사람들이 모이면 흥을 돋구기 위해서 노래를 하고, 이를 잘 대변해주는 노래방 대중문화가 있었는데 이런 모습을 잘 선정한 것으로 사료된다.

2) 미국 어린이박물관의 순회 전시[134]

미국 ACM의 홈페이지에는 기관들이 보유하고 있는 순회 전시를 등록해서 소개하는 사이트가 있다. 이 소개를 기반으로 미국에서 순회 전시를 가장 많이 보유한 기관인 피츠버그 어린이박물관, 미네소타 어린이박물관의 순회 전시를 기술해보고자 한다. 순회 전시의 기획과 보유는 해당 기관의 명성을 높여주는 역할을 한다. 미국은 어린이박물관들이 많아 순회전을 할 수 있는 여건이 되어 매우 활발하게 활성화되어 있다. 기획을 하는 인력의 에너지를 줄여 다른 곳으로 집중할 수 있고, 설계와 제작비의 부담을 줄일 수 있다. 단 우리나라와의 차이점은 대부분 사립 박물관들이라서 렌트시에는 대여비를 지불해야한다. 우리나라는 대부분 국공립 박물관들이라서 순회 전시를 보유한 기관에 대여비를 내지는 않는다. 이외에는 유럽의 과학관협회에 아동용으로 적합한 것들이 있

---

134 https://childrensmuseums.org/classifieds/

기도 하다.

(1) 피츠버그 어린이박물관

현재까지 11종의 많은 순회전을 보유하고 있다. 기관이 미국 최대의 어린이 문화단지를 조성하려는 목표를 표방한 만큼, 전시 대상 연령대가 유아부터 초등 고학년까지를 커버할 수 있고, 주제들도 매우 다양하다. 작가 모 윌렘스의 작품을 펼쳐 놓은 예술적 전시가 2종, 감정을 다룰 수 있는 전시가 2종, 동화 기반의 전시가 2종, 발명이나 물품 생산에 관한 전시가 2종, 비행에 관련된 전시가 1종으로 기획되어 있다. 전시 명은 아래와 같다.

'나는 야생이다 : 찰리 하퍼' 전시, '높은 목표 : 투츠기 에어먼(Tuskegee Airmen)과 함께 활공' 전시, '반대 추상 : 모 윌렘스(Mo Willems)' 전시, '루브 골드버그(Rube Goldberg) : 유쾌한 발명의 세계' 전시회!, '픽사의 인사이드 아웃에서 감정이 놀이하다' 전시, '에릭 칼 : 배고프고 조용하고 외롭고 서투르고 바쁜 전시', '다니엘 타이거의 동네 : 멋진 전시', 'XOXO : 사랑과 용서'에 대한 전시, '측정 규칙!' 전시, '사람들이 물건을 만드는 방법' 전시, '비둘기가 여기 당신의 도시에 온다 : 모 윌렘스(Mo Willems)' 전시회이다.

① **나는 야생이다 : 찰리 하퍼**(Charley Harper)**의 전시**[135](피츠버그 어린이박물관)
어린이 책시리즈 "I Am Wild"와 생물 다양성에 대한 Harper의 작품에서 영감을 받았다. 아동들은 6개의 서식지인 사막, 열대 우림, 바다, 하늘, 숲, 도시를 탐험하게 되며, 각 도시에는 Harper가 평생 동안 완성한 미니멀 스타일로 묘사된 다채로운 동물, 곤충, 새가 가득하다. 이 전시는 몰

---

135 https://pittsburghkidsdesign.org/exhibit/i-am-wild-a-charley-harper-exhibit/#

입형 놀이 경험과 학습자 중심의 미술 활동을 혼합했다. 아동들은 우리 환경과 그 안에 사는 생물의 상호 의존성에 대한 감사를 갖고, 찰리의 세계에서 자연에 대한 감정을 표현할 수 있는 방법을 알게 된다.[136] 우드랜드 숲 숨바꼭질을 하는 발견 게임이 있고, 바다 경주로 수생 생물이 환경을 탐색하며 해양을 통과하는 기계 경주, 다양한 소리 혼합을 만들어내는 새 울음소리들의 캐노피 캘리오페 전시물, 하퍼의 애니메이션적 해석을 할 수 있는 기술 전시물, 무당벌레 샘플러로 곤충의 여러 버전을 쌓아 올리는 놀이, 곰에게 베리를 먹여보는 테이블 게임이 있다. 또한 하퍼의 그림 기법인 대칭과 패턴을 탐구해 볼 수 있다.[137] 피츠버그 어린이박물관과 찰리 하퍼 아트 스튜디오가 협력하여 제작했다. 25년 봄부터 피츠버그 어린이박물관에서 첫 전시될 예정이다. 최근 생명체에 대한 관심이 높아져 어린시절부터 경험할 수 있는 좋은 전시라 생각된다.

② 높은 목표 : 투츠기 에어먼(Tuskegee Airmen)과 함께 활공 (피츠버그 어린이박물관)
비행 및 항공학과 관련된 도구와 작업에서 영감을 얻은 체험은 실제 모형과 실습 놀이를 할 수 있다. 모든 연령대의 방문객은 과거와 미래의 꿈에서 영감을 받아 조종사 역할을 상상할 수 있다. 이는 우주개발로 뻗어나가는 인류의 미래에 관심을 갖게하는 전시이다.
이 전시는 피츠버그 어린이박물관이 스미소니언 국립 항공우주박물관과 협력하여 스미소니언 기관 순회 전시 서비스(SITES)가 주최한 블랙 윙스(Black Wings), 미국의 비행 꿈(American Dreams of Flight)을 선보인다. 또한

---

136 https://pittsburghkidsdesign.org/exhibit/i-am-wild-a-charley-harper-exhibit/
137 file:///C:/Users/NMCIK/Downloads/IAMWILD_ONE-PAGER-2024-05-11-FISH%20(5).pdf

이 전시는 멧라이프 재단(MetLife Foundation)에서 후원했다. 인종적 장벽에도 불구하고 항공계에서 위대한 업적을 이룬 아프리카계 미국인의 이야기를 기록했다.[138]

- 조종석 비행 훈련기 : 조종석 비행 훈련기의 내부를 가까이서 살펴볼 수 있다. 기장석의 유리한 지점에서 비행기가 이륙하고 착륙하는 영상을 시청할 수 있다. 이 실물 크기의 조종석 비행 훈련기는 극적인 놀이에 적합하며 실제 비행기 좌석이 일렬로 배치되어 있다.
- 날아다니는 것들 프락시노스코프 : 이 초기 애니메이션 형식을 사용하여 날아다니는 것들의 이미지가 살아나는 것을 볼 수 있다. 맞춤 제작 카드를 바꿔서 다른 이미지에 가상으로 생명을 불어 넣기도 한다.
- 비행기 착륙 미로 : 항공 교통 관제 레이더에서 영감을 받아 관람객이 항공기를 안전하게 착륙시키고, 둥근 테이블을 기울여 빨간 비행기가 활주로까지 돌아가는 것을 피해야 하는 활동이다.
- 상상 거울 : 압력 감지 매트로 활성화되는 상호 작용식 거울로 비행기 이미지를 노출한다. 이 활동은 어린이가 항공 분야에서 역할을 하는 자신을 볼 수 있다.
- 착용 가능한 날개 : 어린이들은 착용 가능한 비행기 날개 한 쌍이나 로켓 선을 만들어 착용하고 하늘을 날고 있다고 상상해 볼 수 있다.[139]

③ 반대 추상 : 모 윌렘스(Mo Willems) 전시 (피츠버그 어린이박물관)

작가 모 윌렘스의 최근 책인 '반대 추상'을 기반으로 하며 감성적이고 추

---

138 https://pittsburghkidsdesign.org/exhibit/aim-high-soaring-with-the-tuskegee-airmen/
139 https://pittsburghkidsdesign.org/exhibit/aim-high-soaring-with-the-tuskegee-airmen/

상적 이미지에서 영감을 얻었다. 이 전시는 직접 체험, 미술 활동, 아티스트가 주도하는 공연을 통해 복잡하지만 단순한 반대 개념을 탐구하며 보고 놀 수 있도록 한다. 이 전시는 모든 관람객이 각자의 고유한 방식으로 미술을 창작하고 반응하도록 영감을 준다. 이 전시에는 액자에 원본 작품이 포함되어 있다.[140] 전시관람을 하진 못하였지만 매우 관심이 가는 아트 체험전이다.

④ 루브 골드버그(Rube Goldberg) : 유쾌한 발명의 세계 전시회! (피츠버그 어린이박물관)

발명가 '루브 골드버그'의 일러스트레이션과 창의적인 이야기에서 영감을 받은 전시이다. 새로운 실물 크기 기계와 루브의 만화 장치를 실제 세계에서 작동하는 방식인 체험형으로 제작하였다. 고전적 기술 원리를 21세기 학습을 위한 STEAM 개념 탐구를 위해 도움이 될 수 있다. 이 전시에는 영어와 스페인어 설명판이 있다.[141]

⑤ 픽사의 인사이드 아웃에서 감정 놀이하다 (피츠버그 어린이박물관)

픽사의 '인사이드 아웃(Inside Out)' 영화를 기반으로 한 체험식 전시로 아동뿐 아니라 청년층과 노인을 포함한 관람객이 일상 생활에서 감정, 기억, 상상력이 차지하는 중요한 역할을 이해하도록 돕는다. 영화에 등장하는 다섯 가지 핵심 감정인 기쁨, 슬픔, 분노, 혐오, 두려움에 초점을 맞춘 이 전시 경험은 관람객이 감정을 표현하는 방식을 탐구하고 타인의

---

140 https://pittsburghkidsdesign.org/exhibit/opposites-abstract-a-mo-willems-exhibit/
141 https://pittsburghkidsdesign.org/exhibit/rube-goldberg-the-world-of-hilarious-invention/

감정도 인식할 수 있는 기회를 제공한다. 이 전시에는 영어와 스페인어 설명판이 있다. 픽사 애니메이션 스튜디오와 협력하여 개발했다. 아동에게 선호되는 요소 애니메이션과 감정을 다룬 점이 특징있다.

- 영화에서 나오는 본부에 들어가 제어판에서 감정의 범위와 강도를 살펴볼 수 있다.
- 감정 거울에서 얼굴과 몸을 통해 감정을 표현하는 몇 가지 방법을 살펴본다.
- 중요한 추억과 그것이 어떤 기분을 주었는지 생각해 볼 수 있다. 빛나는 기억 구체를 만들어서 어떤 기분인지 보여줄 수 있다.
- 상상력을 사용하여 이야기를 만들고 꿈 제작처에서 공연할 수 있다.
- 기차의 궤도를 유지하도록 노력하기도 하고 기차를 제어하고 균형을 잡을 때 어떤 느낌이 드는지 알 수 있다.
- 감정 블록을 쌓고 균형을 맞추면서 감정이 어떻게 함께 작용하는지 살펴본다.[142]

⑥ 에릭 칼 : 배고프고 조용하고 외롭고 서투르고 바쁜 전시

국내에 선호되는 작가 에릭 칼의 그림책 속으로 들어가 예술가, 독자, 캐릭터로서 경험해 볼 수 있다. 이 놀이는 에릭 칼의 책 5권에서 영감을 받은 활동으로 이뤄졌다. 아주 배고픈 애벌레, 아주 조용한 귀뚜라미, 아주 외로운 반딧불이, 아주 서투른 클릭 비틀, 아주 바쁜 거미가 주인공이다.[143]

---

142 https://pittsburghkidsdesign.org/exhibit/emotions-at-play-with-pixars-inside-out/
143 https://pittsburghkidsdesign.org/exhibit/very-eric-carle-a-very-hungry-quiet-lonely-clumsy-busy-exhibit/

- 길을 따라가면서 아주 배고픈 애벌래가 되어볼 수 있다.
- 아주 바쁜 거미가 거미줄을 짜볼 수 있다.
- 아주 외로운 반딧불이와 함께 빛을 찾아볼 수 있다.
- 아주 서투른 클릭 비틀을 뒤집고 점프할 수 있다.
- 아주 조용한 귀뚜라미와 함께 야간 교향곡을 작곡할 수 있다.
- 작가의 다양한 소재와 기법을 사용하여 예술 작품을 만들어 볼 수 있다.
- 작가 시리즈의 판화와 작품 갤러리를 감상할 수 있다.

⑦ 다니엘 타이거의 동네 : 멋진 전시(피츠버그 어린이박물관)

주인공 다니엘과 그의 친구들과 함께 아동 관람객은 다니엘 동네를 방문하게 되는 전시이다. 관람객은 동반자와 함께 문제를 해결하고, 상상력을 사용하여 주변 환경을 변화시키고, 다니엘의 노래할 수 있는 전략에 맞춰 놀면서 인생의 작은 교훈을 배우게 된다. 프레드 로저스 제작(Fred Rogers Productions)과 협력하여 제작했다. 아동의 생활권인 미시체계에 해당하는 것으로 생태학자 브로펜브뢰너의 이론을 뒷받침하며 아동 발달에 적합하다.

- 다양한 종류의 시계로 놀 수 있는 시계 공장을 방문해서 타인과 협력하여 시계를 똑딱거리게 할 수 있다.
- 독특한 악기를 사용하여 자신을 표현할 수 있다
- 특별한 사람에게 감사 편지를 쓰거나 그림을 그려 감사 나무에 공유할 수 있다.
- 학교에서 다니엘과 친구를 움직이게 하고 특별한 말을 해 볼 수 있다.
- 우체국서 우편물과 패키지를 분류, 배달 및 수신할 수 있다.
- 블록을 선택하여 라디오에 넣으면 다니엘이 시리즈별 노래를 부르는

것을 들을 수 있다.[144]

⑧ XOXO : **사랑과 용서** (피츠버그 어린이박물관)

2018년 피츠버그 총격사건 이후 지역공동체의 감정적 치유를 돕기 위한 전시이다. 국내에도 정서전시는 필요해 보인다.

감정에 대한 전시로 놀기도 하고, 어리석은 짓도 하고, 무엇이 사람을 슬프게 하고, 화나게 하고, 행복하게 하는지 생각해 보도록 한다. 관람객은 질문을 하고, 경청하고, 자신과 주변 사람들에 대해 배울 수 있다. 얼굴 표정, 단어, 움직임 및 예술 제작을 사용하여 사랑과 용서가 사람들에게 무엇을 의미하는지 탐구한다. 이런 감정을 느끼고 이야기하게 하는 활동을 통해 사랑과 용서에 대해 배우는 법을 알아갈 수 있다.[145]

- 공감 블록 : 다양한 감정의 얼굴 표정을 탐색하여 얼굴 블록을 만들어 본다.
- 실루엣 : 관람객의 옆면을 프로젝션으로 투사하여, 벽면에 검은 실루엣이 나타나면, 테이블에서 대상자인 타인의 검은 옆면을 따라서 그려보도록 한다.
- 부정 감정 없애기 : 부정적 감정이 들게 하는 화나거나 슬프게 만드는 일을 그리거나 적어서 종이 파쇄기로 분쇄하여 분쇄된 종이를 다시 하트 모양으로 긍정적인 행위로 설치해 본다.
- 손잡기 : 누군가와 손을 잡고 협력해서 사랑에 대한 숨겨진 메시지를 밝혀본다.

---

144 https://pittsburghkidsdesign.org/exhibit/daniel-tigers-neighborhood-a-grr-ific-exhibit/

145 https://pittsburghkidsdesign.org/exhibit/xoxo-an-exhibit-about-love-and-forgivenes/

- 응답 벽 : 글쓰기는 감정 표현의 중요한 방법인데, 사랑과 용서에 대해 질문 쪽지를 벽에 달아보면, 반대편에서 타인이 질문에 답을 적어 볼 수 있다.
- 껴안음 : 벽면에 붙어있는 여러 조각들을 안으면, 긍정적이고 다양한 소리들이 난다.
- 균형 : 시이소에서 구르는 공의 균형을 맞추도록 한다.
- 이야기 퍼즐 : 여러 감정의 단어 퍼즐을 테이블에서 맞춰보면서 옆 퍼즐과 연결하며 함께 노력한다.
- 반사 테이블 : 과립형 물질들을 테이블에 떨어트려서 테이블에 조각된 특정한 부분이 보이도록 하면 위로의 음악이 재생된다.
- 사진 찍기 : 사랑과 용서의 문구를 들고 액자에 얼굴을 담아보면, 동반 관람객이 사진을 찍어 찍은 사진을 타인에게 감정 전달을 할 수 있다.
- 아트 스테이션 : 사랑하는 생각을 적어서 토큰으로 만들어 보관하거나 선물로 준다.
- 사랑 편지 : 엽서, 우표, 수동 타자기, 손 편지등 다양하게 사랑의 편지를 쓸 수 있다.
- 톤 전화기 : 목소리 톤은 대화 방식에 영향을 미치는 감정인데, 전화를 걸면 목소리 톤을 화면에 여러 모양으로 투사되어 나타난다. 화난 목소리와 부드러운 목소리 모양이 다른 것을 볼 수 있다.
- 전화 부스 : 목소리는 감정을 전달한다. 친구들과 보호자와 모르는 사람과 이야기를 나눠 볼 수 있다.

⑨ 측정 규칙! (피츠버그 어린이박물관)
수학, 수리에 집중된 전시로 실생활에서 적용해 볼 수 있는 설계이다.
측정은 우리 삶에 필수적인 부분이지만, 어렵기도 하다. 이 전시는 높이,

거리, 부피 등을 측정해 보는 전시이다. 기본 사항을 숙지한 다음, 전통적인 도구와 그렇지 않은 도구를 사용하여 측정하는 다양한 방법을 비교, 분류해 볼 수 있다. 관람객은 직접 체험을 통해 주변 세계와 관련하여 측정을 이해하고, 다른 사람과 협업하고, 측정 언어에 자신감을 가질 수 있다. 영어와 스페인어 2개 국어로 설명판이 되어있다.

- 몇 야드를 걸었는지 추적하는 대형 주행거리계에 연결된 러닝머신을 타고 걸을 수 있다.
- 닭의 무게로 몇 마리인지 알아볼 수 있다.
- 미시시피 강을 5번 세어보고 실제로 5초 안에 얼마나 가까이 갈 수 있는지 확인할 수 있다.[146]

⑩ 사람들이 물건을 만드는 방법 (피츠버그 어린이박물관)

산업사회를 이해할 수 있는 물건의 제작 과정을 알 수 있다.

우리 세상의 모든 물건에는 그것이 만들어진 방법이 있다. 이 전시는 제조 경험을 생생하게 보여주고 친숙한 물건을 만드는 방법을 보여준다. 절단, 성형, 변형 및 조립의 활동은 원자재를 완제품으로 변환하는 데 사용된 사람, 아이디어 및 기술을 보여준다.

- 다양한 조각 도구를 사용하여 왁스를 자르고, 3차원 재료를 잘라 볼 수 있다.
- 직선 와이어를 금속에 감아 스프링 모양으로 와이어를 변형할 수 있다.
- 실제 녹인 왁스를 이용해 숟가락 모양을 만들 수 있다.

---

146 https://pittsburghkidsdesign.org/exhibit/measurement-rules/

- 카트를 조립하고 트랙에서 자신의 기술을 시험해 볼 수 있다.[147]

⑪ 비둘기가 여기 당신의 도시에 온다 : 모 윌렘스(Mo Willems) 전시회 (피츠버그 어린이박물관)

서로 가장 친한 친구인 코끼리와 비둘기 피기, 도시 비둘기를 포함하여 다양한 캐릭터가 등장한다. 아동 관람객은 활동을 통해 작가에게 영감을 받은 예술 작품을 만들고 캐릭터들의 풍부한 사회적, 정서적 삶에 대해 배울 수 있는 기회를 가진다. 작가 모 윌렘스의 일러스트레이션도 함께 전시된다. 영어와 스페인어 표지판이 있다.

- 양면 전화 부스에서 친한 친구인 코끼리와 피기의 목소리로 유쾌한 대화를 나눠볼 수 있다.
- 옛날 애니메이션으로 코끼리와 돼지를 춤추게 할 수 있다.
- 버스를 타고 전시장 주변을 운전할 수 있다.
- 세탁소의 세탁기를 돌려서 다른 놀라운 물건을 찾아볼 수 있다.
- 캐릭터 옷을 차려 입히고 독특한 패션쇼처럼 런웨이를 할 수 있다.
- 주인공 비둘기는 핫도그를 출시하고 플링코 게임을 해서 오리 새끼에게 쿠키를 줄 수 있다.
- 작가의 작품에서 영감을 받아 예술 작품을 만들어 볼 수 있다.[148]

(2) 미네소타 어린이박물관

총 10종의 순회 전시를 보유하고 있으며 전시 타겟은 유아이다. 대중적으로

---

147 https://pittsburghkidsdesign.org/exhibit/how-people-make-things/

148 https://pittsburghkidsdesign.org/exhibit/the-pigeon-comes-to-your-city-here-a-mo-willems-exhibit/

잘 알려진 어린이 애니메이션이나 출간물들에 기초하여 제작된 것들도 있으며, 모든 전시들이 유아의 발달에 잘 맞게 놀이식으로 전시를 연출하였다. '월리스와 그로밋 : 시작해보세요', '와일드 크레츠 : 생명체의 힘!', '숀 더 쉽 : 이쪽으로 모여라', '와일드 크래츠 : 바다 모험!', '놀라운 성, 토마스와 친구들 : 기차를 탐험해 보세요!', '호기심 조지', '이야기 랜드', '공룡 : 불과 얼음의 땅', '프레임 : 예술 속으로 들어가다'가 있다. 이 중에서 필자가 흥미있게 판단되는 몇 가지만 소개하겠다.

① 와일드 크레츠 : 생명체의 힘! (미네소타 어린이박물관)
미국의 교육적 애니메이션인 아동 방송의 시리즈물을 펼쳐놓은 전시이다. 아동 관람객은 동물 서식지에 푹 빠져 놀라운 생물의 힘을 발견하고 특별한 동물들의 비밀스러운 삶을 탐험한다. 야생의 세계로 들어가 호주의 아웃백 사막, 열대 우림, 남극, 북미 마당 등 전 세계의 서식지에서 동물의 삶을 탐험할 수 있다. 재규어의 은밀함을 이용해 숲을 몰래 지나가고, 거미 원숭이처럼 정글을 누벼보고, 캥거루와 홉을 시험하고, 많은 것을 해볼 수 있다.[149] 매우 흥미진진하며 박물관의 홈페이지에서 영상이 제공되니 함께 살펴보길 권한다.

② 숀 더 쉽 : 이쪽으로 모여라 (미네소타 어린이박물관)
아동 관람객들은 농장에서 양 친구들과 헛간 안에서 바쁘게 놀며, 폐기물 더미에서 나온 재료를 사용하여 정지 모션 애니메이션을 만들고, 돼

---

149 https://rentexhibits.mcm.org/traveling-exhibits-page/wild-kratts-creature-power-the-exhibit/

지 웅덩이에서 도움이 필요한 친구를 돕는다.[150] 밸런스 보드를 뛰어 넘고, 벽을 가로지르고, 타이어 위에서 균형을 잡을 수 있다. '챔피언 양'에서 영감을 받은 의상을 입은 채로 돌아다닐 수 있다.

③ **와일드 크래츠 : 바다 모험!** (미네소타 어린이박물관)

방문객들은 Wild Kratts®의 세계로 뛰어들어 해안, 얕은 바다, 깊은 바다를 포함한 세 가지 바다 환경에서 놀라운 생물의 삶을 탐험할 수 있다. 놀라운 바다 생물들의 비밀스러운 삶을 탐험하고 그들은 서식지에 생물의 힘을 발견할 수 있다. 말미잘 속을 기어다니고, 랍스터처럼 점심을 사냥하고, 돌고래 이름을 만들고, 조수 웅덩이에서 미니어처를 만들고, 바다 바닥의 생물을 발견하고, 많은 것을 할 수 있다.[151]

④ **토마스와 친구들 : 기차를 탐험해 보세요!** (미네소타 어린이박물관)

인기 있는 어린이 시리즈에서 영감을 받은 전시로, 소도르 섬에서 토마스와 친구들팀에 관람객들이 합류하여 재미있는 경험을 통해 STEM 문해력 기술을 익힌다. 토마스의 대형 모델에 올라타 기관차의 내부 작동을 살펴보고, 기관차 차장으로 옷을 입고 기차표를 판매하고, 함께 일하여 화물을 분류하고 적재하고 기관차의 엔진을 정비하여 다시 궤도에 올려놓을 수 있다. 관람객들은 거대한 트랙을 따라 기차 경주도 할 수 있

---

150 https://rentexhibits.mcm.org/traveling-exhibits-page/shaun-the-sheep-flock-this-way/

151 https://rentexhibits.mcm.org/traveling-exhibits-page/wild-kratts-ocean-adventure-the-exhibit/

다.[152]

⑤ 공룡 : 불과 얼음의 땅 (미네소타 어린이박물관)

시간을 거슬러 올라가 공룡 시대를 탐험할 수 있다. 생소한 풍경과 다양한 모양과 크기의 만질 수 있는 공룡을 만나서 아동들은 화석을 파고, 늪지대와 흘러내리는 화산을 탐험하고, 얼음 지형을 오르는 등 다양한 활동을 할 수 있다. 백악기 말의 환경을 바탕으로 한 이 전시는 아동들이 공룡에 대한 타고난 호기심을 키우는 동시에 과학적 사고와 학습을 장려한다.[153] 순회 전시로 제작이 어려울 수도 있음에도 단품 형식으로 어린 유아들에게 쉽게 다가갈 수 있게 전시물을 조성하였다. 마이애미 어린이박물관에서 기획한 '공룡과 함께 포효하고 탐험하세요' 전시와는 연출이 다소 상이하게 공룡이 되어보는 활동 중심으로 기획되었다.

⑥ 프레임 : 예술 속으로 들어가다 (미네소타 어린이박물관)

작가 4인 그랜트 우드, 클레멘타인 헌터, 존 싱어 서전트, 디에고 리베라의 유명한 그림 입체 세계로 들어가 예술 세계 속에 빠져들 수 있다. 클레멘타인 헌터의 거대한 수탉을 타고, 존 싱어 서전트의 캐나다 록키 산맥에 캠프를 세우고, 디에고 리베라의 그림에서 배고픈 농부들을 위해 저녁을 준비하고, 모나리자의 미소를 직접 만들어 볼 수 있다.[154] 홈페이지에 동영상이 준비되어 있어 간접 경험이 가능하다. 어린 시절부터 예

---

152 https://rentexhibits.mcm.org/traveling-exhibits-page/thomas-and-friends-traveling-exhibit/

153 https://rentexhibits.mcm.org/traveling-exhibits-page/dinosaurs-traveling-exhibit/

154 https://rentexhibits.mcm.org/traveling-exhibits-page/framed-traveling-exhibit/

술 작품을 친근하게 여기고 관심을 가질 수 있는 전시이다.

(3) 콜 어린이박물관의 순회전

① 과학 + 너 (콜 어린이박물관)

아동들은 이 전시에서 과학자가 되어 문제 해결, 조사 및 실험을 통해 인간의 건강과 영양, 과학적 도구 및 과학자에 대해 배운다. 아동들은 과학자 가운을 입고 몰입적이고 개방적인 전시에서 놀고, 탐험하고, 발견하고, 실험할 기회를 제공한다.

아동들은 항체 모형을 사용하여 혈류에서 세균을 제거하고 백혈구가 신체에서 세균을 제거하는 것을 볼 수 있다. 글러브 박스, 비이커 및 시험관을 사용하여 문제를 해결하고, 기계를 조작하여 물질을 혼합하고 분리하고, 또 현미경을 사용하여 물체를 조사할 수 있다. 주방에서 가상으로 건강한 수프를 만들고 건강한 라이프 스타일을 탐구할 수 있고, 창의적인 콜라주를 통해 다른 사람들과 발견 사항을 공유 가능하다.[155] 생명 과학과 공학을 통해 활발한 개척될 미래 건강 사업을 주제로 좋은 전시로 보여진다.

- 기획 개발 : 시카고 지역의 콜 어린이박물관과 글로벌 헬스케어 회사인 앱비에(AbbVie)의 과학자들이 협력하여 기획한 전시이다.
- 규모 : 1,200 - 2,000 제곱피트
- 구성 요소 : 11개의 상호 작용 요소, 8개의 벽 그래픽 패널(양면), 28개의 에듀 큐브(좌석을 위한 유연한 의자)

---

155 https://www.kohlchildrensmuseum.org/rental-exhibits/science-you-rental/

- 대상 : 2세에서 10세 어린이, 보호자 및 교사
- 언어 : 설명판은 영어와 스페인어로 2개 국어이다.
- 인력 요구 사항 : 구성 요소를 재설정하고 방문자와 상호 작용하기 위한 1인 전시 안내원
- 대여료 및 이용 : $30,000 + 인바운드 배송[156]

② 야생 고양이 : 뒤뜰과 그 너머 (콜 어린이박물관)

집 고양이 프레드의 긁는 기둥을 지나면 야외 탐험가인 야생 고양이로 변신할 수 있다. 야생 고양이의 친구 중 한 명으로 분장하고 습지, 동굴, 숲 등을 탐험할 수 있다. 친구 로널드의 미끄럼틀을 타고 내려가고, 친구 데이지가 꽃밭을 만드는 것을 돕고, 데이지의 태블릿에서 조사도 할 수 있고, 친구 핼의 플라잉 디스크를 사냥하는 재미를 느껴볼 수 있다. 발광 생물을 발견하고, 야생 고양이의 친구 온워드와 함께 셀카도 찍어볼 수 있다.[157] 만화로 제작된 고양이 이야기를 전시로 기획한 것으로 다소 다른 관점이긴 하지만 최근 들고양이들이 많은 한국에서 한번 생각해봐야 할 주제이기도 하다.

(4) 마이애미 어린이박물관 : '공룡과 함께 포효하고 탐험하세요' 순회전

기관이 보유한 선사 시대 전시인 '공룡 섬'의 큰 성공에 힘입어 2024년 6월에 첫선을 보이는 전시이다.[158] 몰입형 2,000~2,500 제곱피트 규모의 전시로 아동

---

156 https://www.kohlchildrensmuseum.org/rental-exhibits/science-you-rental/
157 https://www.kohlchildrensmuseum.org/rental-exhibits/nature-cat/
158 https://www.miamichildrensmuseum.org/exhibits-rentals

들을 시간 여행으로 데려간다. 체험식 전시로써 생생한 움직임과 소리를 가진 7마리 (티라노사우루스 렉스, 트리케라톱스, 스테고사우루스, 디플로도쿠스, 알을 품은 벨로시랩터, 안킬로사우루스)의 로봇 공룡을 선보인다. 각 공룡은 사실적인 풍경의 고유한 환경에 배치되고, 폭발하는 화산과 관람객이 선사 시대 보물을 직접 발굴할 수 있는 화석 발굴 구덩이가 있다.

(5) 온타리오 과학센터 : '모션 매니아' 순회전

아동들이 에너지와 운동에 대해 배울 수 있도록 기획한 전시이다. 아동들은 자신의 롤러코스터를 만들고 운동에 영향을 미치는 변수를 테스트하면서 지식을 결합하고 다른 사람들과 공유한다. '나만의 롤러코스터 만들기'와 '에너지 트랙'이라는 두 가지 요소로 이루어져 있는데 '나만의 롤러코스터 만들기' 전시에서는 아동들이 언덕, 루프, 경사로 등을 이용해 직접 만든 다양한 트랙을 따라 공을 보내면서 힘, 에너지, 마찰, 안정성에 대해 알아볼 수 있다. '에너지 트랙' 전시는 아동들의 관찰, 조사, 질문 및 실험 기술을 향상시키는 데 도움이 되며 경사, 고리, 언덕, 곡선, 중력 또는 속도가 물체의 움직임에 어떤 영향을 미치는지 알아낼 수 있다.[159] 실생활 중심은 아니지만 초등 어린이들을 위한 과학적인 내용을 실험해 볼 수 있는 전시이다.

(6) 인디아나폴리스 어린이박물관 : '도라의 탐험' 순회전

주인공 도라 마르케스와 사촌 디에고가 동물 구조를 하는 내용을 담은 이야기로 남미 열대우림에서 동물 구조활동 및 치료를 한다.

---

159 https://www.ontariosciencecentre.ca/exhibit-sales-rentals-plus-consulting/travelling-exhibition-rentals/motion-mania

‘도라의 탐험’¹⁶⁰ 순회전 - 인디아나폴리스
어린이박물관의 순회전으로 애니메이션을 전시화함.

‘도라의 탐험’ 순회전 - 동물들이 먹이인 도토리가
나무에서 떨어지는 것을 아동들이 해볼 수 있게 만든
전시품

[그림 7-34] 인디아나폴리스 어린이 박물관 ‘도라의 탐험’ 순회전

2. 국내의 순회 전시

1) 서울상상나라

본 기관은 기획전을 기획 제작시에 순회전으로 운영할 것을 고려하여 설계를 한다. 기간 종료 후에 순회전으로 전환하여 유치를 요청하는 기관들에 렌트해 주고 있다. 현 시점에서 순회 전시를 하고 있는 것은 ‘띠리띠리 컴퓨터 세상’이다.

(1) 띠리띠리 컴퓨터 세상

컴퓨터와 소통하기 위해 사용하는 코딩 언어의 기본 개념을 아동들에게 친숙한 신체 놀이와 디지로그(Digilog) 체험물로 재미있게 익히며, 명령, 순차, 조건, 순서도 등 나만의 규칙이 있는 원리를 몸으로 배워보게 한다.¹⁶¹

---

160 2016년 비숍박물관에서 유치하고 있는 것을 사진으로 찍은 것임.

161 https://www.seoulchildrensmuseum.org/display/displayExhibition17.do

(2) 5개의 집과 30개의 문

일상의 '문'이 상상력이 더해져 특색 있는 '문'이 되고, 그 '문' 너머 의외의 공간을 경험하는 예술 체험 작품 전시이다.[162] 작가 안규철씨가 기획한 전시로 다양한 문을 들어가서 볼 수 있는 여러 가지 경험들이 있는데, 공간적인 개념과 풍부한 상상을 할 수 있는 전시이다. 바빠 사는 요즘 시대에 맞게 아동과 보호자들이 쉬어갈 수 있는 공간으로 연출하였다.

(3) 상상나라 발견가방- 예술놀이

다양한 장르의 예술을 접하고 심미적 감수성과 즐거움을 발견해 보는 총 4점의 가방으로 구성된 이동형 전시이다.[163] 이동이 용이하게 가방형으로 제작하여 열어서 전시물을 설치하도록 하였다.

이외에도 여러 주제의 순회전이 운영이 되고 있으며 '화폐 여행' 전시는 국내와 중국까지 순회하였다.

2) 경기도어린이박물관 : 난 우리집 귀염둥이 (반려동물)

전시를 기획할 당시인 2013년에 경기도민의 5:1 즉 5가구 중에서 1가구는 반려동물을 기르고 있다는 통계가 있었다. 점진적으로 더 많아질 추세를 고려하여, 학예팀장으로써 이 전시 주제를 생각하게 되었다. 전시가 추진되었고, 1년의 운영 기간을 거쳐서 철거하게 되었으나 너무 튼튼하게 만들어진 전시라 전부 폐기 처분하기에는 아까운 생각이 들었다. 결국 일부들을 보수하여서 국내의 순회전으로 무상 렌탈하도록 검토되어 2014년부터 2017년까지 3년여 기간

---

162 https://www.seoulchildrensmuseum.org/display/displayHistory.do
163 https://www.seoulchildrensmuseum.org/display/displayHistory.do

동안 유치 기관들 사정에 따라서 2개월부터 4개월까지 각 기관에 순회 되었다. 북쪽 최끝인 전곡선사박물관에서부터 남단 끝인 제주교육박물관까지 총 8개 기관(국립춘천박물관, 하남문화재단, 판교박물관, 해남공룡박물관, 경주문화재단, 울산박물관)에 설치되었다. 또 다른 기획전인 조부모 전시도 순회전으로 운영하려고 하였으나, 예산상의 이유로 폐기되어 매우 안타까웠다.

어린이와 가족의 반려동물에 대한 이해를 돕고, 반려동물과 관계를 형성하며, 돌봄과 배려를 배울 수 있는 체험 전시이다. 반려동물의 옷을 입어보고 반려동물이 되어서 동물의 시각에서 세상을 바라보도록 의도했다. 따스한 주인의 품속에도 안겨보고, 고양이처럼 가구 위를 기어도 가보고 동물의 표정을 보고 어떤 기분인지 알아보고, 가상으로 목욕을 시켜볼 수도 있게 제작하였으며, 마지막에는 반려동물의 수명이 길지 않아서 키우면서 죽음을 맞이할 수 있기 때문에 반려동물의 죽음에 대한 것도 다루어 보았다.

'난 우리집 귀염둥이' 전시장 입구[164]

토띠에게 먹이주는 전시물 [165]

164_ https://gcm.ggcf.kr/exhibitions/25
165_ https://gcm.ggcf.kr/exhibitions/25

반려동물 의상을 입어보기

고양이처럼 가구 위에 올라가보기

강아지 가상으로 목욕 시키기 (욕조와 드라이)

반려동물 정보 알아보기,
좌측) 게이지 속 2D 애니매이션 보기

반려견처럼 주인의 품에 앉아보기

동물병원 방문해서 진찰하기

죽은 반려동물 애도하기, 편지써보기

상상의 반려동물 조합해서 그려보기

[그림 7-35] 경기도어린이박물관의 '난 우리집 귀염둥이' 순회 전시

3) 경기북부어린이박물관

본 기관의 경우 순회전시는 좀 더 특별하다. 동화책 출간 사업으로 시작하여 서, 이것이 틈새 전시로 확대되었다. 그러다가 동화책의 주제가 환경이라 틈새 전시는 환경 주제의 유관 기관들의 요구에 따라서 순회되기 시작하였다. 판교 환경생태학습원, 수원기후변화체험관 등에 순회되었다.

동화책을 기획하고 전시를 기획한 담당자는 에듀케이터이다. 이렇게 어린이 박물관은 전시와 교육이 서로 연동되어 경계가 없이 매우 밀접하며 확장되어 질 수 있다. 오감이 환경동화 작가전 1, 2가 있다. 환경 동화책은 '어디에나 숲', '탄소배달이 완료되었습니다', '정말로 소중한건', '바다와 약속해' 등 총 5권으로 기획 출간되었다.

(1) 환경 동화 작가전 1

'오감이 환경 동화'책을 기반으로 한 전시를 통해 '탄소 중립', '탄소 발자국'과 지속가능발전 교육으로서 앞으로 아동들이 살아가게 될 지구를 지키기 위한 친환경 실천 방법을 제시하고자 했다. '환경'과 '생태계' 등 지구적 문제에 대해 어린이의 눈높이에서 알기 쉽게 풀이한 '오감이 환경 동화 작가전 1'을 통해 환경 문제를 보다 친숙하고 쉽게 전달함으로서 어릴 때부터 환경 보호에 대한 생각을 키워주는 환경 교육의 첫걸음 역할을 기대하였다.[166]

(2) 오감이 환경동화 2

소중한 약속이라는 주제로 진행되었다. '정말로 소중한 건' (김희경 작가), '바다와 약속해' (민승지 작가)와 함께한 전시이다. '멸종 위기 동물', '바다 오염'을 통해

166_ https://ngcm.ggcf.kr/exhibitions/17

생물 다양성의 중요성을 인식하고 앞으로 아동들이 살아가게 될 지구를 지키기 위한 친환경 실천 방법을 제시한다. '환경'과 '생태계' 등 지구적 문제에 대해 아동의 눈높이에서 알기 쉽게 풀이한 '오감이 환경 동화 작가전 2'는 소중한 약속을 통해 환경 문제를 보다 친숙하고 쉽게 전달함으로써 어릴 때부터 환경 보호에 대한 생각을 키워주는 환경 교육의 첫걸음 시리즈 2이다.[167]

오감이 환경 동화 1
환경 작가의 서재를 연출하여 작가 사인회를 진행하였다.

오감이 환경 동화 2의 전시장 전경
허니콤보드를 이용하여 미로식으로 연출하고 파티션들에 동화 그림들과 일부 체험을 준비하였다.

[그림 7-36] 경기북부어린이박물관의 '오감이 환경 동화' 순회 전시

4) 국립어린이박물관

본 기관은 개관 시에 '지구마을 놀이터 1, 2'를 기획하여 설치하였다. 250여평의 공간으로 인간의 도구와 기계의 발명에 대한 주제로 연출하였다. 가장 메인이 되는 전시물은 예술가에게 의뢰하여 제작한 기어와 조립이 가능한 테이블과 교구 세트 4종이다. 전시대와 일체형으로 제작되어 4세트가 조금씩 다르게 제작되었다. 한 세트는 워크숍 룸에서 프로그램으로도 운영할 수 있다. 인류가 개발한 교통 수단에는 대부분 기어가 들어가 있다. 자전거, 배, 비행기 등의 수

---

167 https://ngcm.ggcf.kr/exhibitions/30

단에서 기어를 이용하고 있음을 상징하는 전시 환경이 구성되었다. 초등학생을 타겟 연령으로 하여 아동들은 정말 열심히 집중하면서 체험 한다. 기획전 철거 후에는 전시대와 함께 원하는 기관에 순회할 예정이다.

지구마을놀이터 전시물[168] 기어와 전시대   지구마을놀이터 전시장 전경[169]

[그림 7-37] 국립어린이박물관의 '지구마을 놀이터' 순회 전시

5) 과학관의 어린이 순회전

인천어린이과학관, 서울시립과학관, 국립과천과학관, 국립해양과학관 4개 부처가 콜라보레이션으로 추진한 '별꼴 전'이 있다. 과학관들의 순회전 첫 출발은 '모든 사물의 역사' 1, 2, 3으로 전시가 콜라보로 기획 순회되었다. 집, 병원, 학교 총 3부작을 계획하에 2019년 3개의 기관이 협력하여 진행되었고, 2020년 집, 2021년 병원, 2023년 집을 시리즈로 기획하여 순회하였다. 아동들에게 익숙하고 친근한 주제들로 펼쳐지며, 3개의 기관이 협의하여 비용을 투자하고, 전시 디자인도 통일하여 추진하였다. 예를 들면 학교의 전시들은 교실, 운동장, 방송실, 미술실, 음악실 등에서 사용되는 볼펜, 빔 프로젝터, 교탁, 멜로디언 등

---

168 https://www.nmcik.or.kr/nmck/sub02/sub020101.do?mId=2012
169 https://www.nmcik.or.kr/nmck/sub02/sub020101.do?mId=2012

사물의 체험을 통해 과학적 원리를 깨닫고 흥미를 느끼며, 일상을 과학으로 이해하고 새로운 시각을 담을 수 있는 전시물로 구성하였다.

이후 국립해양과학관이 함께 추가되어 '별꼴전'이 기획되었다. 기존 양식과는 다르게 각종 동물들의 생존에 필요한 모습이나 기능을 아이들의 눈높이에서 궁금증을 풀어보는 체험을 하게끔 제작되었다. 각 전시품들은 앞면에 동물의 친근한 일러스트 그림과 궁금한 질문이 있고, 뒷면에는 동물이 생존을 위해서 하는 행위나 기능을 이해할 수 있는 체험과 설명이 되어있다. 이 전시야말로 생명에 대한 호기심 어린 아동들의 흥미를 채워주는 전시라고 생각한다. 친환경 재질은 목재와 허니컴보드를 사용하여 연출하였다.

별꼴전 전시품 전면   별꼴전 전시품 뒷면

[그림 7-38] 과학관의 콜라보 '별꼴' 순회 전시

6) 한국건강진흥개발원의 '노담밴드' 시리즈 순회전

어린이박물관에서 기획한 전시가 아닌 체험 전시 순회전이 있어서 소개하고자 한다. 한국건강진흥개발원에서 주관하고 한국생산성본부에서 전시를 기획하고 운영한 유아용의 순회전이다. 전시 제목에서 짐작이 가겠지만 흡연 예방을 목적으로 유아기부터 교육을 시키고자 하는 내용이다. 지인을 통해서 전시 계획을 처음 접했을 때는 대상층이 너무 어려서 흡연 예방이란 주제가 의문스

러웠지만, 어린 시절부터 흡연 예방과 건강을 위한 인식이 되도록 하는 면에서 고무적이라는 생각과 유아들이 집에 돌아가서의 가족에 대한 전파력이 있다고 사료되었다.

유아교육자들이 '노담 밴드'라는 창작 동화를 시리즈로 개발하였다. 유아들이 좋아하는 동물들을 의인화한 음악 밴드라는 설정이며, 이들이 음악 페스트벌에 참가하기 위한 여정으로 시작하였다. 전시가 국내 기관들에 무료로 순회되며, 유아 관람객들의 반응이 좋아, 년차적 시리즈로 동화와 전시가 개발되었다. 필자는 전시 기획 인력으로써 참여하였고, 전시 설계 및 제작 업체는 어린이 체험 전시의 오랜 노하우를 지닌 곳이라 신속하게 진행이 되었다.

1편은 노담밴드가 형성이 되어서 동물 친구들이 페스티벌 섬으로 찾아가는 여정에서 만나는 흡연 마을에서 벌어지는 일들, 2편은 페스티벌이 개최되는 섬에서 벌어지는 흡연 예방 활동들과 청소, 3편은 동물 친구들 노담밴드가 마을에 돌아와서 아픈 동물 친구들을 발견하고 흡연을 예방하는 건강 운동을 펼쳐가는 내용이다. 유아 관람객의 반응들이 좋아 공룡 친구인 노스모크사우루스가 참가하는 4편, 노스모크사우루스의 친구들 5편까지 개발 계획이 있다. 동화책자, 동물 친구를 상징하는 모자들, 작은 교구 목재 키트까지 제작되어 있다.

이 전시는 뉴올리언스에서 열린 2022년 ACM 컨퍼런스에서 '아동 친화적인 한국 기관들의 의미있는 순간들(Meaningful Moments of Child-friendly K-Institutions)'이라는 주제로 사례 연구에 포함되어 사례 발표를 하였다. 흡연이라는 주제는 유아 대상으로 흔치 않았던 터라 발표 후 몇가지 질문을 받았고 향후의 방향에 대해서도 질문받았었다. 3탄까지 시리즈에 대한 발표였고, 이후 4탄과 5탄도 기대해본다.

노담밴드 3탄 입구

노담밴드처럼 트로피를 들고 환대
받으면서 사진찍기

마을에 생긴 흡연 동물을 찾아보는
전시

개미집 미로에서 아픈 개미 위로
방문하기

아파서 누운 개미와 의사의 방문
치료활동

친구 두더지의 땅위에 얼굴 내밀어
보기 전시

[그림 7-39] 한국건강진흥개발원의 '노담밴드' 시리즈 순회전

7-5. 가족 학습과 관람

1. 가족 학습에 기여하는 성공적 전시의 특징

필라델피아와 과학 기관 네 기관(프랭클린 과학관, 뉴저지 주립수족관, 자연과학 아카데미, 필라델피아 동물원)에서 수행한 필라델피아 캠든 비공식 과학교육 협력(Philadelphia-Camden Informal Science Education Collaborative) 프로젝트에서 1997년 성공적인 가족 학습 전시의 7가지 특징을 파악했다. 이는 다면적, 다중 이용적, 접

근성, 다중 결과, 다중 형태, 읽기 쉬움, 관련성이다.[170] 이렇게 7가지 특징을 대부분 소화할 수 있는 전시는 구성주의식 전시로 보인다. 구성주의식 전시는 관람객이 주어진 전시품과 전시 매체를 이용해서 스스로 전시품 활동 방법을 만들어서 상호작용적 체험을 하는 것이다.

또르르르 골드버그 전시품

또르르르 골드버그 전시품

바람 길 전시품

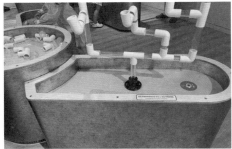
바람 길 전시품

[그림 7-40] 국립어린이박물관 구성주의식 전시품들

---

170 Minda Borun & Jennifer Dritsas, Developing Family-Friendly Exhibits, In the Curator : The Museum Journal, Volume 40, Issue 3, September 1997

상단의 사진에서 보이는 전시품인 '또르르르 골드버그'는 전시대 벽면이 자석으로 되어 있어서 아동들이 공이 굴러내려가는 길을 만들게 되어있다. 또한 하단의 바람길 전시품은 공을 아동들이 베르누이의 원리하에 떠 있을수 있도록 바람 통로를 조성하는 전시품이다. 가족 학습을 촉진하는 전시의 7가지 특징들인 다면적, 다중 이용적, 접근성, 다중 결과, 다중 형태, 읽기 쉬움, 관련성이 적용된다. 보호자와 아동이 함께 할 수 있게 다면적, 다중 이용적이고, 장애인도 가능하게 접근성이 좋으며, 다중 형태가 나오는 전시이며, 설명판이 없이도 직관적으로 전시품을 만들 수 있는 전시이며, 두 전시품이 옆에 있으면서 공으로 상호 관련성이 있다. 두 전시품은 현재 국립어린이박물관에서 관람객을 관찰해 볼 때 아동들이 가장 활발하게 노는 인기있는 전시로 보여진다. 재미난 것은 아동 관람객들의 사고가 무궁구진 하다는 것이다. 우리가 예측하고 의도된 대로만 전시를 체험하는 것이 아니라 새롭게 이용하기도 한다. 유치원 단체로 추정이 되는데 한글로 공의 길 조각들을 이용해서 글자 '만세'를 써서 한글 학습으로 이용하였다. 우리가 의도한 것은 아니지만 이렇게 다중으로 이용하는 이들이 어린이들이라 감탄스럽다.

2. 동반자에 따라 달라지는 아동의 관람 경험의 차이점

단체 관람객으로 와서 아동의 또래와 함께 경험하는 관람과 가족들과 아동이 와서 관람하는 것에 따라 전시물에 대한 접근이 달랐다.

국립어린이박물관에서 건축모형을 쇼케이스내에 설치하며 아동의 눈높이에 맞도록 좌대를 낮게 하여 설치하였다. 유아들이 많이 찾는 단체 관람객일 때 유아들은 건축모형을 보고 주변이 있는 미니 동영상도 바라보고 퍼즐 조각도 맞추어 보았다. 그러나 가족 관람객일 때는 건축 모형에 눈길을 보내기 보다는 타 전시품로 가는 경향이 자주 노출되었다.

복합예술 공간에서는 단체 아동들은 자신의 눈높이에 맞는 조그만 구멍을 탐색하고 교사는 같이 무엇이 있는지 질문하고 대답한다. 가족 관람객들은 아동만이 쳐다보거나 부모에 따라서 같이 봐주기도 하지만 앞의 공간에 있는 휴게 계단에서 쉬는 경향을 보인다.

　또한 로비에 있는 벤치 겸 예술작품에서는 단체 교사들에 의해서 함께 놀이하는 모습을 발견할 수 있었다. 그러나 가족 관람객인 보호자와 왔을 때는 보호자는 벤치 예술 작품에 대기하면서 앉아만 있거나 자녀들끼리만 자유롭게 이용하는 것을 지켜만 보는 모습을 발견한다. 동반자가 누구냐에 따라서 관람의 경험이 매우 다른 모습을 발견할 수 있다.

건축모형 전시의 유아 단체의 모습

건축모형 전시의 아동 가족 관람객의 모습

복합예술 공간에서 유아 단체들의 모습

복합예술 공간에서 아동가족의 모습

벤치예술 작품의 유아 단체 관람 모습

벤치예술 작품의 아동가족 관람객의 모습

[그림 7-41] 아동 단체 견학과 가족 관람객의 관람 경험의 차이

아직 단체와 가족 관람객의 관람 경험의 차이에 대해서 연구를 못한 상황이지만 매일 전시장을 관찰하면서 보여지는 모습으로 잠시 언급하면서 갈음한다.

3. 보호자의 역할에 관한 연구

어린이박물관의 전시는 4가지 메시지를 전달하기 위해서 계획된다. 자료를 탐색하기, 가장 놀이에 참여하기, 개념을 파악하기, 자기 조절하기이다.[171] 부모와 아동은 전시 경험에서 다른 경로를 따른다. 아동은 자료를 탐색하고 가장 놀이에 참여하며, 성인은 아동과 함께 자료를 탐색하고 개념을 이해하려 하며, 아동이 자기 규제의 사회적 행동을 취하도록 지도하고자 한다.[172] 그러나 이 연구에서 추가하고 싶은 점은 제가 지난 30여년간 경험한 아동 관찰의 모습은 아동

171 Joe L. Frost & Sue C. Wortham & Stuart Reifel. 양옥승외 7인 역, 놀이와 아동발달, 정민사, 2005

172 Joe L. Frost & Sue C. Wortham & Stuart Reifel. 양옥승외 7인 역, 놀이와 아동발달, 정민사, 2005

은 상호작용적인 구성주의식 전시품과 놀이를 통해서 개념을 파악해 가기도 하며, 이를 통해서 자기 조절을 하기도 한다. 동반 가족인 성인은 정말로 개인별 다양한 모습을 보이며 자료를 함께 탐색하기도 하지만, 어떤 부모들은 아동이 탐색하는 것을 지켜보기만 하기도 한다.

또한 Shine & Acosta (1999)는 어린이박물관에서 성인의 긍정적인 역할을 제시하였다. 경험의 조직자로서의 역할로 가장 놀이의 대본을 구성하고, 사건의 순서를 안내하고 개념적 지식을 입증하고, 박물관의 예술품을 해설하고, 전시에서의 경험들을 학습 단계에 맞춰서 비계 설정해 줄 수 있다. 성인에 의한 지나친 혹은 부적절한 개입은 아동의 가장 놀이를 방해한다.[173] 따라서 두 연구에서 보듯이 아동은 성인과의 경험의 다르며 성인의 역할이 매우 중요함을 알 수 있고 특히 비계 설정으로서의 역할은 경험의 질을 높일 수 있으나, 부적절한 개입으로 박물관 경험의 질을 방해할 수 있음을 염두에 두어야 할 것이다.

최근의 연구들을 더 알아보면 보호자가 자녀의 경험에 어떤 역할을 하는지를 좀 더 구체적으로 살펴보기 시작했다. 베몬트(Beaumont)의 2010년 연구에 의하면 과학에서 아동의 경험을 지원하는 6가지 보호자의 역할을 언급하였다. 첫째 놀이하는 자, 둘째 촉진자, 셋째 해석자, 넷째 감독자, 다섯째 아동의 학생, 여섯째 공동 학습자이다.[174] 라인하르트와 크누트손(Leinhart & Knutson)의 연구에 의하면 2006년에 조부모의 역할을 3가지로 즉, 첫째 이야기하는 사람, 둘째 놀

173 Shine, S & Acosta, T.Y. The effect of the physical and social environment on parent-child interaction : A qualitative analysis of pretend play in a children's museum. play and Culture Studies,2, 1999

174 Beaumont, L. Developing the Adult Child Interaction Inventory : A Methodological Study. 미공개 원고, 보스턴 어린이 박물관, 보스턴, 매사추세츠. 2010

이 친구, 셋째 보살피는 상호작용의 모델을 정체성으로 언급하였다.[175] 또한 연구자들은 피츠버그 어린이박물관에서도 업클로즈의 전시에서 조부모의 역할을 탐구하였다.[176] 조부모 역할에 대한 연구가 될 정도면 어린이박물관 방문에 조부모가 보호자로 오는 것이 미국은 수요가 많아 보인다. 이는 3세대 교감의 장으로 어린이박물관이 기여하고 있는 것이다.

단순 비교이긴 하지만 두 연구에서 공통된 역할은 '놀이 친구'이다. 또한 보살피는 상호작용 모델과 감독자 역할은 일맥 상통하는 보호자의 안전에 관한 역할로 보인다. 조부모의 경우는 스토리텔러 즉 이야기하는 사람이 강조되는데 주로 선조들이나 옛 문화 관련 콘텐츠가 있으면 조부모의 이야기하는 역할이 더 강조될 듯하다. 국내 초기에 삼성어린이박물관이 있었던 때에 한국과 독일의 문화를 비교한 전시가 있었다. 한국은 기와집을 일부분 설치했었는데 손자녀들과 함께 방문한 조부모께서 열심히 설명을 해주시며 함께 놀이하던 모습이 기억이 난다. 이때에 의도하지 못했는데 전시를 관람객들이 세대별로 이용하는 모습을 발견하게 되었다. 이런 옛 문화의 전시들은 세대간의 연결고리를 제시하게 된다.

175 Scott Pattison & CAISE Admin, Family Learning in Museums, In Reimagining Equity and Values in Informal STEM Education, 2016

176 Scott Pattison & CAISE Admin, Family Learning in Museums, In Reimagining Equity and Values in Informal STEM Education, 2016

4. 어린이박물관 경험의 긍정 연구

　어린이박물관의 긍정적 효과는 많은 연구들에 나와 있으며, 이를 몇 가지 소개하고자 한다. 가족들이 어린이박물관의 체험식 전시를 관람 후 아동들이 대답하길 '즐거움'에 관한 어휘를 많이 묘사하고, '무엇인가 배웠다'고 응답하였다고 한다.[177] 또한 어린이박물관에 다녀온 후 2개월이 지난 아동이 자신의 수집품을 재분류하고, 자신을 표현할 기회를 통해서 치료적인 효과를 얻기도 한 사례들도 있다.[178] 상기에서 기술한 전시 기획에서 경기도어린이박물관의 '조부모' 기획전 사례는 관람객을 면접 조사한 결과, 아동은 조부모들의 신체적 노화로 인한 어려움을 새롭게 학습하였고, 부모님들은 자신의 부모님들은 자주 찾아 뵙고 잘해드려야겠다는 정서적 반응들이 도출되었다.[179] 따라서 경기도어린이박물관의 '조부모' 전시는 아동과 가족에게 학습과 정서적 내용을 이끌어 가족 문화에 긍정적인 영향을 미치고 있다고 할 수 있었다.

　상기 연구들에서 찾아낸 어린이박물관 긍정적 경험의 단어들은 '즐거움', '무엇인가의 배움', '자기 수집품 재분류', '자기 표현', '새로운 학습', '정서적 반응'이다.

177　Studart,D.C, Education or just fun? The perception of children and families in a child-oriented museum exhibition. Jounal of education in museums, 1997

178　Leichter&Spock, Learning from ourselves, *In Gibans (Ed), Bridges to understanding children's museum* , Case Western Reserve University, 1999

179　김진희, 경기도어린이박물관 조부모 기획전 연구, 제4회 아시아퍼시픽어린이 박물관 컨퍼런스, 2016

8장

전시
연구들

　본 장에서는 필자가 근무하면서 연구하였던 전시 연구 두 종류를 소개하고
자 한다.

　'재이미지 확립 : 테마놀이터에서 어린이박물관으로의 전환'은 미국 ACM 컨
퍼런스에서 발표한 사례를 한국박물관교육학회지에 게재했던 내용으로 경기
북부어린이박물관의 3개년 전시품 리노베이션을 통해서 어린이박물관으로 전
환한 사례를 연구한 것이다. 두 번째의 연구는 '어린이박물관의 조부모 전시 관
람객 반응 소연구'는 아시아퍼시픽어린이박물관 컨퍼런스에서 발표한 내용을
한국박물관교육학회지에 게재하였던 것으로 경기도어린이박물관의 기획 전
시에 대한 관람객 반응 조사를 한 것이다.

8-1. 재이미지 확립 :
테마놀이터에서 어린이박물관으로의 전환[180]

1. 서론

필자는 2023년 미국 뉴올리언즈시에서 열린 세계어린이박물관협회 컨퍼런스에서 발표한 세션 중의 하나인 한국의 사례 연구에서 경기북부어린이박물관의 사례를 소개하고자 한다.

1) 의도

필자는 한국의 첫 어린이박물관의 개관 멤버로서 학예사 경력으로 팀원부터 중간 관리자를 거쳐 기관장 역임까지 약 어린이박물관 30여년 종사하였다. 따라서 어린이박물관의 콘텐츠에 대한 것은 정확히 파악하고 있다고 생각한다. 그러나 2020년 발령받아 근무하게 된 경기북부어린이박물관은 어린이박물관의 콘텐츠라고 말하기엔 많은 모호함이 있었다. 여기에서 지난 3년간의 시간 동안에 박물관의 콘텐츠로 전환하기 위한 노력을 말하고자 한다.

2) 경기북부어린이박물관 개요
　가. 위치 : 대한민국 수도권, 휴전선 아래 동두천시
　나. 건물 면적 : 1800평, 3층

180　본 원고는 2023 ACM (ASSOCIATION OF CHILDREN'S MUSEUM) INTERACYIVITY 의
　　　세션 'K- 기관의 놀이기반 학습의 의미있는 순간들 : 한국의 사례 연구'의 발표본임

다. 관람객 : 2019년 150,000명, 2022년 코로나 시기 135,000명

라. 운영 : 경기도 공공기관 경기문화재단

마. 기원 : 경기도어린이박물관의 년50~60만명씩 오는 성공적 개관으로 경기도내 신도시 고양시와 구도시 동두천시에 시비와 도비 약50%씩 출자, 2016년 설립

바. 여건 및 환경

이곳은 단풍이 아름답기로 유명한 소요산 입구 위치하며 수도권의 휴전선 인근으로 비교적 열악한 동두천시라 별 기대 없이 관람객이 방문하고는 시설과 환경에 깜짝 놀라게 되는 곳이다. 아동 가족 관람객은 수도권에 있는 접근성 좋은 기관이라 주말 나들이로 다녀가는 어린이박물관으로 자연 속

[그림 8-1] 경기북부어린이박물관 전경

보물 같은 존재이며 코로나 상황으로 입장객 수를 제한하니 더욱 쾌적한 체험 관람 기관이 되었다.

2. 한국의 어린이박물관 현황 및 전시 행정

1) 한국의 어린이박물관 수도권 현황

한국의 어린이박물관은 국공립이 주류를 이루고 있다. 서울과 경기의 수도권 내에 국공립 독립 건물의 어린이박물관은 경기도에 경기도어린이박물관과 경기북부어린이박물관, 고양시의 고양어린이박물관, 서울시의 서울상상나라로 총 4개 기관이 있다. 어린이과학관은 2개 기관이 있다.

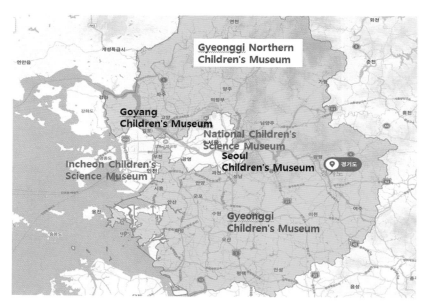

[그림 8-2] 수도권내 어린이박물관들

2) 한국의 전시 행정

국공립 박물관을 설립할 때에 업무 담당자는 공무원으로 행정을 하는 인력이었다. (경우에 따라서는 학예사가 있기도 하는데 보통 1인으로 업무 추진을 위해서 거의 행정만 한다고 보면 된다.) 행정 인력은 일반적으로 조달청에 공고를 의뢰하고, 그 심사 결과로 전시 설계 및 제작 업체가 선정되고 전시가 제작 완료된다. 간헐적으로 전문가의 자문을 받고는 있지만, 결국은 전시 설계 업체가 전문가가 되어 버리는 상황이다. 대부분 개관 직전인 한두달 전에 관장, 학예사, 운영 인력을 뽑는다. 따라서 한국의 공립박물관의 전시 콘텐츠는 영리를 추구하는 회사의 디자이너를 중심으로 몇 년 정도의 경력이 있는 설계 인력들에 의해서 디자인되고, 그 회사의 하청 업체인 제작 업체가 전시품을 제작한다. 그러다 보니 전문가 학예사의 기획없이 진행되어 기관의 정체성을 찾기도 어렵고, 어린이박물관스럽지도 않게 된다.

[그림 8-3] 한국의 전시 행정 프로세스

3. 리노베이션 추진 및 전시 콘텐츠 강화

1) 리노베이션 추진

2020년 1월의 경기북부어린이박물관의 갤러리들은 기획전까지 총 7개의 공간이 있었고 명칭은 클라이머존, 공룡존, 영아존, 생태존, 물놀이존, 건축존, 기획전이다. 2020년 하반기에 재개관을 위해 부분 리노베이션을 위한 업무가 추진되었다.

2020년 경기북부어린이박물관 재개관을 위한 전시 콘텐츠 현황

– 판단 : 어린이박물관 이름 뿐, 어린이박물관라고 하긴 어렵다

– 행정 : 전문가의 기획 없이 동두천시에서 어린이박물관을 개관 (2016년) 공무원의 행정과 전시 설계 및 제작업체에 의해서 전시 콘텐츠가 설치 완료되었다. (경기도어린이박물관에서 자문기획연구 용역을 진행하였으나, 결국 콘텐츠는 전시 설계 업체에서 콘트롤하여 반영이 매우 미흡하였다)

– 전시 : 테마파크나 한국에서 유행하는 대형 키즈카페 분위기로 신체 놀이 위주와 아동들이 좋아하는 물과 공룡을 설치하였다. 맥락없는 환경과 전시품들이 오락인지 학습인지도 경계도 모호하게 있어 호기심과 세상의 지식을 탐구하는 기능은 부재 상황이였다.

1 Floor : Climber Zone / Dinosaur Zone / Infant Zone
2 Floor : Forest Ecological Zone/WaterPlay Zone/AnimalHouse Zone/Special Exhibition

[그림 8-4] 재개관전의 경기북부어린이박물관 갤러리 7개 현황(2020년)

2) 전시 신규 리노베이션

가장 큰 문제는 이곳이 어린이박물관이기보다는 대형 놀이터(주로 신체놀이만 하는 야외 놀이터 기능)와 같은 느낌을 주는 것이다. 갤러리를 보면, 물놀이존은 박물관의 주제인 '숲과 생태'와는 전혀 상관없이 과학관의 물놀이 전시였고, 심지어는 고장이 과다하게 나서 작동이 어려운 상태였다. 건축존은 동물들의 집이라는 주제였으나, 전시품이 자연을 탐구한다기보다는 신체놀위 위주로 기획되어서 실내 놀이터 분위기였다. 기획실은 2016년 개관 후 1회 전시를 한 후에 예산 부족으로 폐쇄 상태였다.

[그림 8-5] 재개관전의 물놀이존 상황   [그림 8-6] 재개관전의 기획전 상황

- ● 고민 : 어떻게 어린이박물관화 할 것인가?
  - 기관의 콘텐츠 주제 : 숲, 생태, 환경을 살려야한다.
  - 리노베이션 갤러리 범위
  - 기관의 예산
  - 재개관까지의 일정
  - 기획자의 인력 수
  - 전시품 구성과 연출은 어떻게 할 것인가? 등

〈표 8-1〉 전시 리노베이션 의사결정

구분	현황	의사 결정 개요
주제	숲 생태 환경	환경 중요성으로 지속 유지
범위	갤러리 7개 중 3개 리노베이션 물 테이블 전시 120평 동물의 집 건축전시 80평 기획존 70평	2층 갤러리에 해당하며 맥락적 환경 유지 물전시 숲과 캐릭터 전시 미디어 교육존(미래 환경)
예산	10억	
일정	2020년의 8개월 일정 촉박	
인력	총3인	

[그림 8-7] 설계 및 제작 업체의 제안서 이미지

이 장에서는 물 전시의 리노베이션을 소개하고자 한다.

주제가 숲과 생태라 '계곡물'로 전시장 주제를 설정하였고, 120평이라 공간
이 매우 넓은데 비하여 계곡물에서 일어나는 실제 놀이들이 많지 않고 이를 전

부 기획하기에는 일정이 촉박하여, 숲 생태의 환경으로 하되 과학관의 재미난 물전시품들과 미디어로 기획하였다. 또한 예산상의 어려움도 있어서 물전시의 테이블을 그대로 살려 재활용할 수 있는 것으로 방향을 설정하였다. 벽면 그래픽은 숲으로 하되 전시품들이 와글 거려 상호 디자인이 부딪힐 수 있으므로 심플하게 하되 다소 신비로운 색감의 연출로 결정하였다. 또한 전시품들이 놓여지는 물테이블의 상단 부분과 겹쳐지는 벽면은 깨끗하게 흰색으로 처리하기 위해 라인 드로잉만으로 하도록 하였다. 종결 보고 시에는 운영 스텝과 함께 회의를 하면서 운영 시 고려할 점을 체크하여 의사결정에 반영하였다.

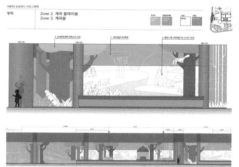

[그림 8-8] 전시장 벽면의 일러스트 결정

[그림 8-9] 최종보고시 운영직과의 의사 수렴

다른 전시품의 재활용으로는 건축존에 있었던 새의 집 3종인 무덤새, 주머니 새, 떼베짜는 새를 철거하고 키오스크식으로 전시품 틀을 만들어서 전시 내용물을 삼각 구도로 한 곳에 담았다. 또한 여기에 실물 사진을 부착하여 새집과 관련된 이 체험 활동이 실제 세계의 어떤 내용인지를 인지하도록 조성하였다. 전시품들은 실제 생활에서 연결 고리들이 있어야한다. 그래야 세상에 대한 이해를 도모하는 어린이박물관의 전시이다. 실제 생활과의 연결이 없다면 아동들은 내용을 파악 못하고 그저 손으로 조작만 하다가는 꼴이다.

하단은 물 전시의 리노베이션 전과 후의 모습이다. 리노베이션 전에는 '물놀

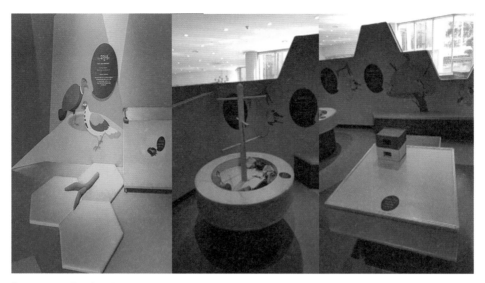

[그림 8-10] 구)건축존에 각기 설치되었던 새의 집 3종

이존'이라는 갤러리명으로 환경
연출이 전혀 없었고 기관의 주제
인 숲생태와는 전혀 연결이 없는
공간이였다. 지금은 전시품이 모
두 숲생태와 연결되어 있지는 않
지만, '계곡물존'이라는 갤러리명
으로 계곡의 환경 연출 일러스트,
바닥의 물을 연상시키는 색깔, 연
못의 생물과 인터렉티브를 하는
미디어 전시, 숲속에 사는 생물의
거주지 등 계곡의 숲과 연결이 되
는 전시장을 조성하려고 노력하
였다. 이외에도 '건축존'과 '기획

[그림 8-11] 현)새집 3종의 키오스크 전시품

전' 공간을 리노베이션하여 '오감숲존', '미디어존'으로 전면 개보수 하였다.

[그림 8-12] 리노베이션 전의 '물놀이존'   [그림 8-13] 리노베이션 후의 '계곡물존'

3) 전시 콘텐츠 강화

재개관 첫 해인 2020년에는 신규 리노베이션 갤러리 3곳 외의 나머지 전시
품 80여점중에서 약 30여점을 보완하였다. 이후 년도별로 신규 전시 강화 계획
을 수립하여 전시장을 어린이박물관의 전시로 탈바꿈하려고 추진하였다.

〈표 8-2〉 경기북부어린이박물관 년도별 전시 리노베이션 및 갤러리 콘텐츠 강화 현황

년도	추진	결과
2020	갤러리 7개중 2층 3개 갤러리 전면 리노베이션	3개 갤러리 리노베이션 완료
	상반기 전시품 보완	14점 완료
	하반기 전시품 보완	13점 완료
2021	상반기 2층 숲생태존 강화전시	10점 완료
	하반기 1층 공룡존 강화전시	5점 추가 완료
2022	하반기 1층 영유아존 강화전시	10점 추가 완료

(1) 2020년 상하반기의 전시품 보완

먼저 상하반기의 상설전시장의 전시품 개별 보완을 살펴보도록 하겠다. 전시환경부터 유지 보수의 편의성, 환경 연출, 맥락적 환경에 맞는 전시품의 이동, 전시품과 실물 사진의 연결 등 총 27점을 개선하였다. 몇 사례만 예시로 들었다.

- 전시장의 입출구 확보 : '공룡존'의 전시장이 메인 출입구였는데, 입출구가 1개로 조성되어 있어 지정 시간에 출입하는 가족 관람객에게 출구와 입구의 관람객이 섞이면서 매우 혼잡함을 주는 동선이었다. 도면을 살펴보면서 가벽을 뚫어 입출구를 각각 확보하였다.

[그림 8-14] '공룡존' 가벽으로 막힌 상태   [그림 8-15] '공룡존'의 입출구가 좌우로 확보된 모습

- 안전 사고 예방 및 청소 용의 : 첫 전시장에서 만나는 전시인 '공룡 뼈발굴' 체험이 계단 턱이 없어 편백나무칩이 전시장에 튀어나와서 굴러다니고 있었다. 이것을 관람객들이 잘못 밟게 되면 발목이 접지를 수 있는 상황이었고, 운영직들의 업무가 입구부터 관람객의 전시체험을 지원하는 일이 아니라 편백나무칩을 줍고 청소하는 일이었다. 이에 계단 턱을 하나 더 제작하여 높이를 더 올려, 편백나무칩이 전시장 밖으로 나가는 것을 대부분 방지하였다.

[그림 8-16] '공룡존'의 공룡 뼈발굴 체험의 계단

[그림 8-17] '공룡존'의 공룡 뼈발굴 체험의 계단턱 제작 설치

- 실제 활동이 가능한 체험으로 재제작 : 별자리 조각 체험인데 동그라미 피스의 크기가 별자리의 점과 맞지 않아 체험이 불가능한 상태였다. 이에 테이블의 상판을 절개하고 테이블에 자석판과 별자리를 크게 디자인하여 실사 출력후 부착하였고, 별자리의 점에 맞는 크기의 자석 피스가 시중 판매품이 있어 구매하여 설치하였다. 이제는 제대로 된 별자리 체험을 할 수 있게 되었다.

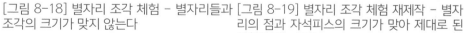

[그림 8-18] 별자리 조각 체험 – 별자리들과 조각의 크기가 맞지 않는다

[그림 8-19] 별자리 조각 체험 재제작 – 별자리의 점과 자석피스의 크기가 맞아 제대로 된 체험이 가능하다.

(2) 2020년 숲생태존 콘텐츠 강화

재개관 이후에 연차적으로 1회씩 상설갤러리의 콘텐츠를 정돈하고 좀 더 강화하려고 시도할 계획을 세웠다. 가장 시급하다고 보여진 것은 2층의 타 전시장은 모두 새롭게 리노베이션을 하였으나 그 층에 있었던 숲생태존 공간은 전혀 새로운 것이 없었다. 이게 재개관 당해 년도 하반기에 기획하여 다음해 2021년 2월에 완성하였다. 크게 4개의 분류로 해서 총 12점을 새롭게 손을 보았다. 그래픽 처리, 추가 제작 전시품, 나무 3종의 볼꺼리 추가, 별자리 관련 특화로 세부 사항은 아래와 같다.

　- 그래픽 처리 : 숲생태존의 가장 큰 임팩트인 대형 개미굴은 분위기가 다소

[그림 8-20] 대형 개미굴에 개미 그래픽 작화와 슬라이드 이미지 프로젝션

어두워서 친근한 개미의 이미지로 곳곳에 작화 처리를 하고, 2D의 슬라이드 영상도 개미굴 벽면에 투사하여 생동감을 주었다.

- 전시품 추가 제작 : 숲속 오케스트라, 사계절 나무 변화(미디어 사용), 곤충 보호색 옷입기, 새의 눈으로 세상 조망하기(미디어 사용)이다.
- 대형 나무 3종 볼꺼리 추가 : 각 나무마다 체험이 전혀 없어서 움직이는 딱따구리 박제, 다람쥐의 영상, 새 모형을 각각 추가하였다.
- 별자리 특화 : 대형 개미굴 상단의 2층 공간에 천장과 가깝고 어두운 공간이라 기존 있었던 별자리를 좀 더 강조하였다. 별자리 이야기(슬라이드), 별자리 전설의 그림자 인형극, 별자리 조각 맞추기의 전시품을 옹달샘 전시품과 상호 이동하여 별자리 전시품을 함께 모아서 조성하였다.

[그림 8-21] 별자리 이야기(슬라이드)

[그림 8-22] 별자리 전설의 그림자 인형극

(3) 2021년 공룡존 콘텐츠 강화

이 전시장은 관람객이 첫 번째 전시 경험을 하는 공간인데 총 5점을 구성하여 신규로 제작하였다. 한국 공룡발굴지 그래픽 패널, 공룡 화석 레플리카, 공룡 소품 및 알 품기, 상상 속의 동두천 공룡 쪽지, 공룡 전망대이다.

- 한국 공룡 발굴지 : 기존 입구의 공룡 발굴지 그래픽 뒤집기 패널이 관람객

이 무심하게 지나가는 공간이 되어, 이곳을 그래픽과 한국 발굴지의 패널로 바꾸고, 동두천에서 공룡 발굴이 있었는지를 질문하며 전시 체험을 흥미있게 시작하도록 유도하였다.

[그림 8-23] 상상 속의 동두천 공룡 쪽지 미디어 프로그램

- 공룡 화석 레플리카 : 시중에서도 흔하게 볼 수 있었던 공룡 퍼즐 2점을 철거하고, 박물관답게 공룡 알, 공룡 발톱, 공룡 이빨의 레플리카를 설치하여 만질 수 있게 하였다. 또한 설명 판에 공룡 크기들을 비교하고 공룡 그래픽도 삽입하여 실제 정보도 제공하였다.

[그림 8-24] 상상 속의 동두천 공룡 쪽지 출력물

- 공룡 소품 및 알 품기 : 입체 공룡 퍼즐을 철거하고, 아동들이 좋아하는 공룡 알 품기과 공룡 꼬리와 모자 패브릭을 제작하여 공룡 역할놀이를 하게 하였다. 가족 관람객이 사진을 찍어가는 전시품이 되기도 하였다.

- 상상 속의 동두천 공룡 쪽지 : 기존에 있었던 프로그램인 공룡 부위를 마음대로 맞추고 구성해보는 미디어 퍼즐에 추가적으로 공룡 이름도 지어보고 쪽지에 출력해서 아동 관람객이 가져가도록 하였다. 공룡 이름에 의미가

있음을 알게 된다. 미디어 모니터가 상하로 길다 보니 부모님과 아동이 상호 역할을 자연스레 나눠서 터치하며 아주 인기있는 전시로 아동들이 길게 줄서서 있기도 한다. 은유적으로 동두천에는 공룡이 출현하지 않았음을 알리는 출구 부분의 전시이기도 하다.

– 공룡 미디어 전망대 : 전시품 2점을 철거하고 만든 전시인데 매우 실망스러운 전시품이다. 처음의 의도와는 다르게 직원들의 여러 의견을 수렴하여 대형 미디어 인터렉티브를 개발하여 설치하였다. 아동들이 비교적 좋아하는 공룡 5점을 출현시켜 관람객이 움직이면 공룡들이 관람객을 따라서 좌우 방향으로 이동하고 소리를 낸다. 그럼에도 불구하고 전시품의 뒤에 있는 작은 공룡 피규어를 유아들은 더 좋아하고 즐긴다. 역시 유아들은 미디어보다는 3차원의 실물 모형을 더 선호함을 증명해주는 전시품이였다.

[그림 8-25] 공룡 미디어 전망대
– 전면에는 공룡 발자국 테이블로 유아들이 더 선호한다

[그림 8-26] 박물관 출구의 공룡 종이 가면
– 집으로 가져가서 박물관 경험을 연장하게 한다.

추가적으로 공룡존의 전시품 개발과 더불어 전시 연계로 여러 가지를 제작한 것들을 기술하고자 한다. 그래야 전시 경험의 질을 더 올리고 강조할 수 있다.

- 출구 전략 : 공룡 종이 가면을 제작하여서 자유롭게 집으로 가져가도록 하며 박물관의 경험을 연장시키도록 한다.
- 온라인 프로그램의 공룡 체조 개발 : 코로나 상황으로 인하여 공룡 콘텐츠를 이용한 공룡 체조를 자체 개발하여서 직원들과 아동들이 춤과 노래하는 것을 촬영하여 박물관의 홈페이지에 유튜브로 상영하고 있다.
- 공룡 앱 개발 : '공룡이 나타났다 Arsaurus' 앱 프로그램을 개발하여서 관람객이 자신의 핸드폰으로 다운로드를 받으면 언제, 어디에서나 공룡 5종이 자신의 핸드폰에 나타나며 본인과 사진찍기 가능하다. 대형 공룡과 자신의

[그림 8-27] 온라인 프로그램의 공룡 체조 개발

크기를 조절하여 스케일감을 느낄 수도 있다.
- 공룡 수집 활동지 : 공룡존 콘텐츠 강화를 기념
하여 한달 간 진행하였다. 전시 경험 후 자유롭
게 테이블로 와서 공룡 스티커를 쇼케이스가
그려진 활동지에 부착하여 종이 진열장에 전시
해 보도록 하며, 이름도 의미를 파악하며 지어
도보록 하였다. 사우루스는 도마뱀, 랍토르는
도둑, 데이노는 무서운, 트리는 셋, 한국은 코리
아노를 알려주고 이름을 지어보게 하였다.

이에 한 가지를 더 언급하고자 한다.
경기북부어린이박물관의 시그니쳐 전시는 3개층
높이의 대형 공룡 클라이머가 건물의 중앙에 존재

[그림 8-28] 공룡 앱 개발

한다. 아동들이 매우 좋아하는 인기 전시물인데, 이것이 개관 초기에 고증없이
이뤄지다보니 공룡 시대에는 없었던 야자수가 전시품 디자인으로 되어 있다.

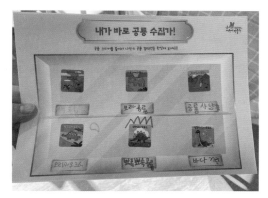

[그림 8-29] 공룡 활동지
- 내가 바로 공룡 수집가 !

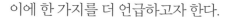

이름	뜻
사우르스(saurus)	도마뱀
랍토르(raptor)	도둑
미무스(mimus)	모방꾼, ~을 닮은
프로(pro, proto)	초기의, 원시의
데이노(deino)	무서운, 끔찍한
벨로키(veloci)	날렵한
케라(cera)	뿔이 달린
로포(lopho)	볏이 달린
톱스(tops)	~가 있는 얼굴
투스(thus)	턱
니쿠스(nychus)	발톱
오돈(odon)	이빨
모노(mono)	하나
디(di)	둘
트리(tri)	셋
파키(pachy)	두꺼운

[그림 8-30] 공룡 작명의 의미 자료

사진은 현재의 모습인데, 야자수를 철거하고 설치하기에는 비용과 일시 폐관을 고려해야하며, 리프트 반입도 되지 않은 공간 여건 등 고민 끝에 램프 양쪽으로 당시의 환경 이미지들의 나무 그래픽을 대형 배너로 설치하도록 아이디어 냈다. 이를 설치하려고 하였으나 당시 직원들의 여러 가지 의견들이 나와서 아직까지 설치는 못한 상태이다. 여러분들은 어떤 것이 더 나은 것이라고 생각하는가? (ACM의 세션 발표를 듣고 있었던 참가자들은 대형 배너 설치를 박수치며 환영하였다.)

[그림 8-31] 현재 공룡 클라이머존

[그림 8-32] 공룡 클라이머존
– 대형 배너 이미지 설치 시뮬레이션

(4) 2023년 영아존 콘텐츠 강화

영아존은 36개월미만의 영아 자녀와 보호자들이 오는 공간으로 주제가 '바다'였다. 숲과 생태의 주제에 맞는 공간이 아니며, 기관 건물이 산언덕 속에 위치하여 매우 습하고 자연광이 없어서 공간의 교체도 고려하고 주제도 바꿀려고 고민하였으나 역시나 가장 큰 조건인 예산이 허락하지 않았다. 이에 영아는 별도의 공간 주제로 '바다'를 그대로 수용하고 콘텐츠 강화 계획을 잡았다. 옅은 바다인 해변, 중간 바다, 깊은 바다의 3개의 레이어로 되어 있어 이 설계에 맞추어 기획하여 총10점을 추가 제작하였다.

- 미디어 바다 : 매우 작은
룸이 있어, 이곳은 전면
미디어 바다 공간으로 조
성하고, 바닷 생물 및 파
도와 관람객이 인터렉티
브를 하도록 하였다. 전
시장에 있었던 바다생물
패브릭을 가져와서 미디
어 바다에서 노는 영아들

[그림 8-33] 미디어 바다 – 설치 전과 후의 모습

을 발견하기도 하였다. 이는 결정적으로 영유아들에게는 실물의 3차원 체
험물을 선호하는 것을 정확히 알려주는 반증이었고 미디어는 부수적인 지
원 체계이여야 할 것으로 판단되었다.

- 대왕문어 다리잡기 : 깊은 바다 속 대왕문어만이 벽체에 환경조성이 되어
있어서, 이를 탄성이 있는 패브릭 다리로 제작하여서 영아가 다리를 잡아
보도록 활동으로 기획하였다. 다리가 커서 보호자가 먼저 잡아보며 자녀에
게 활동을 유도하는 모습이 관찰되었다.

- 바다 속 오케스트라 : 이발
소를 상징하는 것 같고
무거웠던 착시 전시를 철
거하고, 바다 생물들의
울음소리를 들어볼 수 있
도록 생물 사진과 소리를
제작하여 설치하였다. 영
아는 붉은 색 버튼이 눈
에 잘 띄니 눌러보고, 벽

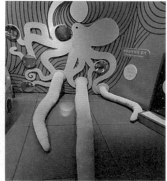

[그림 8-34] 문어 다리잡기 활동 – 설치 전과 후의 모습

면에서 사진 뒤에 조명이 들어오면 생물의 울음소리가 들리는데 영아들은 5종의 버튼을 모두 누르기도 했다. 이는 마치 오케스트라의 하모니 같이 들린다. 어른들도 힐링이 되는 장소이다.

[그림 8-35] 문어 다리잡기 활동
– 설치 전과 후의 모습

- 이외에도 해변 몽돌쌓기, 홀로그램 범고래, 오징어 점프숏, 산호초 부착하기, 출렁이는 바다속 땅, 바다 속 터널, 심연의 보호생물들을 기획하여 제작되었다.

4) 관람객의 반응

(1) 관람객 반응 관찰

전시를 설치 한 후에는 관람객 반응을 보는 것이 학예사들의 커다란 즐거움이다. 모든 시간을 전시장에 있지 않기 때문에 전시장 운영 직원들에게 반응을 물어보면 가장 정확하다고 할 수 있다.

> "관람객이 만족감을 느끼는 것은 아이가 놀 수 있는 많은 콘텐츠 수와 시설의 깔끔함이기 때문이예요. 예전에는 영아존 들어가면 아이들은 놀게 두고 부모가 쉬는 경우가 많은데, 리뉴얼 후에 같이 체험할게 많아지니 부모와 같이 체험하는 경우가 눈에 잘 보이네요."

전에는 부모님들이 자녀와 오시면, 자녀는 공간에서 혼자서 놀게 하고 상호작용이 없는 편이었는데, 전시품의 10점의 제작으로 상호작용 꺼리들이 많아져서 자녀들과 상호작용을 할 수 있게 개선되었다고 보인다. 특히 오징어 점프 슛, 대왕문어 다리잡기, 산호초 부착하기, 바다속 터널, 바다속 오케스트라에서 부모-자녀 상호작용을 자주 찾아볼 수 있었다.

(2) 관람객 인터넷 반응

한국에서는 인터넷 블로그에서 부모님들이 정보를 올리면서 상호 도움을 주고 받는다. 특히 개인 블로그를 보면 기관의 인기나 반응을 알 수 있어서 매우 도움이 된다. 하단은 비교적 반응이 좋았던 영아존의 블로그 정보이다. 특히 영아 관람객들은 기관마다 10여년 전부터 매우 늘어나는 세계적인 추세인데, 광고성이 없는 개인 블로그를 통해서는 비교적 정확한 정보를 제공하기도 한다.

(3) 관람객 설문조사 결과

기관에서 하고 있는 관람객 설문 조사를 2개 년도를 비교해보면, 관람객들의 객관적인 통계가 나와서 예측을 할 수 있고, 사업 수행한 결과치나 향후 사업 수행때 매우 도움이 된다.

살펴볼 것은 대상 연령인데, 2년치를 볼 때 57-64%를 차지하면서 영유아가 가장 많은 연령대이다. 또한 서울시의 관람객들이 다소 증가한 모습을 볼 수 있다.

특이할 만한 점은 재방문율인데 2021년에는 41%였고, 2022년은 51%로 관람객의 과반수 이상이 재방문을 한다는 점이다. (물론 설문조사에 응한 사람들은 관람객의 일부이긴 하다. 그러나 객관적인 매우 중요한 데이터이다.) 따라서 이런 점을 고려하여 콘텐츠에 반영해야할 필요가 있다. 재방문율이 과반수로 높은 것을 보면 추진하였던 연차적 리뉴얼 콘텐츠 강화들이 관람객 만족도에 기여하는 것으로 보이며, 향후 전면 개편은 예산상 어려워도 연차적이고 지속적 부분 강화를 하는 것은 바람직한 방향으로 보인다. 전시 체험만족도는 90% 이상이 나왔다.

〈표 8-3〉 관람객 설문조사 비교표[181]

	2021년	2022년	분석
방문 연령	만4세~취학전(30%) 만1세~만3세(27%)	만4세~취학전(41%) 만1세~만3세(23%)	영유아 중심
거주지	경기도(74%) 서울시(23%)	경기도(60%) 서울시(31%)	서울 시민 증가(30%)
재방문율	재방문(41%)	재방문(51%)	재방문율이 첫방문율 보다 더 많아짐
존별 전시체험 만족도	계곡물존(93%) 숲생태존(92%) 공룡존(88%)	영유아존(93%) 숲생태존(78%)	• 2021년 모두 신규 기획 갤러리 • 숲생태존 항시 인기 • 2022년 영유아존 인 기(신규 개편) • 계곡물 고장률
전시체험 만족도 (5점 척도)	93%(만족+매우 만족)	95%	• 조금 더 상승

4. 결 론

경기북부어린이박물관은 테마놀이터와 같았던 공간을 2020년부터 2022년
까지 3년에 걸쳐서 어린이박물관의 콘텐츠로 재이미지 수립을 시도하였다.

클라이머존을 제외한 모든 갤러리의 100여점의 전시를 다시 제작하거나 강
화하여 리뉴얼하였다. 어린이박물관의 모습을 갖추어 간 체험 전시물의 요건
들은 아래와 같다.

---

181 경기북부어린이박물관, 2022, 「2022년 경기북부어린이박물관 관람객 설문조사 결과보고
서」, 경기문화재단

- 전시 연출면에서 실물 사진, 실물 오브제, 레플리카, 실제 세상과 온/오프라인 미디어의 연결로 체험전시를 이뤘다. 또한 '숲 생태' 주제의 상설전에 맞는 맥락적인 환경 연출을 시도하였다. 실제 세상과의 연결은 어린이박물관의 전시 콘텐츠의 중요 포인트이다.
- 발달 측면에서 아동의 흥미와 아동 발달에 따라 기획되었다.
- 운영 측면에서 전시품은 유지 관리의 용이하도록 하고, 안전하게 교체 되었다.

이에 따라 경기북부어린이박물관은 숲, 생태, 환경의 특화된 정체성으로 수립하면서, 수도권의 50% 이상의 관람객이 재방문하는 교육과 문화적 기관으로 기여하고 있으며 수도권의 어린이박물관으로써 공헌을 하고 있다. 향후에도 부분이라도 연차적으로 지속적인 리뉴얼이 필요하다고 간주된다. 앞으로도 박물관은 부던한 정진을 해 나갈 것이다. 감사합니다.

참고문헌

경기북부어린이박물관, 2022, 「2022년 경기북부어린이박물관 관람객 설문조사 결과 보고서」, 경기문화재단

Jinhee Kim, 2023, "Reimaging : Conversion from a theme playground to a children's museum", *MearningfulMoments of Play-Based Learning in K-Institution : Case Studies From South Korea*, ASSOCIATION OF CHILDREN'S MUSEUM 2023 INTERACYIVITY

8-2. 어린이박물관의 조부모 전시 관람객 반응 소연구[182]

1. 서론

한국에서 어린이박물관이 첫 개관한지 벌써 30년이다. 어린이박물관 개관은 아동과 가족의 나들이 장소가 되면서 수많은 관람객을 맞이하였고, 박물관계에 아동과 가족을 끌어들이는 엄청난 대상의 확장이 되었다. 그러면 과연 관람객 측면에서 볼 때 어린이박물관은 아동과 가족들에게 어떤 영향을 주는가? 국내외에 책자나 연구에 의하면 다양한 양상을 폭넓게 보이기도 하나, 결국 하나의 지향점인 개인적인 배움에 기여하고 가족 간의 관계에 영향을 미친다는 것이다. 이에 따라 본 논고는 어린이박물관의 목적이기도 한 아동의 학습에 대한 호기심과 동기유발, 세상의 대한 이해 등이 명시된 세계어린이박물관협회의 내용에 대한 작은 검증이라고 사료된다.

현대 사회는 이제 핵가족 시대를 넘어서 다양한 가족의 형태가 나타나기도 하지만, 경기도어린이박물관을 찾는 관람객의 대부분은 핵가족 형태였다. 직장모의 경우 조부모가 손자녀를 양육한다 해도 타인에 대한 이해는 즉, 조부모에 대한 이해는 아동의 발달상 이해하기가 어렵다. 따라서 조부모에 대한 이해나 조부모에 대한 감정적 이해는 아동들에게는 이해하기 어려운 대상일 수 밖에 없다. 심지어는 부모인 우리들도 관계에 따라 부모와 긍정적인 관계를 형성

---

[182] 본 연구는 하와이 호놀룰루에서 개최된 제4회 Asia Pacific Children's Museum Conference (2016) 에서 한 발표를 기반으로 이론적 배경과 논고를 재구성 하였다.

한다고만 하기에는 어려운 여건이다. 이에 시대적으로 열심히 삶을 살아간 조부모들이지만 지금은 사회의 변화, 심지어 디지털 사회 문화와 더불어 그들에 대한 경외심이 사라진 환경에서 조부모에 대한 이해와 공감을 위해 경기도어린이박물관에서 필자가 근무할 당시에 전시를 의도하며 기획 추진하였다.

본 연구는 1년간 전시되었던 조부모에 관련된 콘텐츠를 어린이박물관 관람객인 유아와 초등생을 대상으로 하여 동반된 성인 보호자들도 함께 관람객 반응을 인터뷰 진행하였다. 전시품은 총 14점으로 구성되었고, 전시품의 목적에 따라서 인지적 이해, 정서나 관계, 태도와 행동으로 크게 3종으로 나눠서 구성되었다. 전시품 출구 조사를 거쳐서 관람객의 반응이 어떠한지를 5개 문항의 질문을 하고 그 결과를 살펴보았다.

2. 본 론

1) 이론적 배경

(1) 어린이박물관과 학습
미국에서 1899년 브루클린 어린이박물관을 개관함으로써 박물관계에서 어린이가 관람객 대상으로써 차별화되는 박물관을 알리기 시작하였다. 이후 1960년대 보스톤어린이박물관장 마이클 스폭(Michael Spock) 관장에 의해 물리적 상호작용인 어린이 발달에 맞는 혁신적인 기법인 핸즈온(hands-on)전시[183]를 선보였다. 이 핸즈온 전시는 100년 이상의 역사를 가진 보스턴어린이박물관이 전 세계를 선도하는 기관이 되도록 이끈 이유이기도 하다.[184] 국내에서는 1995년 삼성어린이박물관의 첫 개관으로 국내 박물관계에서 어린이가 관람객 대상자로 인정 받기 시작하였다. 우리는 국내 30년의 역사를 바라보게 되는데, 한국어린이박물관협회에 등록한 기관은 약 30여 기관에 이른다.[185]

박물관과 학습에 관하여서는 포크와 디어킹(Falk & Dierking)의 맥락적 학습모델(The Contextual Model of Learning)[186]이 있는데, 어린이박물관의 아동과 가족 관람객에게 가장 잘 적용이 될 수 있는 모델로 파악된다. 어린이의 폭은 만0~12세까지 폭이 매우 넓고, 동반되는 보호자 즉, 부모, 조부모, 친인척 등 3세대가 교차되는 등 관람객의 연령 폭이 매우 다양하기 때문이다. 포크와 디어킹은 학습을 세 개의 맥락(개인적, 사회적, 물리적)이 시간을 관통하며 지속적인 의미 구성을 위한 끝없는 통합과 상호작용이라고 보는데, 이를 어린이박물관에서 보면 어린이의 개인적 맥락은 경험, 흥미, 발달 등의 맥락이고, 사회적 맥락은 함께 동반한 가족, 교사, 친지 등의 보호자이며, 물리적 맥락이라 함은 어린이박물관의

---

183 핸즈온 전시, 즉 체험 전시하고 불리기도 하는데, 이 기회에 한 가지를 밝혀두면 우리 뇌의 구조상에서 핸즈온과 마인즈온은 둘로 양분되기는 어렵다. 물리적인 조작 활동인 핸즈온이 손의 조작을 통하여 뇌에 자극을 주고 인간의 사고를 불러일으키며, 우리가 로봇이 아닌 이상 정서 감흥은 차이가 사람마다 다를 수 있으나 핸즈온의 자극은 정서적인 영향을 불러일으키기 때문이다. 따라서 어린이박물관계에서 유행처럼 회자되었던 단어인 핸즈온, 마인즈온, 심지어 하트온, 이런 단어들은 인간의 뇌에서 일어나는 동일한 연속적인 작용으로 간주할 수가 있다.

184 강희수, 김진희 외 6인 (2017),『전시 A to Z』, 서울 : 한언출판사, p175

185 글을 쓴 시점에 따라서 등록 기관 수는 차이가 있다.

186 Falk & Dierking (2007)『박물관교육의 기본』, 노영 외 3인 역(원제 *Learning from Museums*, 원저 2000 출판, 서울 : 미진사, p27

체험적인 전시와 아동에게 안전한 환경으로 볼 수 있다. 따라서 이러한 세 가지의 맥락은 아동의 어린이박물관 경험을 통한 개인 학습의 동기 유발과 가족 간의 관계를 독려하는 요소가 되기도 한다. 존과 디어킹에 따르면[187] 가족들은 박물관 방문 동안 대부분의 시간을 대화로 보내며, 동시에 그들이 아는 바를 공유하고 협력하여 함께 더 많은 지식을 발견하고자 노력한다고 하였다. 또한 부모들에게 선행 경험과 가족사들을 강화할 기회를 제공하고 가족 구성원들 사이에서 공유된 이해에 의해 '지식의 축적(funds of Knowledge)'을 발전시킬 기회를 제공한다[188]고 언급하였다. 따라서 가족 간의 박물관에서의 경험은 대화를 통한 가족 간의 상호작용 그리고 선행 경험과의 연결에 따른 지식의 확장으로 이어진다고 할 수 있겠다. 더불어 린 디어킹[189]은 박물관의 경험을 가족간의 모델링에 의해서 '협력 학습(collabolative learning)'과 '독립 학습(independent learning)'에 이르기까지 하나의 가족 학습 양상의 연속체로 발전시켰다. 이는 보런(M. Borun et al)의 연구에서도 드러나는데 학습이 개인의 뇌 속에 일어나고 거기에 집단 효과도 존재한다고 하여, 개인의 학습적 경험은 가족 구성원들에 의해 영향을 받고 새로운 요소가 투입되어 형성된다고 하였다. 즉, 박물관을 방문하는 가족 집단은 함께 지식을 저장하고 이것은 잠재적 에너지와 유사한 '잠재적 학습'으로 간주한다[190] 하였다. 또 포크와 디어킹은 자녀와 가족 간의 박물관 경험이 긍정적인 기억을 유발하고 가족 관계를 촉진하는 박물관 연구도 하였다.

---

187 Falk & Dierking , 앞의 책 (2007), p119
188 Falk & Dierking , 앞의 책 (2007), p119
189 Falk & Dierking , 앞의 책 (2007), p120
190 Hein,G,E,(2015),『박물관 교육론』, 안금희 외 3인 역 (원저 *Learning in the museum*, 원저 1998 출판), 서울 : 학지사, pp274~275

이렇듯이 박물관 경험으로 가족 간의 대화나 가족 모델링들은 가족들의 지식을 확장하고 박물관에서 다양한 학습을 독려한다고 할 수 있겠다. 따라서 이는 어린이박물관에서의 경험으로도 적용이 될 수 있는데, 특히 어린이박물관은 자유 선택적 경험이 중요시되는 기관이다. 아동이 자기 흥미에 따른 주도적인 관람 경험은 기억을 지속하여 배움을 최적화하게 만드는 요인이 될 수 있겠다. 아동의 발달 연령의 폭이 큰 어린이박물관들은 개인별 흥미나 선행 경험 등에 따라서 그들의 학습이 매우 개인적으로 다양한 모습을 지닌다고 할 수 있겠다. 하인(G.E.Hein)[191]은 박물관에서 아동은 스스로 동기를 부여하고 환상적 놀이에 참여하고 조사를 수행하며 전시물들과 상호 교감한다. 그들은 전시 설계자들이 의도하여 전시한 것을 학습하지 않고, 그들은 전시물과의 가벼운 상호작용으로부터 개인적이고 사회적 학습 내용을 추구하며 자신만의 관심 주제에 의해 학습한다고 언급하였다. 또한 울린스(I.S.Wolins)[192]는 가족들은 박물관의 전시 내용을 실제 세계와 연결시키며, 전시 내용을 집에서도 이야기함으로써 계속적으로 공유된 의미를 가지며 박물관과 가족을 연결시킬 수 있는 장점을 갖는다고 보고했다. 더불어 발리에(A.Baillie)[193]는 가족들은 박물관을 방문하는 이유로 가족이 함께 배우는 것뿐 아니라 함께 즐거운 시간을 가질 수 있는 기회를 갖기 위해서 박물관을 방문한다고 동기를 밝히기도 하였다. 따라서 이런 연구들은 가족공동체로써 개인과 가족이 함께 학습을 이뤄나가며 가족 간이 긍정적인 상호작용을 독려하며 관계 형성을 촉진하는데 박물관이 기여함을 파악할 수 있는 근거가 되었다.

---

191 Hein,G,E,, 앞의 책(2015), p266
192 이경희, 김진희,(2007)「어린이박물관에서의 미술감상을 위한 설명문 일기행동 및 아동과 어머니간의 상호작용에 관한 연구」,『박물관학보』, 12~13호, p156
193 이경희, 김진희, 앞의 논문 (2007), p156

어린이박물관과 관람객의 연구 관점에서 볼 때, 몇 연구들을 언급하고자한다. 사이크스(M.Sykes)의 플리즈터치 뮤지엄(Please Touch Museum)에서의 연구(M.Sykes, 1992, 곽신숙,2017 재인용)[194]인데, 어린이에게 효과적인 놀이 경험이 되기위해서는 기술을 연습할 수 있는 시간을 제공하고, 기억 속에 새로운 정보를 저장하도록 체험식 전시가 아동의 주의를 이끌어 유지해야한다고 했다. 푸쉬너외(Puchner, et al)[195]는 어린이박물관에서 유아를 대상으로 체험식 전시와 상호작용할 때 실제로 학습이 일어나는지를 관찰하여, 학습 유형을 원인-결과 학습, 소근육 학습, 정보 학습, 과정 학습, 개념적 인과관계 형태로 결과를 제시했고, 앤더슨 외(Anderson, et al)[196]는 유아를 대상으로 4개의 박물관 환경에서 연구를하였는데, 박물관 경험과의 관계에 대해 질문한 결과, 유아에게 친숙한 문호와맥락 속에서 제시된 박물관 경험이 기억, 즐거움, 그리고 학습의 강력한 중재자임을 확인했다.

국내 어린이박물관은 박물관계에서 가장 많은 관람객을 방문하는 기관이라많은 관심을 받기도 하였는데, 이는 국내 어린이박물관계에 대한 많은 논문과학술 연구들이 쏟아져 나오는 점으로 증명 될 수 있으며, 현재까지 약 100여편이상에 이른다. 그러나 관람객 연구는 극히 적은 편이라 여기서 두 가지를 언급하고자 한다. 어린이박물관에서의 연구로써 이경희와 김진희[197]는 아동은 박물관의 관람을 주도하고, 어머니는 아동과 첫 언어적 상호작용을 시도하는 학습의 중재자로써 박물관에서는 가족 학습을 위한 교육 활동을 선도해 나가야할

194 곽신숙 (2017), 「어린이박물관 관람경험 분석 연구」, 한양대학교 박사학위논문, p19
195 곽신숙, 앞의 논문(2017), p20
196 곽신숙, 앞의 논문(2017), p20
197 이경희, 김진희, 앞의 논문(2007), p170~171

것을 언급하였다. 또한 곽신숙의 서울의 모어린이박물관의 관람 경험 분석연구[198]가 있었는데, 개인적 선행 경험과 어린이박물관에서 흥미를 느낀 관람 경험이 시간에 흐름에 따라 기억의 층을 만들면서 계속 학습을 강화하는 것, 어린이박물관을 자주 방문하는 관람객은 가족 간의 관계가 향상되어 유아와 부모 간의 긍정적인 소통이 이뤄진다는 점이다. 이 두 연구에서 볼 때 어린이박물관에서의 관람 경험은 아동이 주도성을 가지고 학습으로 연결시키면서 의미를 생성한다는 점과 부모의 중재자로써의 중요성, 그리고 자녀 양육에 대한 어려움을 느끼는 현대 가족에게 가족 관계를 촉진하는 치료적이기도 한 긍정적인 역할을 한다고 볼 수 있겠다.

2) 연구 방법

(1) 어린이박물관의 조부모 전시 개요

경기도어린이박물관에서는 기획 전시를 기획하여 설치할 계획을 가지고 있었고 당시 필자가 관장으로 재직하고 있었다. 3세대가 교차하는 어린이박물관에서 조부모님들에 대한 이해를 돕기 위해서 전시를 기획하기로 결정하였다. 물론 전시 기획 시, 주제 선정의 주요 요소로서 관람객 설문 조사, 사회적 이슈, 아동 가족교육계의 이슈, 아동의 흥미 등을 종합적으로 검토했다.

- 전시 명은 「특별한 친구! 우리 할아버지, 할머니」기획 전시이다.
- 전시 기간은 2015년 10월 2일부터 2016년 8월 21일까지 였다.
- 전시품 수는 체험전시 총 14점으로 구성되었다.

---

198 곽신숙, 앞의 논문(2017), p120, 122

- 전시 목적은 어린이박물관 내 증가하고 있는 약 25%의 조부모 동반 관람객[199]에게 호소력 있는 전시를 추구하고, 3세대가 교차하는 어린이박물관에서 가족 친화 문화 형성에 기여하며, 경기도정의 주요 과제인 '공동체 회복'과 '활기찬 노년'을 반영하는 세대 통합적 전시를 추진하였다.
- 전시 구성은 각 전시물을 네 가지 소재로 분류했다. 첫째 관심과 만남, 두 번째 알아가기와 다가가기, 세 번째 교류와 소통, 마지막 관계 맺기이다. 최종 전시품은 총 14점으로 전시품의 목적이 다소 중첩되는 것도 있으나 가장 큰 목적을 이루는 것으로 결정하여 노화에 대한 인지적 이해 등이 8점, 정서 및 관계적 측면이 4점, 태도나 행동이 2점으로 구성했다.

〈표 8-4〉 최종 확정 전시품들

분류	목적	전시품	전시품 사진[200]	전시내용	연출방법 및 체험
관심 · 만남	행동/ 태도	〈인사〉 똑똑똑, 할아버지 할머니		대문을 열면, 패널 속 일러스트인 할아버지, 할머니의 모습 일부가 나타나며 서로 인사하기	문과 패널작동 (패널밀기)
	노화 이해	〈접촉〉 나도 할아버지, 할머니		노인의 외모를 대표할 수 있는 콧수염, 안경, 지팡이, 가발 등의 소도구를 착용하고 얼굴을 촬영하여 보는 조부모 모습의 놀이 체험하기	소도구, 카메라 및 프로젝터 (역할놀이 체험)

---

199 경기도어린이박물관(2014), 경기도어린이박물관 관람객 설문 조사 결과, 조부모 동반 관람객 25%

200 https://gcm.ggcf.kr/exhibitions/27, accessed dt. Sep. 29, 2023

분류	목적	전시품	전시품 사진[200]	전시내용	연출방법 및 체험
알아 가기 · 다가 가기	노화 이해	〈특성 이해〉 할아버지의 어려움		노화로 인해서 일상 속 어려움인 노화 (시력 노화, 청력, 손떨림, 인지 적 노화) 체험하기로 돋보기 들여다 보기, 약통 모형에 약 담기, 손목 손떨림 장치로 대형바늘에 실꿰기 등	테이블탑, 작동모형 (작동체험)
	꿈 이해	〈꿈 발견〉 할아버지의 새로운 꿈		노년임에도 할아버지, 할머니에게는 그들이 희망하는 꿈이 있음을 영상이 나 터치 라이팅 패널로 살펴보기	인터뷰 영상, 패널 (영상 터치)
	지혜 이해	〈지혜 발견〉 할머니의 지혜 보따리		인생 경험으로 우리에게 전통 지식과 생활 지혜를 발견할 수 있는 속담을 들려주는 것을 회전 패널을 돌리면 서 알 수 있는 평범한 할머니의 위대한 모습 발견하기	보따리 그래픽, 회전패널 (패널돌리기)
	애장품 이해	〈애장품 발견〉 할머니의 보물 상자		할머니가 애착을 가지고 있는 옛 물건과 이것이 현대에서는 어떤 물 건으로 변화되었는지 비교하며 탐색하기 (원앙새, 꽃신, 보자기 등)	모형, 쇼케이스, 대형 보물상자 (모형 만져보기)
	정서 관계	〈내편 발견〉 할머니는 내편		어떠한 상황에서도 할머니 할아버지 는 손자녀들에게 무한한 사랑과 애정을 보여주시는 모습을 알 수 있는 전시로 아동과 조부모의 일러스트 칩을 가까이 접촉하면, 내편을 들어주는 조부모님의 말이 전광판 글로 나타난다.	일러스트칩과 작동모형 (칩밀어보기)
교류 · 소통 하기	노화 이해	〈마음 열기〉 할아버지의 사진첩		할아버지의 어린 시절부터 현재까지 변화를 겹쳐지는 흑백 앨범으로 살펴보고, 그 옆에는 투명판에 내 미래의 노화 모습을 그려보기	테이블탑, 앨범, 그리기 도구 (그리기)

분류	목적	전시품	전시품 사진[200]	전시내용	연출방법 및 체험
교류 · 소통 하기	유전 이해	〈닮은꼴 찾기〉 할아버지와 닮았어요		손자녀와 조부모의 공통점을 찾아서 좌우 원통을 돌리며 퍼즐로 맞춰보기 예) 얼굴 외관, 눈썹, 눈, 입, 코, 손가락들의 길이 등	테이블탑, 퍼즐 (퍼즐맞추기)
	정서 관계	〈옛날 놀이〉 할아버지와 즐거운 시간		실뜨기 놀이, 보자기 싸기, 젖은 투명 붓펜으로 그리기 (서예 체험) 놀이 체험하기	체험 도구, 테이블 (놀이체험)
	정서 관계	〈서로가 필요해〉 도움 시소		노인과 아이가 서로에게 줄 수 있는 도움을 떠올려보고 한가지씩 말하면서 투명 원통의 도움 시소를 작동해 상호 도움이 됨을 알 수 있게 한다	작동 모형 (모형체험)
	행동 태도	〈방문 하기〉 미디어 연결놀이		미디어 인터렉티브로 프로젝션이 테이블탑 위의 집 그래픽이 투사되고 집들 사이에 나무 조각들을 연결하여 길을 만들면 길위로 그래픽 아동들이 걸어다니면서 집들 사이를 왕래한다.	인터랙티브 미디어, 테이블탑 피스들 (피스맞추기)
관계 맺기, 인생 찾기	정서 관계	〈표현 하기〉 슝 바람편지		조부모님께 쪽지에 편지를 써서 송풍관을 통해 날려보내면, 조부모님의 집 그래픽 우편함에서 쪽지를 받아볼 수 있다.	작동모형 (송풍 시스템), 쪽지 도구들 (쪽지적어 날려보기)
	인생 주기 이해	〈인생 단계〉 인생 자전거		출산부터 성장기, 성인기, 결혼, 출산, 노화까지의 인간 성장과 노화까지의 인생 주기들을 그래픽으로 볼 수 있도록, 아동들이 자전거를 타서 패달을 돌리면 슬라이드로 넘어가며 인생 단계그래픽을 볼 수 있다.	아동자전거와 프로젝터 (자전거타며 시각영상보기)

(2) 연구 절차

전시가 진행될 동안에 전시 효과를 검증하려고 관람객 반응 연구를 진행했다. 2016년 4월 2일부터 4월 30일까지 5주간 기획전시장 출구 조사로 아동과 가족 관람객 100가족을 인터뷰하였다. 연구는 아동과 부모 각각이 체득한 전시에 관한 선호, 학습과 관련하여 연구 문제를 설정했고, 그에 따라 다음과 같이 인터뷰 질문을 설정했다.

- 연구 기간 : 2016년 4월 2일부터 4월 30일까지 (5주, 주말) 상반기 학기 중 주말에 이뤄졌다.
- 대상 및 수 : 아동과 가족 관람객 100 가족(자녀 만4~11세 및 부모이며, 어린이는 초등 35명과 유아 65명으로 구성되었다)
- 연구 방법 : 기획 전시 출구에서 전시 관람 확인 후 가족 질문 인터뷰로 진행하였고, 이를 현장에서 기록화하여 진행하였다. 면담을 중심으로 한 사례 연구에 속한다.
- 연구 절차

  박사 수료 2인이 질문을 작성 후 상호 검토하고, 인터뷰는 대졸 자원봉사자에게 의뢰하였다. 일주일 동안 사전 조사에서 도출된 것은 만3세 미만은 관람 반응을 수렴하기가 어려워서 제외하고, 유아는 대답이 어려운 경우 부모님께 도움을 청하여 유아의 의사를 파악하도록 하였다.
- 연구 문제

  인터뷰 분석의 기준이 된 연구 문제는 〈아동의 학습〉, 〈아동이 좋아한 전시품〉, 〈아동의 새로운 학습에 기여한 전시품〉, 〈부모가 바라본 아동의 학습〉, 〈부모의 학습〉과 같이 5개로 설정하였고 그에 따라 인터뷰 결과를 분석했다.

  연구 문제 1) 전시 관람 후 아동의 학습이 일어났는가? (배움이나 느낀 점이 있는가?)

연구 문제 2) 아동이 조부모 전시에서 좋아한 전시품은 무엇인가?

연구 문제 3) 아동의 조부모 전시에서 새로운 학습에 기여한 전시품은 무엇인가?

연구 문제 4) 부모가 바라본 아동의 학습은 무엇인가?(배우거나 느끼는 것이 있는가?)

연구 문제5) 부모도 학습이 일어났는가?(배우거나 느끼는 것이 있는가?)

- 인터뷰 질문

질문 1) 아동은 관람 후 배우거나 느낀 것이 있는가?

질문 2) 아동이 제일 재밌거나 좋아했던 전시품은 무엇인가?

질문 3) 아동이 조부모에 대해서 이해 못했던 점을 가장 잘 배울 수 있었던 것은 어떤 전시품인가?

질문 4) 엄마 혹은 아빠는 관람 후 아동이 배우거나 느낀 것이 있다고 생각하는가?

질문 5) 엄마 혹은 아빠는 관람 후 본인이 배우거나 느낀 것이 있다고 생각하는가?

- 자료 분석

관람객 인터뷰 결과의 분석은 '현대 부모 및 가족 지원 프로그램' 201의 내용 선정시 고려할 사항 중 신념/태도, 정보/지식, 행동/기술의 3개 초점이 있는데 이를 참고하고, '박물관 교육의 학습 효과에 관한 연구' 중 학습 효과 분석을 위한 평가 항목과 평가 내용인 인지적 측면(지식,기술), 정서적 측

---

201 김희진(2005),『현대 부모 및 가족 지원 프로그램 : 포괄적 관점』, 서울, 창지사, p136

면(태도, 행동)202 을 참고하였다. 이에 따라 결과는 행동/태도, 인지/이해, 정서/관계와 같이 총 세 가지 측면으로 면담 결과를 분류했다. 또한 결과 자료는 아동과 100 가족을 백분율로 환산하여 결과를 처리하였다. 인터뷰 자료 분석은 박사 수료 2인, 석사 1인, 대졸 1인 총 4인이 진행하였다.

- 평가 기준

평가 기준 1) 행동(행동변화 계기)/태도 – 조부모님께 연락 및 안부 인사를 해야겠다, 조부모님을 방문해야겠다, 효도 및 공경을 해야겠다는 실천 계기를 언급한 것 등

평가 기준 2) 인지/이해 – 신체 노화나 인생 주기에 대한 이해, 나의 부모나 나의 노년 혹은 나의 가족 3세대에 대한 이해, 부모님의 입장에서 자녀 교육이나 학습에 유익하다는 생각 등

평가 기준 3) 정서/관계 – 감성적인 영향으로써 그리움, 즐거움, 감동적이다, 마음이 찡하다, 따뜻하다 등이 있고, 긍정적인 정서 형성으로는 감사, 존경, 사랑과 소중함, 긍정적 관계 형성의 친근감이나 유대강화 등

3) 연구 결과 및 해석

아동과 가족 관람객 100가족(자녀 만4~11세 및 부모, 분류 : 초등 35명, 유아 65명203)을 대상으로 한 연구 결과는 아래와 같다.

첫째, 아동들의 학습은 인지면에서 가장 많은 학습을 했다는 응답이 33%, 정

202_ 차 샘(2018), 「박물관교육 참가자의 학습동기에 따른 학습효과에 관한 연구」, 『어린이와 박물관 연구』 제15호, p112

203_ 이는 상반기 학기 중에 주말 아동 가족 관람객의 분포를 극명하게 잘 보여주는 유아와 초등생의 비율로 보인다.

서면에서 그 다음 순으로 많은 학습 응답이 30%로 비율을 보였으며, 인지 중에서는 신체적 어려움(노화)를 가장 크게 인식했고, 다음으로는 정서에서 감정적 영향(그리움, 즐거움)으로 나타났다. 유아와 초등의 대상별로 확실히 차이가 있었는데, 유아가 정서적 영향으로 조부모에 대한 그리움, 즐거움에 가장 많은 응답을 차지했고, 초등은 인지적 면에서 신체적 노화에 가장 많이 학습했다고 응답했다.

둘째, 아동이 가장 좋아하는 전시품은 유아와 초등을 모두가 동일하게 나타났으며, '슝 바람편지' 42%로 그 다음 순은 조부모 역할놀이(미디어) 17%였다. '슝 바람편지' 전시품은 아동이 쪽지에 조부모에게 보내고 싶은 문구를 적어보고, 이 쪽지를 빠른 움직임으로 날려보고, 더하여서 쪽지를 받아보는 결과까지 있어 가족 간의 긍정적 상호작용을 촉진한다고 사료되며, 더불어 하나의 전시물에 직접적인 세가지 행위가 있으며, 바람에 날려보는 것은 아동들이 매우 선호하는 전시품으로 파악된다. 이는 페리(Perry)[204]의 학습을 이끄는 성공적 박물관 경험의 6가지 요소(호기심, 확신, 도전, 통제, 놀이, 의사소통) 중에서 '의사소통'이 가장 잘 일어날 수 있는 '쪽지'까지 있는 것으로 보인다. 두 번째로 좋아한 '조부모 역할놀이(미디어)' 전시품은 17%이였는데, 이중 초등생 10명이 선호하여 초등생은 미디어와 역할놀이 두가지로 결합된 좀 더 복잡한 전시를 선호하는 것으로 보여진다.

셋째, 아동이 새롭게 학습한 것 전시품에 대한 응답으로는 인지에서 조부모의 신체적 어려움이 30%로 가장 많은 비중을 차지했다. 새로운 학습은 첫 연구

---

204 Hein,G,E,, 앞의 책(2015), p 283

문제인 아동의 학습 결과와 동일하였고, 이는 결국 전시품을 통해서 새로운 것을 배우고 학습을 한다는 것을 시사한다. 아동 대상으로 볼 때도 역시 차이가 있었는데, 유아는 전시를 통해서 녹내장, 백내장과 같은 시각의 노화를 새롭게 학습했다는 응답이 22%로 가장 높았으며, 이는 손에 바로 들어 돋보기로 볼 수 있는 시각적 전시 기법으로 되어 있었던 것이고, 초등은 노인의 바늘 꿰기와 같은 촉각의 노화를 새롭게 학습할 수 있었다는 응답이 19%로 가장 높았다. 이는 유아나 초등은 발달에 따라서 전시 기법도 다르게 기획할 검토가 필요하다는 시사성이 있기도 했다.

넷째, 부모가 생각하는 아동의 학습은 인지가 23%로 가장 높았고, 이 중에서 인생 주기(자전거타기)로 가장 많았다. 아동의 학습이나 새로운 학습에 기여한 전시품인 인지와는 동일 하나, 아동과 부모의 견해가 전시품에서는 차이가 있었다. 아동의 학습과 새로운 학습에 기여한 전시품인 인지 중 '신체적 어려움' 전시품과 부모가 생각하는 아동 학습의 전시품은 '인생 주기'로 인생 전반의 조망을 배웠다고 부모들은 응답하였다.

다섯째, 부모의 학습은 인지가 28%로 가장 많았는데 주로 나의 부모, 자신의 노년과 가족을 생각하였다고 답하였다. 답이 주로 인지적인 측면이었으나 대답을 볼 때는 3세대에 걸친 사고와 자신의 노년까지를 생각하는 전시 전반에 걸친 전반적인 통찰이 일어났다고 파악된다. 어린이를 대상으로 한 전시이기 하지만 동반되는 성인인 부모들도 인생과 가족을 생각하게 하는 배움이 있었다.

〈표 8-5〉 기획전 '조부모' 관람객 반응 결과표

연구 문제	인터뷰 분석	
	아동 종합[205]	아동 대상 분류별[206]
(1) 아동의 학습	• 인지/이해가 33명으로 정서/관계가 30명 순으로 나타났다. • 인지/이해 중에서는 신체 어려움(노화) 19명으로, 정서/관계 중에서는 감정적 영향(그리움, 즐거움)이 15명으로 제일 많이 응답이였다.	유아는 정서/관계가 23명(35%)으로 그 중에서 감성적 영향(그리움,즐거움)이 가장 많았다.
		초등은 인지/이해가 14명(40%)으로 그 중에서 신체적 노화를 가장 많이 인지하였다.
(2) 아동 좋아한 전시물	• '슝 바람편지' 전시물로 42명이 가장 많았다. 두 번째로는 '조부모 역할놀이(미디어)'가 17명으로 나타났다.	유아는 '슝 바람편지'에서 30명(46%)이 좋다고 언급하였다.
		초등은 '슝 바람편지'가 12명(33%)이며, 두 번째가 '조부모 역할놀이(미디어)' 10명(28%)으로 언급하였다.
(3) 아동의 새로운 학습에 기여한 전시물	• 조부모의 '신체적 어려움' 전시물이 30명으로 전시물 내에서 백내장 및 녹내장 안경 17명, 바늘에 실꿰기 13명으로 응답하였다. * 무응답 22명을 제외	유아는 조부모의 '신체적 어려움'중에서 - 백내장 및 녹내장 안경 14명(22%)으로 제일 많이 응답하였다.
		초등은 조부모의 '신체적 어려움'에서 바늘에 실꿰기 7명(19%)으로 제일 많이 응답하였다.
(4) 부모가 바라본 아동의 학습	• 인지/이해가 23명으로 가장 많았다. 이중에서 '인생 단계(자전거타기)' 전시물이 8명으로 가장 많았다. * 구체적이지 않은 응답을 제외	
(5) 부모의 학습	• 인지/이해가 28명으로 가장 많았다. 이 중에서 나의 부모, 노년, 가족을 생각하는 사람이 22명으로 가장 많이 응답하였다.	

---

205 인터뷰 아동수 100명중 유아, 초등 구분없이 백분율(%)로 환산하였고 인원수과 백분율이 동일하다.

206 인터뷰 유아는 조사 인원수 65명을 기준하여 백분율로, 초등은 35명을 기준으로 백분율로 환산하였다.

3. 결 론

1) 결 론

국내 어린이박물관이 1995년 개관한 이래 수 많은 어린이 기관들이 생겨났고, 이에 따라 배움이 있는 가족 나들이 공간이 되면서, 아동과 가족 문화 창출에 많은 기여를 했다. 경기도어린이박물관에서 1년간 전시한 '조부모' 전시를 통해 관람객 반응을 파악하기 위한 인터뷰 조사로 아동과 가족 100가족에게 실시하였다. 상기 작성된 결과들을 고려하여 도출된 결론을 서술하면 다음과 같다.

첫째, 경기도어린이박물관의 '조부모' 기획전은 아동과 부모의 학습, 즉 배움에 기여한다. 학습은 인지적인 내용이 가장 많았는데, 같은 전시임에도 대상에 따라 학습 내용의 차이를 볼 수 있었다. 아동은 신체적 노화에 대해 가장 많이 학습했다고 응답한 반면, 부모는 자신의 노년, 가족, 자신의 부모를 가장 많이 생각했다고 응답했다. 이런 점은 린디어 킹의 협력 학습이나 독립 학습 등 하나의 가족 학습 양상 연속체를 증명하기도 하였다.

둘째, 이번 전시를 통해 아동이 학습한 것, 아동이 새롭게 학습한 것은 동일하게 인지 중에서 '신체적 노화'에 관한 것이다. 학습한 세부 내용에서 유아와 초등이 차이를 보이며, 이는 발달과 아동의 대상별 관심도가 다른 것에서 기인한다고 볼 수 있다. 유아는 정서, 시각적 조부모의 어려움을, 초등은 인지와 촉각적 조부모의 어려움으로 차이가 있었다. 따라서 유아에게는 좀 더 정서적이고 직관적인 접근이 필요하고, 초등은 두 가지 이상이 결합된 전시 기법이 있는 전시품을 선호하였다.

이는 포크와 디어킹의 박물관의 맥락적 학습 모델의 개인적 맥락에 대한 다양한 양상을 말하기도 한다.

세째, 아동이 가장 좋아한 전시품인 '슝 바람편지'를 볼 때, 쪽지에 문구를 적어 보고, 이 쪽지를 빠른 움직임으로 날려보고, 쪽지를 받아보는 결과까지 하나의 전시물에 빠른 피드백과 여러 행위를 할 수 있는 전시를 좋아한다고 파악된다.

넷째, 아동의 학습과 부모가 생각하는 아동의 학습은 둘 다 인지적인 측면에 대한 학습이 가장 높았다. 그러나 내용 면에서는 차이가 있었는데 아동은 신체적 노화를, 부모는 인생 주기로 파악했다. 이 점에 있어서는 사고의 사이가 있어 보이고 추후 연구가 좀 더 필요하겠다. 많은 박물관 연구들이 인지적인 면에 대한 연구가 있는데, 특히 이번 조부모 전시는 총 14점 중에서 8점이 인지/이해에 대한 인지적 전시품이 많은데 기인될 수 있겠다.

다섯째, 아동뿐 아니라 부모의 학습도 함께 일어난다. 이번 주제가 조부모로 인간이 나이들고 노화되어 감에 따라 함께 겪어야 되는 인생 주기이므로 주제도 부모에게 밀접하게 다가왔을 것이고, 인지적인 측면에서 배움이 있었다고 대답했던 것으로 미루어 보며, 노화에 대한 인지는 성인 부모에게도 일어나고 있었다. 또한 인생 주기 전반에 걸친 통찰이 이뤄졌다고 할 수 있었다. 따라서 어린이박물관에서 일반적으로 아동이 배우고 부모는 배움이 없다고 생각할 수 있으나, 부모에게도 학습이 일어남을 알 수 있었다는 점이 매우 의미가 있었다

상기의 내용들을 종합해서 볼 때 '조부모' 전시는 아동과 가족에게 인지적 이해를 도모하고, 정서적인 면에서도 영향을 미쳤으며, 3세대 가족 관계에도 긍정적인 영향을 미쳤다고 할 수 있다. 결국 어린이박물관의 '조부모' 기획 전시는 아동과 가족에게 인지적 배움과 정서적인 관계를 촉진하며 3세대 가족 관계에 긍정적인 효과를 준다고 할 수 있겠다.

2) 제 언

연구 결과와 결론을 통해 파악한 국내 어린이박물관의 발전 방향에 대해 제언하고자 한다.

첫째, 어린이박물관은 지역 사회에 밀접하게 기여하는 곳으로 3세대 가족 문화 창출의 장이다. 경기도어린이박물관의 경우 2015년 관람객 50만의 80%가 경기도민에 해당된다. 본 연구에 기획 전시를 경험하며 가족 간 소통, 또한 관람객의 25%를 차지하고 있는 조부모와 함께하는 3세대 교감의 장으로써 역할을 수행하고 있는 것으로 보여준 점처럼 각 어린이박물관들은 소속된 곳의 관람객 분포를 살펴보고 그 기관에 맞는 기획전 주제 선정이 필요해 보인다.

둘째, 어린이박물관은 비영리 기관으로 아동과 가족의 학습에 기여한다는 점을 알리려는 연구 노력이 필요하다. 한국은 30년의 역사를 가지고 있지만, 자녀 양육에 제일 민감한 주부들은 인식하나, 아직도 뮤지움계에서는 어린이박물관이 오락의 놀이터인지, 영리 시설인지 구분을 못하고 있기도 하다. 경기도어린이박물관 '조부모' 기획전의 소 연구에서 도출한 바와 같이 아동과 부모에게 인지적인 배움과 정서적인 내용을 불러일으키게 하는 것이 그 증거이기를 바래본다. 감사합니다.

참고문헌

강희수, 김진희 외 6인 (2017), 『전시 A to Z』, 서울 : 한언출판사

경기도어린이박물관 (2014), 경기도어린이박물관 관람객 설문 조사 결과 보고서

곽신숙 (2017), 「어린이박물관 관람경험 분석 연구」, 한양대학교 박사학위논문

김희진(2005), 『현대 부모 및 가족 지원 프로그램 : 포괄적 관점』, 서울, 창지사

이경희, 김진희, (2007), 「어린이박물관에서의 미술감상을 위한 설명문 일기행동 및 아동과 어머니간의 상호작용에 관한 연구」, 『박물관 학보』, 12~13호

차 샘((2018), 「박물관 교육 참가자의 학습 동기에 따른 학습 효과에 관한 연구」, 『어린이와 박물관 연구』제15호

Falk & Dierking (2007) 『박물관교육의 기본』, 노영 외 3인 역(원제 *Learning from Museums*, 원저 2000 출판), 서울 : 미진사

Hein,G,E,(2015), 『박물관 교육론』, 안금희 외 3인 역 (원저 *Learning in the museum*, 원저 1998 출판), 서울 : 학지사

Jinhee Kim(2016) A Study on Visiter's Learning on the Exhibition of Awesome Grandparents, 제4회 Asia Pacific Children's Museum Conference, Hawaii

https://gcm.ggcf.kr/exhibitions/27, accessed dt. Sep. 29, 2023

국문 초록

어린이박물관의 조부모 전시 관람객 반응 소연구

한국에서 어린이박물관이 첫 개관한지 벌써 30년이다. 어린이박물관 개관은 아동과 가족들에게 나들이 장소가 되면서 수많은 관람객을 맞이하였고, 박물관계에 아동과 가족을 새로운 대상으로 끌어들이는 엄청난 확장이 되었다. 그러면 과연 어린이박물관은 관람 대상자들인 아동과 가족들에게 어떤 영향을 주었는가? 본 논고는 어린이박물관의 목적이기도 한 아동의 학습에 대한 호기심과 동기유발, 세상의 대한 이해 등이 명시된 세계어린이박물관협회의 내용에 대한 작은 검증이고자 한다.

어린이박물관은 3세대가 교차하는 곳으로 어린이, 보호자, 부모, 조부모 등 다양한 동반자들이 함께 방문한다. 연구 당시 경기도어린이박물관의 관람객 설문조사 결과 동반자의 25%가 조부모여서, 여러 검토 끝에 시대적으로도 열심히 삶을 살아간 조부모들이지만 지금은 사회의 변화, 심지어 디지털 사회 문화와 더불어 그들에 대해 경외심이 사라진 환경이다. 이에 조부모에 대한 이해와 공감을 위해 기획한 전시에 대해 관람객 반응을 조사하였다. 본 연구는 1년간 전시되었던 조부모에 관련된 콘텐츠를 어린이박물관 관람객인 유아와 초등생을 대상으로 하여 동반된 성인 보호자들도 함께 관람객 반응을 인터뷰 진행하였다. 전시품은 총 14점으로 구성되었고, 전시품의 목적에 따라서 인지적 이해, 정서나 관계, 태도와 행동으로 크게 3종으로 나눠서 구성되었다. 전시장 출구 조사를 거쳐서 100명에 해당하는 아동과 가족 관람객에게 아동의 학습, 아동이 좋아하는 전시품, 아동이 새로운 학습에 기여한 전시품, 부모가 바라본 아동의 학습, 부모의 학습 총 5문항의 질문을 하고 그 결과를 살펴보았다. 도출된 결론을 서술하면 다음과 같다.

첫째, 경기도 모어린이박물관의 '조부모' 기획전은 아동과 부모의 학습, 즉 배움에 기여한다. 학습은 인지적인 내용이 가장 많았었다. 또한 같은 기획 전시임에도 유아, 초등의 대상에 따라 각 학습 내용의 차이를 볼 수 있었다. 둘째, 이번 전시를 통해 아동이 학습한 것, 아동이 새롭게 학습한 것은 유아와 초등이 모두 동일하게 인지 중에서 '신체적 노화'에 관한 것이다. 셋째, 아동이 가장 좋아한 전시품인 '슝 바람편지'는 정서와 가족 관계적 측면의 전시였다. 넷째, 아동의 학습과 부모가 생각하는 아동의 학습은 둘 다 인지적인 측면에 대한 학습이 가장 높았다. 다섯째, 아동뿐 아니라 부모의 학습도 함께 일어난다. 인지적인 측면에서 배움이 있었다고 대답했던 것으로 보아 노화에 대한 인지는 부모에게도 일어나고 있다.

상기의 내용들을 종합해서 볼 때 '조부모' 전시는 아동과 가족에게 인지적 이해를 도모하는 점이 가장 많았으며, 대상 별로는 차이가 있었으며, 정서적인 면에서도 영향을 미치며, 3세대 가족 관계에도 긍정적인 영향을 미쳤다고 할 수 있다. 따라서 경기도어린이박물관의 '조부모' 전시는 아동과 가족에게 인지적 배움과 정서적인 관계를 촉진하며 이를 통해서 3세대 가족 관계에 긍정적인 효과를 준다고 할 수 있었다.

핵심어 5개
어린이박물관, 전시, 관람객 반응, 학습, 조부모

A Study on the Response of Visitors to the Grandparents' Theme Exhibition in Children's Museum

It has already been about 30 years since the first children's museum opened in Korea. The opening of the Children's Museum welcomed numerous visitors as it became an outing place for children and their families, and it has been a tremendous expansion that attracts children and their families to new visitors in the museums. Then, how did the Children's Museum affect the children and their families who are the visitors? This paper is a small verification of the contents of the Association of Children's Museum, which stipulates the curiosity and motivation of children's learning, acquisition of inspiration for the world, and understanding of the world, which is also the purpose of the Children's Museum.

The Children's Museum is a place where three generations intersect, and various companions, including children, guardians, parents, and grandparents, visit together. At the time of the study, 25% of the companions were grandparents, so after various reviews, they were grandparents who lived hard in the times, but now they are in an environment where awe of them has disappeared along with social changes and even digital social culture. Accordingly, the audience's response to the exhibition designed for understanding and empathy for grandparents was investigated. In this study, contents related to grandparents that had been on display for one year were interviewed by adult guardians, targeting preschooler and elementary school students who were visitors to the Children's Museum. The exhibition consisted of a total of 14 pieces, and according to the purpose of the exhibition, it was largely divided into three types : cognitive understanding, emotion or relationship, attitude and behavior. Through the exit survey of the exhibition hall, 100 children and family visitors were asked five questions in total, including children's learning, children's favorite exhibits, children's learning from their parents' perspective, and parents' learning. The results of the conclusions are as follows.

First, the 'grandparents' special exhibition at the Children's Museum in Gyeonggi-do contributes to the learning of children and parents. Learning had the most cognitive content. In addition, despite the same planned exhibition, it was possible to see the differences in each learning content depending on the subjects of preschooler and elementary school. Second, what children learned through this exhibition and what children newly learned is about 'physical aging' among the identities of preschooler and elementary school. Third, the child's favorite exhibition, 'Wind Letter', was an exhibition in terms of emotions and family relations. Fourth, both children's learning and children's learning that parents think of were the highest in learning about cognitive aspects. Fifth, not only children but also parents' learning takes place. Recognition of aging was also occurring in parents, as they answered that there was learning from a cognitive perspective.

In summary, the exhibition of "grandparents" was the most important in promoting cognitive understanding to children and their families, and it differed by subject, had an emotional impact, and had a positive effect on third-generation family relationships. Therefore, it can be said that the exhibition of the Children's Museum promotes cognitive learning and emotional relationships to children and their families, which has a positive effect on third-generation family relationships.

〈Keyword〉 Five

Children's Museum, exhibition, visitor response, learning, grandparents

9장

소장품

　어린이박물관에서 소장품은 한국어린이박물관계에서 분분한 담화꺼리로 여겨진다. 모 박물관이 있는 기관은 유물이나 소장품이 풍부하여 고민되는 부분이 없을 수 있겠으나 독립형 기관으로 설립된 곳은 어떤 정책을 가져가야할지 고민이 되고 해답도 사실 없다. 처음 어린이박물관의 설립을 추적해 보면 우리가 왜 고민을 하는지를 알 수가 있다. 1899년 브루클린 어린이박물관은 모 기관이 있는 상태에서 시작되었다. 이후 100년 이상의 역사를 가지고 세계 어린이박물관의 체험식 전시로 자문을 이끈 선두주자인 보스톤 어린이박물관[207]은 과학협회에서 주관이 되어 설립된 기관으로 모 박물관이 없는 기관이다. 1960

207　보스톤어린이박물관은 소품을 활용한 다양한 민속문화에 관한 아웃리치 사업으로 유명하다. 박스 안에 각종 문화 소품과 프로그램 활용 안내지가 있으며 무료로 대여 사업을 진행해서 인지도가 높다. 심지어 소장하는 콜렉션도 매우 많이 보유하고 있다.

년대 어린이박물관이 미국에서 활발히 설립된 기관들도 모 박물관이 없이도 설립되었고, 이후 현재까지 미국형 어린이박물관이라고 볼 수 있는 기관들, 심지어 과학 중심의 발견 학습을 하는 디스커버리 센터까지 주로 체험식 전시를 하는 기관들은 소장품이 없이 전시 중심으로 가는 기관들이 대세를 이루기도 했었다. 어린이박물관의 명칭보다 어린이센터라는 명칭으로 세계어린이박물관협회(ACM)에 가입하는 기관들도 많고, 창의적인 명칭으로 등록하는 기관들도 있다. 그만큼 박물관이라면 떠오르는 소장품, 유물의 개념은 어린이박물관에서는 가장 핵심이라기보다는 소장품 정책을 어떻게 해야할지를 결정해야하는 사항으로 받아들여진다.

소장품의 정의를 내리면, ACM에서 1992년과 2012년 보고한 〈어린이박물관에서의 전문적인 실제를 위한 표준〉에서 '박물관이 대중에게 신뢰를 주는 생물 또는 무생물의 사물들'[208]이라 했다. 소장품의 종류로는 기능적으로 다른 관리를 해야 하거나 혹은 사용하는 소장품의 범주가 있는데 여기에는 영구적, 연구적, 교육적으로 3가지로 구분했다.[209] 이런 소장품은 박물관의 소장품 관리 정책에 의해서 결정된다. 이외에도 사물(오브제)이 있는데, 이는 학습 동기를 부여하고 어린이의 발달적 요구에 부합하는 도구로써, 본질적으로 가치를 꼭 가질 필요는 없이 전시나 활동 요소로써 구성될 수 있다.[210] 따라서 오브제는 교육용 소장품일 수도 있고, 소장품으로 채택이 되지 않고 소모성일 수도 있다.

---

208 ACM, Standards for Professional Practice in Children's museum, ACM, 1992, 2012. p.1
209 상동
210 상동

1976년 설립된 플리즈터치 뮤지엄은 1997년 기준으로 7000여개 이상의 오브제를 소장품으로 하며 이중 약25%는 핸즈온으로 활용하기 위해서 지정했다.[211] 소장품 정책의 좋은 사례로 여겨지는 기관으로 이곳은 미션 선언문에서 소장품 수집에 대해서 분명히 아래와 같이 정의하고 있다.

'1945년 이후 시기에 방점을 두고, 아동 생활, 자연 및 문화 공예품, 그리고 구전 역사를 연구하고, 수집하고, 정리하기 위한 중심지로서 역할을 한다.'[212]

따라서 박물관의 소장품과 체험식의 교육적 역할, 이 두 가지가 박물관의 고유 기능인 유물 소장과 소모적인 체험 전시로 상호 상치될 수 있는 역할이 된다. 박물관의 소장 물건들은 물품, 오브제, 소장품, 프로그램 소장품 등의 다양한 이름들로 어린이박물관에서 보유할 수 있는데, 플리즈터치 뮤지엄에서는 이 모든 오브제를 5종류로 분류하였다. 5종류는 영구소장품, 감독 소장품, 체험식 소장품, 프로그램 오브제, 일시적 매체이다.[213] 이 중 앞의 3개는 공식 소장품으로 구분되어 각각 빨강-노랑-초록 색상 카드로 구분하며, 나머지 뒤의 프로그램 오브제, 일시적 매체는 소모성이 될 수도 있는 것들이다. 매우 세분화되어서 관리되는 박물관으로 볼 수 있다.

놀이 스트롱 국립박물관은 세계에서 가장 종합적으로 소장품을 보유하고 있

211　Alice Hemenway & Dona W. Horwitz, Red-yellow-Green : A Mnemonic for Collection Management, In Maher(Ed), Collective Vision : Srarting and Sustaining a children's museum, Association of Youth Museum Washington, D.C,1997

212　상동

213　상동

는데, 장남감, 인형, 게임, 전자 게임, 도서, 사진, 서류 및 놀이와 관련된 역사적 물건 등이 있다.[214] 설립 목적에 배움, 창조, 발견을 장려하는 놀이 방법을 탐구하면서 문화의 역사를 밝힌다고 언급되어 있다.[215] 많은 소장품을 보유할 수 있는 설립 목적을 명시하고, 전시실에서 소장품을 전시하여 장난감 전시실, 미국을 만든 사람들의 생활상 전시실 등 소장품을 활용하고 있는 어린이박물관 사례이다.

세계 최대인 인디아나폴리스 어린이박물관에서는 무수한 수 만점의 소장품들이 있다. 어린이박물관에서의 소장품의 유형은 주로 전통박물관에서의 역사적 보물들보다는 동시대에서도 발견할 수 있는 것들일 수도 있고, 일명 교육용 키트로 여겨질 수 있는 교육용 소장품이 있기도 하고, 세계의 전통 문화나 가족 문화 놀이에 해당되는 것들 일 수도 있다. 예를 들면 세계의 연, 세계의 인형, 세계의 놀잇감, 어린이 동화책, 어린이 교과서 등 얼마든지 어린이와 관련된 역사적, 사회 문화적, 예술적, 과학적, 생태적인 주제를 찾을 수 있다.

따라서 소장품은 어린이박물관에서 어떤 미션을 가지고 어떤 소장품 정책을 펼쳐가냐에 의해서 달라질 수 있다. 기관에서 소장품 정책을 결정해서, 수집할 것이라면, 어떤 방향으로 수집 계획을 세우고, 수집하면 된다. 한 가지 매우 유의해야하는 점은 소장품은 그 기관의 정체성과 연결되는 것이고, 수집으로 종료되는 것이 아니라 활용되어야 한다는 점이다. 전시, 교육, 아웃리치 등으로 어떤 형태로는 기관의 정체성을 밝혀주는 사업에 활용되어야 하겠다.

---

214 김진희, 어린이박물관에서의 전시, 전시 A to Z, 강희수외 7인, 한언출판사, 2017
215 https://www.museumofplay.org/

● 소장품 정책 시에 고려할 사항들

- 우리 어린이박물관은 소장품을 보유할 것인가? 아닌가?
- 소장품을 보유한다면, 어떤 소장품을 수집할 것인가?
- 수집할 소장품이 기관의 미션과 정체성에 부합하는가?
- 소장품을 어떻게 활용할 것인가?
- 소장품 정책은 어떻게 수립할 것인가?
- 소장품 정책 수립이 현실적으로 가능한 것인가?
- 소장품의 분류 체계는 어떻게 할 것인가?
- 소장품이 없는 어린이박물관이라면 박물관이라고 어떻게 정체성을 수립할 것인가?
- 소장품 정책은 변할 수 있는 시점은 언제인가?

또한 소장품을 보유하게 될 경우에는 필수적인 사항을 따라야 한다. Alice Hemenway & Dona W. Horwitz (1977)는 소장품 보유시의 요건에 대해서 아래와 같이 기술한다.[216]

- 소장품의 결정을 할 때 성문화된 지침이 있어야 한다.
- 박물관에 도착한 오브제는 처리 절차를 거쳐야 한다.
- 소장품은 두 곳의 수장고 구역으로 둔다. 높은 수준의 보완성을 위해 설계된 수장고와 용이한 사용을 위한 곳이다.
- 소장품을 활용하기 위해서는 카드를 색상 코드로 분류한다.
- 오브제 추적 시스템을 구비하며, 이는 체험식 소장품에도 적용된다.

---

216 상동

‒ 명시된 분명한 대여 정책을 수립한다.

결론적으로 정리하자면, ACM 자체 점검 테스크포스 팀에 의한 실무지침에 의하면 (1992), 어린이박물관에서는 소장품을 영구 소장품, 교육 소장품으로 크게 2종류로 구분하고 있다.[217] 즉, 영구 소장품은 전통적인 박물관에서 보존과 연구를 위한 것에 해당이 된다. 영구 소장품을 지니지 않은 어린이박물관은 교육 소장품을 활용하기도 한다. 따라서 기관에서 소장품 보유할 것인지에 대한 정책을 수립하고, 소장품을 보유하기로 결정하면, 소장품의 종류를 결정하고, 활용 계획까지를 포함하고, 소장품 인력과 수장고 상황 등도 함께 현실적인 고려를 거쳐서 소장품 정책을 수립하여야 할 것으로 보인다.

소장품을 보유하기로 결정하였다면, 공개적으로 구입을 하거나 공개적으로 모집하는 기증도 있다. 사립 기관은 관장의 방침하에 결정되는 사항이나 공공 기관은 공개적인 절차를 거쳐야한다. 기관의 규정과 규칙에 따라서 심의위원회를 결성을 해서 소장품으로 할지를 결정짓는다. 소장품의 종류에 따라서 수장고는 항온 항습 및 보관을 위한 콘디션을 유지시켜 주어야한다. 수장고 출입도 담당 학예사와 더불어서 최소한 3인 체재로 출입 관련한 관리를 하는 것이 바람직하다.

최근 트렌드를 언급하면, 미국박물관협회 AAM에서 미래 박물관의 모습들을 매년 고민하면서 내놓는 아티클들을 보면 박물관의 소장품에 대한 언급보

---

217 ACM 자체 전검 테스크 포스팀, In Maher(Ed), Collective Vision : Srarting and Sustaining a children's museum, Association of Youth Museum Washington, D.C,1977

다는 급변하는 세상의 변화에 부흥하는 박물관의 역할 전환들이 대세를 이룬다. 세계어린이박물관협회 ACM에서도 뉴스레터나 학술대회에서 소장품에 대한 화두의 언급은 없으며, 미국형이라고 할 수 있는 독립형 어린이박물관에서는 소장품을 보유하고 있지 않은 어린이박물관도 매우 많아서 이는 선택의 문제로 보인다.

2022년 프라하에서 열린 국제박물관협회(ICOM) 총회에서 새롭게 정의한 박물관의 정의를 보면

'박물관은 유형 및 무형 유산을 연구, 수집, 보존, 해석 및 전시하는 사회에 봉사하는 비영리 영구 기관입니다. 대중에게 개방되고 접근 가능하며 포괄적인 박물관은 다양성과 지속 가능성을 촉진합니다. 박물관은 윤리적으로, 전문적으로, 그리고 커뮤니티의 참여로 운영되고 소통하며 교육, 즐거움, 성찰 및 지식 공유를 위한 다양한 경험을 제공합니다.'[218]라고 언급했다.

여기에서도 유무형 유산을 강조했고, 소장품이라는 언급은 없어 이는 변화하는 박물관의 모습을 볼 수 있다. 따라서 우리는 박물관이라는 이름의 이미지에서 보이는 소장품 수집의 여부에 국한하지 말고, 시대적은 흐름을 잘 캐치하면서 소장품 정책을 정립하는 것이 보다 효율적으로 여겨진다.

---

218 https://icom.museum/en/resources/standards-guidelines/museum-definition/

한국 어린이박물관들에서는 박물관 등록[219]시의 요건 중의 하나로 소장품 최소 100여점 있어야 등록이 가능하다. 경기북부어린이박물관은 숲과 생태로 주제가 명확히 있는 어린이박물관이라 소장품 정책 수립이 비교적 용이하다. 예를 들면 숲의 동식물, 곤충 박제품, 숲을 이루는 나무들 등 이 중에서도 선택해야 할 수 있다. 수장고는 공간상의 한계가 있기 때문이다. 해당 기관은 전문가 라운드테이블을 진행하여 소장품 수집 정책을 마련한 것으로 알고 있다. 이에 경기북부어린이박물관은 어린이에 관련된 자료만을 대상으로 국한하지 않고 대상 확대, 활용성, 주제의 연계성, 지역 특성 반영으로 해서 4가지 요건을 갖추었다.[220] 또한 경기도어린이박물관은 소장품 관련 연구 용역을 추진하였고, 소장품의 수집은 향학(1956년), 우등생 전과(1948년) 등과 같은 근현대 어린이 자료를 수집하고 있으며 어린이잡지(1945년)와 예술작품 위주의 소장품 수집을 하고 있으며 활용을 고민하고 있다.[221] 국립어린이박물관은 주제가 특화된 기관이라 도시건축, 디자인, 디지털문화유산, 국가기록 등의 국립박물관단지 박물관의 주제가 어린이 눈높이로 펼쳐진 의도록 설립된 기관이다. 그러나 모 박물관이 없는 독립형이라 소장품이 없이도 가능한 기관이며, 소장품 여부는 기관이 정

---

219 한국의 박물관 등록은 허가제가 아닌 등록제이다. 등록 요건에 부합하면 박물관으로 등록이 된다. 등록 요건은 2022. 11. 29 개정된 〈박물관 및 미술관 진흥법 시행령〉의 박물관 미술관 등록 요건에 있는데 공통요건으로 소방시설 설치, 피난 유도 안내정보 부착, 박물관 미술관 자료의 가치가 있고, 개별 요건으로는 제1종인 종합박물관과 전문박물관인 박물관 미술관이 있고, 제2종인 자료관, 문화관, 전시장 같은 곳과 문화의 집이 있다. 어린이박물관은 제1종에 해당될 수 있는데 종합박물관은 각 분야별 자료 100점 이상, 각 분야별 학예사 1인 이상, 시설로는 각 분야별 전시실, 수장고, 준비실(작업실), 사무실, 자료실(도서실, 강당) 중 1개 시설, 도난 방지시설과 온습도 장치가 있어야한다. 전문박물관은 각 분야별이 아닌 자료 100점 이상, 학예사 1명 이상, 전시실(혹은 야외전시장), 이하는 준비실(작업실)을 제외해서 시설은 동일하다.
220 2024년 국립어린이박물관 제1차 콜로키움 자료집 p43
221 상동 p42

책을 수립해야하는 상황에 있다. 단지는 개방형 수장고와 통합형 수장고를 보유하고 있어서 기반 시설이 탄탄하게 갖춰줘 있고, 조만간 가시화되는 도시건축박물관이 있으므로 건축과 건물에 관련된 모형이나 설계도 같은 것을 수집해도 좋을 듯하며, 특히 어린이 시설에 관련된 것들이면 더 특화될 수도 있다. 개인적 의견으로는 한국적 어린이박물관을 만들기 위해서는 한국의 아동과 가족에게 의미있는 것이 있었으면 하는 생각이다. 한국의 아동 가족 상황들이 정서적으로 녹록하게 보이지 않고 경쟁적인 교육 열풍, 인지 발달이 팽배한 교육적 분위기, 디지털 및 AI 문화에 따른 세대간과 가족간의 단절 등으로 이를 보완하기 위한 정서적인 면을 강조할 것을 제안한다. 따라서 오래전부터 고민해온 한국의 모자녀 정서적 유대감과 밀착감을 위해서 양육시 필수적이었던 '포대기' 수집을 고민해보고자 한다. 오래전부터 있었던 것부터 현재의 포대기까지 어찌 변해갔으며, 해외에도 인디언이나 사례들에 대한 것들도 모으면 의미가 있을 것으로 사료된다. 스킨쉽과 아이 컨텍 등에 따른 정서성이나 뇌발달에 대한 연구도 함께 이뤄지길 기대해볼 수 있다.

종합적으로 말하면 어린이박물관이라고 해서 꼭 어린이 관련 자료에 국한해서 소장품을 모으지 않아도 되며, 기관이 어떤 비전과 미션을 가지고 있는지에 따라서 소장품 정책의 유무가 결정될 수 있다. 따라서 등록 이후의 독립형 한국 어린이박물관들이 어떤 모습들로 정체성을 정립하고 어떤 소장품 정책을 수립해 가는지, 시간과 역사의 흐름에서 발생하는 시행착오들을 어떻게 극복해가는지 앞으로도 지속적으로 지켜봐야할 것으로 보인다.

10장

학술
대회

학술 사업은 학예사에게 매우 중요한 업무이다. 이를 통해서 기관의 발전을 위한 사고를 하게 되고, 정보 교류를 통해서 상호 자극을 주고, 결국 상호 학예사들끼리 도움이 되면서 기관의 질적인 발전을 도모하게 된다. 그러나 바쁜 학예 업무로 인하여 학술 사업이 우선 순위에서 밀리는 것도 사실이다. 그러나 학예사라면 기관의 발전이 되도록 예산 확보로 학술 사업을 개최하고 개인의 학예사로써의 발전도 함께 이뤄져야할 것으로 보인다.

1. 해외 학술대회

해외는 기관 별로 학술대회를 개최하지 않고, 어린이박물관 협회 차원에서 컨퍼런스를 개회한다. 협회 컨퍼런스는 3종으로 1962년 조성된 가장 오래된 미국의 어린이박물관협회(Association of Children's Musuem), 후발 주자로 시작한 유럽

중심의 핸즈온 인터내셔날(Hands-on International), 그리고 아시아퍼시픽 어린이
박물관(Asia Pacific Children's Musuem) 컨퍼런스가 있다.

　　ACM은 학술대회인 컨퍼런스를 매년 미국 어린이박물관의 한 기관을 호스
트로 하여 개최하고 있고 3종의 컨퍼런스 중에서 가장 많은 종사자들이 모이
며 매우 활성화되었다. 모 박물관이 없는 독립형의 미국 어린이박물관 종사자
들이 제일 많이 모이나, 유럽권과 아시아권에서도 참여한다. 코로나19 환경에
서는 개최를 연기하고 다음 해는 온라인으로 진행한 사례가 있으나 이후는 매
년 개최하고 있다. 홈페이지에서 일정 기간에 컨퍼런스 발표 제안서를 받고 심
사를 거쳐서 세션 별로 운영된다. 보통 3박4일 일정이고, 개최 전날에는 신생
기관들의 소개가 있으며, 마켓 플레이스가 컨퍼런스 기간에 함께 열려서 다양
한 기자재나 순회 전시, 교구재 등에 대한 정보를 받을 수 있다. 때로는 포스트
발표가 있기도 하며, 개최 지역의 유관 기관들의 투어도 함께 이뤄진다. 여기에
한국 기관들이 발표한 사례들도 있다. 경기도어린이박물관 1대 이경희 관장이
발표한 문화다양성 전시 사례가 있고. 필자가 관장 시절시 주관한 한국어린이
박물관들의 지역사회 콜라보의 포스트 발표, 아시아권과 함께 발표를 주관한
놀이 경험의 사례들, 경기북부어린이박물관 학예사 시절에 주관해서 미술관,
과학관, 순회전까지 함께 발표한 'K-기관들의 의미있는 순간들' 등 그리고 경
기도어린이박물관 기관 소개한 바 있다.

　　핸즈온 인터내셔날은 핸즈온 유럽으로 협회를 시작했다가, 명칭을 핸즈온
인터내셔날로 변경하면서 유럽 중심에서 글로벌로 확대하였다. 박물관의 시
발 권역인 유럽이다 보니 주로 모 박물관이 있는 기관들이 있는 어린이박물관
이거나, 어린이박물관이 아니더라도 어린이 콘텐츠를 운영하고 있는 기관들도
참여하고 있다. 컨퍼런스는 유럽 지역에서 호스트 기관을 지정하여 격년으로
개최되고 있다. 국내에서는 국립민속박물관에서 컨퍼런스에 참여하여 발표한

사례가 있고, 경기도어린이박물관은 기관 소개를 한 예가 있다.

아시아퍼시픽 어린이박물관은 아직 협회가 조성되지 않았다. 그러나 아시아권에서는 처음 어린이박물관을 개관한 뮤지오 팜바타의 관장인 '니나 림 유손'에 의해서 컨퍼런스가 처음 개최되어 격년으로 진행하고 있었다. 본인은 2012년에 마닐라에서 개최된 제2회 아시아어린이박물관 컨퍼런스에 참석하였었다. 기존에 알던 컨퍼런스와는 너무 다르게 개최되었는데 전통 공연, 워크숍, 이론과 실제의 발표, 뮤지오 팜파타에서 자국들의 전통의상을 입고 저녁의 야외 만찬 참석과 무대의 다양한 페스티벌이 행해지며 매우 풍성하였다. 그리고 주제는 매우 앞서가면서 지구촌의 화두를 다루었다. 지금부터 12년 전에 기후변화에 대한 주제로 컨퍼런스를 개최하였다. 2014년 제3회는 경기도어린이박물관에서 개최하여 국내외 다양한 사람들이 집결하고 네트워킹 되는 기회를 가졌었다. 경기도가 당시 다문화 가족들이 가장 많은 도여서 주제를 '문화다양성'에 대한 것을 다루었고 해외는 워낙 화두가 되는 주제여서 국내외적으로 매우 의의가 있었다고 생각한다. 2016년에 하와이에서 개최된 제4회 컨퍼런스는 퍼시픽권역까지를 포함하여 아시아퍼시픽 어린이박물관 컨퍼런스로 진행되었다. 물론 참석자들은 유럽, 미국에서 다양하게 참석하였다. 하와이에서 개최되었을 때 경기도어린이박물관의 '조부모' 기획전시 개발 사례를 필자가 발표하였고, 이때 50여명 정도 참석하여 경청하였는데 질문도 다수 받았다. 질문은 주로 관람객의 전시 반응에 대한 것이었고, 관람객 연구들에 대한 필요성을 공감하였다. 현재 안타깝게도 개최가 되지 못하고 있는 상황이다. 싱가폴, 마닐라, 한국에서 검토되었으나 아직은 소강 상태이다.

〈표 10-1〉 해외 어린이박물관 컨퍼런스 년도별 주제 [222]

	ACM	Hands on! International	APCMC
주제	주로 인간 능력, 정서적인 면 관련 주제	뮤지엄에서 이슈화되는 주제 (역할, 디지털, 유산 등)	글로벌 화두 (기후 변화, 문화다양성, 평화)
2009	개최	High tech! High touch!	
2012	Bring the World to Children and Families		개최는 되었으나, 주제를 알 수 없음
2011		Identity, Cultural Diversity and Heritage	
2012	매년 개최되었으나 주제 파악이 어려움		어린이와 기후 변화 (마닐라, 뮤지오 팜바타)
2014		주체 파악이 어려움	어린이와 문화 다양성 (용인, 경기도어린이박물관)
2016	Collective Impact		어린이와 평화 (호놀룰루, 하와이어린이박물관)
2017	Fun is Serious Business	impact of digital media and technology on children.	
2018	Open source Play		
2019	Fearless	All inclusive! Museums as places for ALL children	
2021	Care, Connect, Create Resilience	코로나 상황으로 연기	
2022	PLAY The Long Game		
2023	Leveraging Our Voice	Create the Magic! – for better tomorrow	
2024	Flourish!		

---

222 원어의 느낌을 그대로 알수 있도록 해석하지 않았다.

해외의 컨퍼런스 주제의 화두들은 미국권은 세계, 협력, 재미, 놀이, 용감, 돌봄, 연결, 회복, 창조, 번영 등이었다. 주제는 대단히 광범위해서 대주제라고 볼 수 있으며 어떤 소주제도 들어올 수 있는 것이다. 또한 비교적 어린이들에 맞춰진다고 볼 수 있는 재미, 놀이, 용감, 창조, 돌봄, 회복 같은 정서적인 면이나 능력 관련 주제를 선정한 것이 특징이다.

유럽권은 기술, 정체성, 문화적 다양성, 유산, 디지털미디어와 기술, 뮤지엄 역할, 포용성, 미래 등으로 테크놀러지가 다소 덜 발달되어선지 디지털과 테크놀로지에 대한 것, 뮤지엄의 역할 등으로 꼭 어린이에 국한한다기 보다는 뮤지엄에서 이슈화되는 주제를 다루었다.

아시아퍼시픽권은 글로벌 화두의 주제인 기후변화, 문화다양성, 평화를 살펴보도록 다루었다.

2. 국내 학술대회

국내 어린이박물관에서는 해외와 다른 점이 협회 중심이 아니라 개별 기관별로 개최가 활성화 되었다. 한국어린이박물관협회에서 추진한 2017년, 2018년 2회의 학술대회(주제 : 한국어린이박물관의 현황과 미래, 한국어린이박물관의 정체성 확립과 과제)[223]와는 별도로 이뤄지고 있다. 기관별 학술대회는 다양한 유형으로 이뤄지고 있는데, 심포지움, 세미나, 콜로키움, 컨퍼런스 등으로 운영하고 있다. 그럼에도 불구하고 실제는 유형별로 구분이 거의 없이 비슷하게 이뤄지고 있다. 여기서는 모든 유형을 포함해서 학술대회로 사용하고자 한다.

---

[223] 2017년 제 1회 한국어린이박물관협회 학술대회 개최 (박물관국제학술대회), 주제 : [한국어린이박물관의 현황과 미래], 2018년 제 2회 한국어린이박물관협회 학술대회 개최(박물관국제학술대회 주제 : [한국어린이박물관의 정체성 확립과 과제]

주제의 키워드들은 미래, 교육, 역할, 공간, 놀이, 자료(교보재), 코로나, 웃음, 숲 생태 등이 비교적 연속적으로 사용되는 단어였고, 이를 미루어 볼 때 역할, 교육, 미래 등으로 기관의 정체성에 대한 내용을 고민하는 것으로 파악된다. 그 외에는 치유, 발달장애, 디지털, 인공지능, 정체성도 다루고 있어 기관에서 중요하다고 판단되는 주제들을 선정한다고 보여진다.

〈표 10-2〉 국내 어린이박물관의 학술대회 주제

	국립민속박물관 어린이박물관	국립중앙박물관 박물관교육	서울상상나라	경기도 어린이박물관	경기북부 어린이박물관	국립 어린이박물관
특징	박물관 교육, 박물관 역할, 미래 지향, 교보재, 코로나	공간	한국아동학회 콜라보	웃음, 미래	숲 생태 환경의 기관 정체성 주제, 미래	정체성
2012				국제세미나 ● 미래지향적인 어린이 박물관의 역할		
2012	창의 인성과 박물관 교육					
2013	문화다양성과 박물관교육					
2014	박물관 자료를 활용한 박물관 교육					
2015	어린이와 놀이					
2016	박물관 교보재 개발 및 활용					
2017	어린이박물관 전시 및 체험 프로그램 개발					
2018	미래 사회와 융복합 교육					

	국립민속박물관 어린이박물관	국립중앙박물관 박물관교육	서울상상나라	경기도 어린이박물관	경기북부 어린이박물관	국립 어린이박물관
2019	박물관 교육과 지역사회의 새로운 파트너쉽	심포지움 ● 디지털과 어린이 박물관 교육	세미나 ● 사회적 변화에 따른 어린이 복합문화공간	어린이문화예술콜로키움 ● 고요히배우고 즐거이놀기		
2020 (코로나)	참여적 박물관으로서 어린이박물관의 가치와 미래 지향 전략	교육심포지엄 ● 치유공간으로서의 박물관 개관15주년 기념, 회고와 전망 ● 어린이박물관 미래발전 포럼		어린이문화예술콜로키움 ● 어린이웃음		
2021 (코로나)	코로나 19 극복을 위한 어린이박물관과 전시	어린이를 위한 공간, 어디에 그리고 어떻게		어린이웃음 속 다른 웃음	숲과 생태를 위한 어린이 콘텐츠	
2022	포스트 팬데믹, 아이들이 맞는 새 일상과 박물관의 역할	함께하는 공간, 함께하는 우리			업사이클링과 환경을 위한 어린이콘텐츠	
2023	미래 어린이 박물관의 역할	발달장애 아동을 위한 공간 조성과 교육			미래를 위한 현재의 공유 : 1. 어린이 미래 교육을 살펴보다 2. 새로운 교육을 경험한 사람들의 이야기	
2024	지속가능 발전을 위한 어린이박물관의 역할			AI시대, 미래 세대를 위한 조언 (어린이박물관 교육을 중심으로)		콜로키움 ● 국립어린이박물관의 정체성 여정

학술대회는 지속성이 중요한데 기관들 중에서 가장 자리를 잘 잡고 운영하는 기관은 국립민속박물관의 어린이박물관이다. 매년 새로운 주제로 개최하고 있으며, 주제 선정을 위해서 전문가 자문 회의를 운영하기도 한다. 또한 전문 학술지를 매년 출간하며 어린이 박물관의 학술적인 위상을 높이는데 기여하고 있다. 잘 하고 있는 점은 학술대회의 주제를 가시화시켜서 전시화 한다는 점이다. 학술에서 끝나는 것이 아니라 실제로 연결시키는 점이 매우 고무적이라고 보인다. 국립중앙박물관 어린이박물관은 주로 공간을 다루는 게 특징이라고 보인다. 향후의 독립 건물의 어린이박물관 건립 계획을 위한 행보라고 필자에게는 유추되기도 한다. 경기도에서는 경기도어린이박물관과 경기북부어린이박물관이 거의 매년 학술대회를 개최하고 있다. 경기도어린이박물관에서는 2012년에 개관1주년을 기념하며 국제세미나를 개최하였고, 2014년에는 아시아어린이박물관 컨퍼런스를 개최하였고 글로벌 네트워크로 한국 어린이박물관을 대표하면서 국제적인 위상을 수립하려 노력하였다. 국립어린이박물관은 2023년 개관하여 첫 학술대회는 콜로키움으로 시작하고 있다. 향후 한국어린이박물관의 질적 향상을 위한 한국어린이박물관협회와 콜라보로 우수 기관의 해외 연사들을 모시고 학예사 역량 교육 등으로 견인차 역할을 하기 위해서 노력할 예정이다.

2012년 경기도 어린이박물관 개관 1주년 학술대회 포스터

2022년 경기북부어린이박물관 학술세미나 포스터

2023년 ACM 컨퍼런스 포스터

2016년 아시아퍼시픽어린이박물관 컨퍼런스 포스터

[그림 10-1] 국내 어린이박물관의 학술대회 포스터

어린이박물관 전시
참고 자료

　어린이박물관의 전시는 융복합적이기 때문에 벤치마킹을 할 때 박물관, 과학관, 미술관, 야외놀이터(야외 조성 공간)를 모두 조사할 것을 추천한다. 이에 미국이 가장 어린이박물관의 수가 많고 활성화되어 있어서 미국내에서 베스트로 선정된 것을 소개하고자 한다.

　잡지 '부모(Parents)'에서 선정한 어린이박물관과 어린이과학관, 또한 '어린이(Child)' 잡지에서 선정한 어린이를 위한 미술관 그리고 '유아교육존(Early Childhood Education Zone)'이라는 영유아교육을 위한 정보를 제공하는 싸이트에서 찾아낸 놀이터 10개를 목록화하였다. 이들의 선정은 전문가들과 함께 여러 면을 검토해 선정한 결과이다. 순위들은 해마다 달라질 수 있으므로 순위보다는 참조하기 좋은 사례들을 찾아보기를 권한다.

〈표 1〉 미국 어린이 기관과 시설 베스트 10

순	어린이박물관	어린이과학관	어린이미술관	어린이놀이터
1	Indianapolis Children's Museum	COSI, Columbus, Ohio	Art Institute of Chicago	Zachary's Playground : Lake Saint Louis, Missouri
2	Please Touch Museum	Exploratorium, San Francisco, California	The Metropolitan Museum of Art, New York	Harry Thomas Sr. Playspace : Washington, D.C
3	Boston Children's Museum	Museum of Science, Boston, Massachusetts	Dayton Art Institute	Grange Insurance Audubon Park : Columbus, Ohio
4	Children's Museum of Houston	Liberty Science Center, Jersey City, New Jersey	De Young : San Francisco	Clemyjontri Playground : McLean, Virginia
5	Minnesota Children's Museum	St. Louis Science Center, St. Louis, Missouri	Carnegie Museum of Art, Pittsburgh	New York Hall of Science Playground : Corona, New York
6	The Strong National Museum of Play	New York Hall of Science, Flushing, New York	Los Angeles County Museum of Art	World of Wonder Playground : Athens, Georgia
7	Kohl Children's Museum	California Science Center, Los Angeles, California	Joslyn Art Museum, Omaha	Imagination Playground : Manhattan, New York
8	Port Discovery Children's Museum	Sci-Port Discovery Center, Shreveport, Louisiana	Winterthur Museum & Country Estate, DE	Kellogg Park (Eco Playground) : New Orleans, Louisiana
9	Children's Museum of Denver	The Franklin, Philadelphia, Pennsylvania	Dallas Museum of Art	Bible Story Playground : Parker, South Dakota
10	Madison children's museum	Maryland Science Center, Baltimore, Maryland	Peabody Essex Museum, Salem, MA	Fort Washington Playground : New York, New York

1. 미국 어린이박물관 베스트 10

미국 어린이박물관 베스트 10 기관[224]은 미국의 잡지 Parents에서 언급한 곳으로 전문가 그룹에 의하여 종합적으로 판단하여 선정한 기관들이다. 간단히 개요를 소개한다.

1) 인디아나폴리스 어린이박물관 (Indianapolis Children's Museum)

어린이와 가족들의 삶을 변화시키는 힘을 가지고 있는 예술 과학 및 인문학을 넘나드는 비범한 교육 체험의 창조를 미션으로 하여 1925년 Mary Stewart Carey 의해 설립되었다. 어린이뿐만 아니라 가족 관람객이 모두 즐길 수 있는 세계 최대 규모의 어린이박물관이다. 상설 전시로 거대한 돔과 공룡에 대한 전시가 압도적인 인기를 끌며, 지구 탐험으로 파라오, 중국 테라코타 무덤, 해저 발굴 등의 고고학의 신비를 풀 수 있는 상설 전시, 편견과 차별에 대항하여 세상이 영향을 준 3명의 아동에 대한 전시 등이 특징이며, 12만여 점의 소장품은 미국, 문화, 자연 3주제로 나뉘어져 있으며 관람객에게 상설 및 기획 체험전시로 선보인다.

www.childrensmuseum.org

2) 플리즈터치 어린이박물관 (Please Touch Museum)

놀이를 통한 교육 기회를 제공하여 어린이의 삶을 풍요롭게 한다는 미션으로 1976년 필라델피아 자연과학 아카데미(Philadelphia's Academy of Natural Sciences)에서 전시 공간으로 시작하여 설립되었다. 7세 이하 아동과 가족을 대상으로

---

224 https://www.parents.com/fun/vacation/us-destinations/the-10-best-childrens-museums/

하며, 8개의 상설 전시실이 있으며 지역사회를 이해하며 역할놀이를 할 수 있는 도시 갤러리, 교통수단과 자동차 정비소 갤러리, 물 탐험 전시가 특징이며, 각 갤러리마나 3세미만의 영아용 전시가 별도로 제공된다.

www.pleasetouchmuseum.org

3) 보스톤 어린이박물관 (Boston Children's Museum)

아동과 가족에게 세계에 대해 알게 해주고, 기초적인 기술을 발달시키며, 평생에 걸친 학습의 즐거움을 촉발시키는 즐거운 발견의 경험을 준다는 미션을 가지고 있다. 보스턴어린이박물관은 1913년 건립된 두 번째로 오래된 어린이박물관으로, 세계에서 가장 영향력 있는 어린이박물관 중 하나이다. 과학교사협회에 의해 설립되어 전시는 과학에서 점차로 문화, 환경 인식, 건강, 예술로 확대하였다. 1960년대 마이클 스팍 관장이 취임하며 핸즈온 전시를 만들어 전시의 혁신을 꾀하였다. 5만개 이상의 컬렉션을 보유하고 있으며 아웃리치 프로그램으로 학교에 대여한다.

www.bostonchildrensmuseum.org

4) 휴스턴 어린이박물관 (Children's Museum of Houston)

혁신적이고 아동 중심의 학습을 통해 지역사회 변화시키고자 하는 미션으로 유아 발전을 위해서 휴스턴 부모 그룹에 1980년 설립되었다. 건축가 Robert Venturi가 건물 설계를 하였고, 이중 언어를 사용하는 13개 상설 전시의 실험적인 학습 제공한다. 과학, 수학, 건강, 공학, 시민 참여, 사회, 문화 주제의 교육적 완성도 및 접근성이 높은 전시를 선보이며, 다양한 직업을 체험해볼 수 있는 "키트로폴리스" 전시는 관람객의 인기가 가장 많은 전시이며, 클라이밍을 1층과 2층에서 접근할 수 있도록 운영하고 있었으며, 주변의 대근육 활동 전시를 함께 운영한다. http://www.cmhouston.org

5) 미네소타 어린이박물관 (Minnesota Children's Museum)

놀이를 통해서 어린이들의 배움을 촉진한다는 미션으로 1981년에 설립되어 현재는 세인트폴에 있다. 오르는 구조물, 유아 갤러리 확장, 공기와 물 갤러리를 포함해 완전히 새로운 갤러리를 준비 중이다. 현재의 박물관에서는 일하는 세상, 지구 세상, 작은 우리들 세계, 서식지, 놀라운 방 등의 전시가 창의적으로 구성되어 있다. 총 9종의 순회전시를 보유한 것이 특징으로 클리포드의 모험, 놀라운 성, 호기심 조지, 공룡, 액자, 피규어로 가라, 액션 모험, 이야기땅, 토마스와 친구들의 전시가 있다.

http://www.mcm.org/index.php

6) 놀이 국립박물관 (The Strong National Museum of Play)

배움과 창조력과 발견을 장려하는 놀이와 방법들을 탐구하며, 문화의 역사를 밝힌다는 미션 아래 1968년 Margaret Woodbury Strong에 의해서 설립되었다. 세계 최대 놀이 박물관으로, 소장품으로는 세계에서 가장 종합적인 장난감, 인형, 게임, 전자게임, 도서, 사진, 서류 및 놀이와 관련된 다른 역사적인 물건을 소장하고 있다. 장난감 전시실, 조상들의 생활상 전시, 키즈 마켓, 독서 모험, 교통기관들, 통신센터 등의 전시가 있다.

www.museumofplay.org

7) 콜 어린이박물관 (Kohl Children's Museum)

매력적이고 인터렉티브한 전시 및 복합적 놀이 공간을 통해 효과적인 학습자가 될 어린이들의 학습환경 제공한다는 미션 하에 1985년에 설립되었다. 핵심 연령층은 3-6세의 취학 전 아동이며,

LEED(에너지환경리더쉽 : Leadership in Energy and Environment) 단체에서 친환경 인증(Green Building)을 받은 곳이며, 유니버설 디자인이 적용된 박물관이다. 1개 층

에 17개의 상설 전시가 펼쳐져있는데 유아들의 발달에 맞는 지역사회를 이해
할 수 있는 도시, 유아원, 동물병원, 차량정비소 전시들과 물놀이, 협력 놀이 음
악가, 미술 탐험 등의 전시가 있다. 순회전으로 명화 감상의 이해를 돕는 '어린
이를 위한 사걀전'을 보유하고 있다.

http://www.kohlchildrensmuseum.org

8) 포츠 발견 어린이박물관 (Port Discovery Children's Museum)

모든 사람이 놀이에 접근하고, 교육적이며, 재미있게 참여할 수 있는 독특한
기회와 고품질의 경험을 제공한다는 미션 아래 8세 이하의 아동들을 위한 끝
없는 활동이 3개층 가득 차 있다. 신진 예술가, 모험가, 미래의 기업가, 축구 선
수, 명탐정 등 모든 어린이를 위한 다양한 발견 직업들이 있다. 원더플 수요일
에는 6세 미만의 어린이가 음악, 문학, 조기 학습에 초점을 맞춘 연령에 적합한
활동으로 가득 차고, 영아 기차에서는 스토리 타임에 들어가서 최신 특별 이벤
트를 확인 할 수 있다.

https://www.portdiscovery.org

9) 덴버 어린이박물관 (Children's Museum of Denver)[225]

어린 시절의 놀라움과 기쁨을 옹호하는 특별한 경험을 창조한다는 미션으로
1973년에 개관했다. 아이와 함께 트럭을 만들고 헬리콥터를 디자인하고, 개미
집을 기어다니고, 진짜 소방차를 탐험하고, 수의사나 요리사가 되어볼 수 있다.
2015년 확장하여 단순한 등반 벽을 넘어선 3층 등반 체험, 에너지 전시, 아트 스

225_ 9위로 리버티 사이언스센터가 선정되었으나 과학센터라서 순위에서 제외하고 다음 순위
부터 기술함.

튜디오, 거대한 야외 공간, 아이들이 일찍부터 필요한 생활 기술을 배우도록 돕는 교육용 주방이 추가되었다.

https://www.mychildsmuseum.org/

10) 매디슨 어린이박물관(Madison children's museum)

발견 학습과 창조적 놀이를 통해 어린이와 가족, 지역사회, 세상을 연결한다는 미션으로 1980년 설립되었다. 건강한 공간과 아이들과 환경에 대한 건강한 미래를 지원하는 녹색 환경을 설계 및 구축을 위한 자원을 제공한다. 자연에게 영감을 받아 전시와 워크샵이 혼합된 열린 형태의 전시 구성하고, '지속가능성'과 '재활용'의 가치가 전시디자인, 전시 기획 측면에 자연스럽게 녹아들어 있다. 전시도 선조들의 생활인 오두막, 과학적 기술을 활용한 가능도시, 옥상의 자연생태 전시, 영유아를 위한 야생 전시 등이 있다.

http://www.madisonchildrensmuseum.org

2. 미국 어린이과학관 베스트 10

우수한 어린이관이 있는 과학 센터 10기관[226]은 미국의 잡지 Parents에서 언급한 곳으로 가족 친화적인 실험과 체험하는 전시가 많고, 어린이 관람객에게 적합한 곳이다. 잡지의 여론 조사에 따르면, 미국의 150개 이상 과학 센터의 3분의 1은 6세 이하를 위해 특별히 디자인된 전시장이 있다. 추천된 곳을 간략하게 요약 정리하였다.

1) 코사이 (COSI, Columbus, Ohio)

COSI는 과학 산업 센터의 줄임말로 300개가 넘는 전시는 감동을 위한 것으로 자녀가 유치원 연령 이하의 경우 Kidscape를 이용할수 있는데, 건강 클리닉, 나무, 집, 발전소를 탐험하며 시간을 보낼 수 있다. 여섯 가지 쇼가 매일 스테이션에서 행해지며 아이들이 폭발하는 원자를 관찰할 수 있고, 공기를 병에 부어, 전기를 만들 수 있고 쥐도 붙잡아 볼 수 있다. 가족 화장실, 마차와 유모차, 그리고 괜찮은 가격에 영양가 있는 음식을 제공하는 카페의 무료 사용 가능하다.

cosi.org

2) 익스플로라토리움 (Exploratorium, San Francisco, California)

미식 축구장 2개 크기 정도의 개방된 공간에 450개 이상의 상호 작용하는 전시가 있고, 대부분 인하우스 자체 제작으로 된 전시의 품질은 타의 추종을 불허한다. 무엇보다도, 아이들은 부모를 넣을수 있을 정도의 큰 거품을 만들 수 있고, 비행하는 모습을 만들 수 있게 무중력 거울을 들여다보고, 물에 드라이아이

---

226 https://www.parents.com/fun/vacation/us-destinations/the-10-best-science centers

스가 승화되면서 혜성의 작용을 모방하는 것을 볼 수 있다. 추가 비용을 지불하면 7세 이상은 안내하는데 오직 손으로 만 볼 수 있는 암흑의 '촉각 돔'을 통해 길을 찾을 수 있다.

exploratorium.edu

3) 보스톤 과학관 (Museum of Science, Boston, Massachusetts)

아이들이 과학에 관심 없어도 이 과학관에서 35개이상 전시가 있어서 마음이 동할 수 있는 아기 병아리와 나비 정원, 공룡 발굴, 천문관 쇼, 동물 부화장이 있다. 또한 8세 이하의 아동은 디스커버리 센터에서, 지질학 현장 스테이션을 이용하고, 어린 아이 크기의 과학 도구의 박스, 정기적으로 점액을 같은 것을 만드는 실험을 한다. 하버드와 MIT의 연구원들은 과학에 아이의 관심을 육성하는 방법으로 질문에 대답하기를 한다. 번개 쇼는 다른 과학 센터에서 심지어 직원이 격찬하는 수준이다. 전시의 질이 매우 높은 곳이다.

mos.org

4) 리버티 과학센터 (Liberty Science Center, Jersey City, New Jersey)

고층 빌딩에 아이들이 크레인, 20피트짜리 바람 터털, 자신의 타워를 만들 수 있는 물건들을 포함해서 건설 현장의 영상과 함께 몇 가지 유명한 건물의 30피트 높이 이미지들이 설치되어서 자신들이 만들 수 있다. 5세 이하의 새로운 자기 탐색 갤러리는 5개의 매달린 바위 (원인과 결과를 가르치는)과 2층 공 기계(중력과 추진력을 설명하기 위해)로 만든 실로폰 같은 상호작용형 디스플레이가 있다. 가을에는 주말 과학 워크숍을 가족과 아이들이 함께 한다.

lsc.org

5) 생루이스 과학센터 (St. Louis Science Center, St. Louis, Missouri)

어린이 갤러리 안내는 50개 이상의 재미있게 할 수 있는 것을 리스트 해 놓았다. 디스커버리룸에서 3~ 7세 아동은 자석과 기어를 사용하고, 옥수수를 갈아보기, 자신의 심장 박동을 들을 수 있다. 모든 연령의 아이들은 과학 경고등을 즐길 수 있는데 공, 물 풍선, 심지어 호박을 삼층 창문 밖으로 던져 관객이 가장 빠르게 떨어질 것을 추측 할 수 있다.

slsc.org

6) 뉴욕 홀 오브 싸이언스 (New York Hall of Science, Flushing, New York)

많은 사랑을 받는 매직스쿨버스 전시, 활동 영역에서 만화경을 만들거나, 자신의 그림자가 벽에 고정되는 것도 보고, 내부에 전시가 많이 있다. 진짜 재미있는 야외는 4월~ 12월까지 거대한 과학 놀이터로 아이들이 장애물 등반을 통한 반사, 거울 통로, 저음소리 접시, 사운드, 득점같은 개념을 탐색 할 수 있다. 그네가 풍차에 전원을 공급하고, 특대 시소로 아이들이 레버에 대해 배울 수 있어서, 이런 전통 놀이 기구는 완전히 새로운 의미를 가져온다. 실험 튜브로 자신의 치즈를 만들기 위해 생화학 실험실이 있다.

nyscience.org

7) 캘리포니아 과학센터 (California Science Center, Los Angeles, California)

기린의 뇌에 혈액을 공급하는 펌프 레버처럼 메인 갤러리는 체험하는 전시가 많이 있고, 8세 미만은 "디스커버리 룸"이 있다. 디스커버리 룸은 방문했을 때 다소 실망스럽긴 했지만 메인 체험 전시들은 볼 것이 좀 있다. '창조 세계'는 카메라와 건설 영역, 철물점 및 TV 스튜디오가 있다. 다섯 화학 실험, 계란 폭발과 화산 거품을 포함해서 주말에는 과학 스텍터클 쇼를 볼 수 있다.

californiasciencecenter.org

8) 시포트 발견센터 (Sci-Port Discovery Center, Shreveport, Louisiana)

매일 새로운 방문자를 안내하는 많은 쇼와 실험이 있는데, 정규적으로 초콜릿 과학 (아이들이 사탕볼을 만들기 위해 풍선을 사용), 악어 장난 (아기 악어를 접촉 할 수 있는) 등이 있다. 천문관에서 상호작용 키오스크는 너가 태어난 밤에 하늘에서 별이 나타나는 방법을 볼 수 있다. 아이들이 홀로그램 가득한 터널을 통해 전기와 크롤링을 실행할 수 있는 애니메이션 컴퓨터실 및 어린이 갤러리를 포함하여 실제 전시가 있다.

sciport.org

9) 프랭클린 과학관 (The Franklin, Philadelphia, Pennsylvania)

연구소는 마음을 통과하는 거대한 걷기 전시를 통해 세계적으로 잘 알려져 있다. 아이들은 어린이 전시인 '키즈 싸이언스 : 요소의 섬'를 보면 재미가 있는데 신들을 그래픽적 요소로 도입하여서 스토리로 전개한 체험식 전시이다. 가족이 거대한 패널에서 이야기 책을 읽으면서, 그들은 소리, 움직임, 지질학에 대해 아이들을 가르치는 체험 요소로 포장된 동굴 요트, 빛의 집을 탐구한다. 실제 해적 보물 전시가 있다.

fi.edu

10) 매릴랜드 과학센터 (Maryland Science Center, Baltimore, Maryland)

'키즈룸'에는 과학자가 되고 싶어하는 8세 미만의 아동들이 동굴을 탐구하고, 물 테이블에서 부력을 실험하고, 지진을 견딜 건물을 구성할 수 있는지 아닌지를 본다. '하늘 위의 로저스씨의 이웃'을 어린 아이들을 위한 천문관 쇼에서 볼 수 있고 입구에 대여섯 거대한 공룡 골격이 있다. 특별 이벤트로 공룡 알의 둥지에 앉아 아이는 사진을 찍기도 하고 재미를 추가 할 수 있다.

marylandsciencecenter.org

3. 미국 어린이미술관 베스트 10[227]

미술관은 한때 아동들을 조용히 시키는 요새였지만, 이젠 더 이상 조용히 시키진 않는다. 실제로, 걸음마장이를 위한 위한 미니 투어, 고전 명작에 대한 관심을 촉진시키기 위한 체험식 설치물, 그리고 탐험을 촉진시키는 보물찾기를 그릴 수 있는 방법을 찾고 있다.

"시각 예술에 대한 노출은 특히 창조적인 방법으로 어린이의 세계에 대한 인식이 넓어지고 과학, 역사, 수학 등에서 배우는 데 사용할 수 있는 도구이다." 라고 워싱턴,DC에 있는 국립예술기금(National Endowment for the Arts) 박물관 및 시각 예술 관장인 Robert Frankel이 말했다.[228]

이런 새로운 국면을 탐구하기 위해, 미국 'Child' 잡지는 미술관의 가족 친화도를 평가하기 위해 데이터 중심의 최초 조사를 실시했다. 미술관 이사회 (Association of Art Museum Directors) 회원들과 함께 100개 이상의 박물관에 42개의 설문 조사를 보냈고, 이 설문 조사는 컬렉션의 깊이를 판단하기보다는 가족 투어, 어린이 및 가족 수업, 학교 그룹을 위한 교육 프로그램, 인력 배치, 아동의 전시 접근성, 기억에 남을만한 가족 경험의 핵심 특징을 조사했다.

1) 시카고 아트 인스티튜트 (Art Institute of Chicago)
어린이를 위해서 터치 갤러리, 미니 마스터, 가족 예술 캠프가 대표적으로 있다.

---

[227] https://www.parents.com/fun/vacation/us-destinations/the-10-best-art-museums-for-kids
[228] 상동

- 터치 갤러리 : 아이들이 손으로 탐구 할 수 있는 다른 시대의 5개 초상 조각이 상설 전시로 있다. 원래 시각 장애인용으로 설계된 이 갤러리는 가족이 모양, 크기 및 질감으로 단지 눈으로만은 얻을 수 없는 방식으로 학습할 수 있다.
- 미니 마스터(Mini Master) 수업 : 성인 동반 3-5세 유아를 위해 학기 중에 토요일에 진행되는 1시간 프로그램으로 그림책 읽기와 1개의 갤러리에서 2~3점의 미술 작품 검토, 미술 프로젝트 수행이 있다.
- 가족 예술 캠프(Familiy Art Camp) : 여름에 일주일간 어린이 및 성인을 위한 테마 캠프가 열린다. 참가자들은 갤러리에서 그림, 판화 및 조각을 탐험한 다음, 인접 학교 근처의 예술가 작업실로 가서 아동 자신의 작품을 만든다.

이 미술관에서는 1926년 최초의 어린이 갤러리를 오픈했다. 갤러리는 작품의 맥락 안에서 예술로 들어가게 하는 최첨단 크래프트 교육 센터(Kraft Education Centre)이다. 센터의 상호작용 전시 및 가족 프로그램 디렉터인 장 소우사 (Jan Sousa)는 가족들에게 예술과 삶을 연결시키려고 했다. 아프리카의 가면이 있다면 삶에서 보이는 가면 비디오와 가면을 착용한 마네킹을 볼 수 있고 아동들이 가면을 만들 수 있다. 삼성미술관 리움 개관시 아동을 위한 미술 개관전을 할 때, 소장품과 문화 이해를 돕는 센터의 전시가 있어서 벤치 마킹을 했던 기억이 있다. 당시에 상당히 시대를 앞서가면서도 아동 활동을 할 수 있게 체험식으로 구성되었던 좋은 사례였다.

자료 출처 https://www.artic.edu/

2) 뉴욕 메트로폴리탄 미술관 (The Metropolitan Museum of Art, New York)
안내지와 아동 도서가 있고, 가족 단위의 소장품을 활용한 프로그램들로 구성되어 있다.

- 〈Mixed-Up Files〉 고전 시대에서 Claudia와 Jamie가 미술관에서 캠핑을 한 시간의 안내서와 같이 기획된 아동 핸드북 13개가 제공된다.
- Caldecott상을 수상한 소장 도서를 포함한 어린이를 위한 450권의 그림책이 있는 도서관을 자랑한다.
- 택시처럼 생긴 박스 내에 아이들의 식사를 제공하는 빠른 서비스 식당이 있다.

  - "Hello, Met!"는 명작 스케치를 포함한 5세~ 12세의 어린이를 둔 가족을 위한 박물관 소장품에 대한 1시간 소요의 소개이다. 3월 매주 일요일에 열린다.
  - "미술 시작(Start With Art)"(7세 이하 유아에게 이야기 책읽기 및 갤러리 투어)과 "다시 보아라!(Look Again)" (음악과 그림이 있는 5-12세 어린이를 위한 테마 투어)를 포함하여 미술관은 가장 많은 44개의 가족 프로그램을 진행한다.
  - "어떻게 그리했는가?"는 16세기의 갑옷이나 르네상스 조각품과 같은 예술 작품이 어떻게 만들어 졌는지를 가족들에게 가르치기 위해 설립된 30분짜리 프로그램이다.

본 미술관 Met에서는 마스코트가 있는데 고대 이집트 토기류로 하마 모양이다. 아이들 핸드북이나 박물관 홀에서 특수 효과로 사용되는 것을 볼 수 있고, 200만개가 넘는 예술 작품으로 구성된 소장품은 어린이와 호기심에 잘 부합한다고 말하고 있다.

자료 출처 https://www.metmuseum.org/

3) 데이톤 아트 인스티투트 (Dayton Art Institute)
갤러리 사냥, 진행자 투어, 갤러리 가방 대여가 프로그램으로 준비되어 있고 상호작용 가족 갤러리인 '경험 센터'가 있다.

- 가족 사냥 : 아동들이 5종 예술 작품을 엉덩이 꾸러미, 화려한 힌트 카드와 함께 3가지 주제별, 자기주도적인 갤러리 사냥을 제공한다.
- 진행자 투어 : 유아를 위한 진행자 투어는 유아들의 이야기에 적합한 박물관의 소장품 의자 3개, 그릇 3개를 찾은 다음, 자신의 죽 그릇을 만들어본다.
- 갤러리 가방 대여 : 가족은 자기만의 몬드리안을 만들 수 있는 미술관 디자인의 ABC서적과 자석보드로 박물관에 있는 동안 아동들이 사용할 수 있는 아이템으로 가득 찬 갤러리 가방을 빌릴 수 있다.

기관은 지역 주민들에게 '데이톤 거실(Dayton's living room)'로 알려져 있다. 거의 인근 모든 데이톤 사람들이 함께 모이는 곳이다. 미술관이 거실이라면, 상호작용 가족 갤러리인 경험센터(Experiencenter)는 움푹 들어간 방으로 아이들이 무엇인가 많이 할 수 있는 아동 방이다. 경험센터에 있는 콘텐츠 2개를 소개한다.

* 어린 학습자들을 위한 예술 장소 (Art Place for Young Learners) : 창조적인 놀이와 문제 해결 활동을 통해 3-6세의 조기 학습자에게 초점을 맞춘 가족 체험센터 상설 공간이다. 새로운 전시가 설치될 때 아동용의 새로운 전시테마로 공간 활동과 디자인이 반영된다.
* 반짝이는 광기(Shimmering Madness) : 1998년 예술사진작가 Sandy Skoglund가 제작한 상설 설치로 젤리도 덮힌 바닥에 춤추는 것 같은 포즈로 조립된 2개의 젤리 마네킹을 설치했다. 작은 키네틱으로는 손으로 그린 나비가 주변 벽을 덮고 있다. 작가는 음식같은 일상의 물건을 수천 개의 jellybeans 형태로 설치한 것으로, 미술에서 소중하고 아름다운 것을 새로운 개념으로 정의한다.

자료 출처 http://www.daytonartinstitute.org/learn/youth-family-programs

4) 드 영 미술관 (De Young : San Francisco, CA)

아동과 가족을 위한 프로그램이 매우 활성화되어 킴볼 교육 갤러리, 드 영거 스튜디오, 걸음마장이 프로그램부터 방대한 방과후 프로그램, 가이드북까지 준비되어 있다.

- 매주 토요일에 도슨트 혹은 뮤지엄 예술가가 진행하는 2개의 가족 투어가 있으며, 상설 소장품 및 특별 전시회에 맞춘 가족 오디오 투어를 제공한다.
- 미술관의 교육 갤러리로 이어지는 아동을 위한 마법 정원이 있다. 그곳에는 연못을 특징으로 동물 조각에 점을 찍은 작품이 있다.
- 만화가 필 프랑 (Phill Frank)이 그린, 관람객을 위한 재미난 만화책 가이드인 '드 영 미술관 (De Young Museum)의 유령'을 배포한다.

- 구리 외관의 신축 건물 : 금문 공원 (Golden Gate park)에 위치한 드 영 뮤지움 (De Young Museum)의 랜드 마크인 새 건물은 극적인 구리 외관을 특징으로 하는 예술 작품이다.
- 킴볼 교육갤러리 (Kimball Education Gallery) : 히스패닉 미술, 전통 아프리카 미술, 20세기 미국 미술에 중점을 둔 상호작용식 멀티미디어 전시는 아이들은 마야 상형 문자를 배우거나 또는 마야 돌의 이미지에 색깔을 칠할 수 있다.
- 1천개 이상의 방과후 프로그램과 가이드북 출간 : 가족용 욕실 및 유기농 음식을 제공하는 카페와 같은 편의 시설 외에도, 미술관에서는 방과 후 미술 수업, 연극 공연 및 도슨트가 읽은 이야기 등의 어린이 활동을 제공한다. 1,000개 이상의 학교 단체 수업으로 뮤지움을 방문 할 것으로 예상된다. 예술 교육의 국가 수준으로 간주되는 De Young은 최근 4학년에서 8학년 학생들을 대상으로 사회, 시각 예술 및 언어 예술 분야의 6가지 커

리큘럼 가이드인 'Get Smart With Art' 책을 출판했다. 저소득층 고등학생을 예술 교육시키고 학령기 아이들을 가르치도록 교육하는 박물관 대사 프로그램도 유명하다.

- 아동과 함께하는 가족 프로그램 : 예술 감상이나 제작에 관심이 있던, 가족은 박물관의 추억보다 더 한 것을 가져가게 된다. 미술관은 걸음마장이 여행, 방과후 미술수업, 여름 캠프 등 모든 연령대의 어린이들을 위한 프로그램을 제공한다. 가족을 위한 무료 놀이 공간인 'de Youngsters Studio'를 방문하거나 매주 토요일에 무료 가족 미술 제작에 참여할 수 있다.

자료 출처 https://www.famsf.org/visit/de-young

5) 카네기 미술관 (Carnegie Museum of Art, Pittsburgh)

아트 고양이를 마스코트로 하여 아동들에게 친근하게 접근하며 특히 여름 캠프는 미술 주제에 국한하지 않고 아동들이 재미있어 할 융복합적 주제로 접근한다. 인근에 같은 조직체로 카네기 과학센터, 카네기 자연사박물관, 앤디워홀 미술관이 함께 있다.

- 보물찾기 및 예술 제작 활동을 포함하는 4세 이상 유아를 위한 갤러리에 주말에 들릴 수 있다.
- 걸음마장이를 위한 1시간 유치원 놀이터를 제공하고, 아이와 부모는 동요를 듣고, 손가락 놀이를 보고, 갤러리에서 예술을 만든다.
- 무료 유모차 대여, 아이 친화적 퀵서비스 레스토랑, 전자렌지가 있는 브라운백 런치룸 등 많은 가족 편의 시설이 있다.

아트 고양이(Art Cat)는 카네기 미술관에서 가족 프로그래밍의 마스코트이다. 고양이의 호기심과 억제 할 수 없는 정신은 미술관에서 특히 인기있는 오디오 투어에서 나타난다.

- 어린이를 위한 여름 캠프 : 4~13세 아동을 위해 1주일 반나절 및 1일간의 캠프로, 유아와 고등학생을 위한 추가 프로그램이 제공된다. 가장 차가운 살아있는 동물 가까이에서 일어날 수 있는 일, 엉망진창을 만들거나, 독창적인 것을 디자인하거나, 야생의 모험을 즐기며 살 수 있는 곳은 어디인가? 냄비를 던지기부터 꿈같은 집 디자인에까지 미술과 건축 캠프는 영감을 위해 박물관 전체를 사용하면서 재미난 체험을 제공한다. 야외 활동을 즐기는 분들이라면, 자연사나 파우더 밀 (Powdermill) 캠프에서 시원한 과학 실험, 오싹한 벌레, 거대한 공룡 등을 경험할 수 있다. 캠프 주제로는 벌레의 비밀스런 삶, 마법같은 모네, 극한 이벤트, 생존 모험, 야외 아트, 거인의 땅 등 미술관에서 미술 주제에 한정하지 않고, 아동이 재미있어 할 수 있는 융복합의 다양한 주제가 있다.

자료 출처 https://carnegieart.org/

6) 로스앤젤레스 카운티 미술관 (Los Angeles County Museum of Art)

가족 친화적인 공간인 '분 어린이갤러리'가 있어 아트 스튜디오 역할을 하며 참여적인 이야기 프로그램도 제공된다. 가족의 날에는 영어 스페인어 가족 투어가 있고 학교 휴일을 위한 '학교밖 우린안' 프로그램이 특징이다.

- 'Family Days' 프로그램의 일환으로 영어와 스페인어로 가족 투어를 제공하는데, 프로그램에는 체험식 예술 제작 및 연극, 뮤지컬, 댄스 공연이 년중 매주 일요일에 열린다.
- 독창적 접근 방식으로 가족 갤러리 안내를 제공하는데, 직원이 가족을 3개의 현대 작품으로 보내고 질문도 한다.
- 가족이 미술에서 역사적인 영웅을 특징으로 하는 상설 소장품을 특별하게

투어 할 수 있을 때, 학교 휴일을 위한 특별한 '학교 밖, 우린 안(School's Out, We're In)'프로그램을 개최한다.

1997년 미술관의 '분 어린이갤러리(Boone Children's Gallery)'는 모든 연령의 사람들에게 예술을 보여줄 수 있는 새로운 방법을 실험하기 위한 공간으로 시작했다. 최근에는 가족을 초대하는 공간으로 진화했다. 갤러리 전시는 아동들이 린넨으로 미라를 감싸고 있는 '파라오의 세계(The Pharaoh's World)' 설치물이 있는데, 18세 이하의 어린이들에게 무료 회원으로 제공하는 '다음 세대(NexGen)'프로그램을 제공한다.[229] 실습 활동으로는 모든 연령대를 위한 붓 페인팅 스튜디오이기도 하다. 예술 제작으로 방문 할 수 있는데, 친구, 가족과 함께 휴식을 취하고, 창조하고, 새로운 친구를 만들 수 있는데, 이 재미있고 가족 친화적인 장소에서 공동 테이블이 제공된다. 또한 갤러리의 이야기 시간을 가질 수 있는데, Boone Children's Gallery 직원은 영유아에게 잘 맞도록 색, 예술 및 모험에 대한 참여적인 이야기를 읽으면서 참여한다. 한국미술 갤러리에서 매주 금요일 오후 2시에 열린다. 오래전 어린이갤러리에서 동일 주제의 신구 작품들을 함께 병치하면서 감동을 주는 전시를 하였다. 예를 들면 고서화와 이 고서화 옆에 요소를 움직이는 미디어로 처리한 것이다. 최근 어렵게 방문을 했었는데 어린이갤러리는 보지 못했고, 기획전이 페미니즘을 다루면서 작품들이 압도적 감동이 있었으며 주변에도 계속 빌딩을 지으면서 확장 중이였다.

http://www.lacma.org/event/kids-art-class-focus-painting

229 http://www.lacma.org/event/andell-family-sundays-13

7) 조슬린 미술관, 오마하 (Joslyn Art Museum, Omaha)

상호작용식 갤러리가 2곳이 있으며, 아트 프로그램 종류만도 3개가 있다. 아동을 위해서 매우 활성화된 미술관이다.

- 무료 칼라풀한 카드를 제공하여 가족이 조슬린의 "최고의 히트" 15점을 찾아서 그것에 대해서 이야기할 수 있다. 가장 인기 있는 주제의 예로 '왜 예술에 누드가 있나?'이다.
- 아이들이 다채로운 테마의 책과 CD-ROM을 볼 수 있는 EdTech 갤러리인 '교육의 허브'를 자랑하는데, 여기에는 화려하고 안락한 의자와 소파가 있다.
- 미술관을 방문해서 5가지 활동에 참여한 어린이들을 위해, 조슬린의 썬더버드 마스코트 인 '테오(Theo)'의 이름을 딴 '테오 로스트 클럽(Theo's Roost Club)'이 후원하며, 회원은 조슬린의 온라인 갤러리에 자신의 작품을 전시할 수 있다.

조슬린 미술관의 아르데코 건축물 중 가장 훌륭한 사례 중 하나인 웅장하고 위풍당당한 외관은 영구 설치 방식으로 설립되었다. '아트 퀘스트 (Art Quest) : 보고 배운다' 라는 가족을 위한 매력적이고 이해하기 쉬운 전시가 있었는데 컬렉션에서 32편 작품을 재현한 것으로, 각 작품에 접근하는 방법에 대한 사용 지침서로 구성되어 있다. 재미있는 부분은 새로운 시각적 기술을 테스트하기 위해 방문객에게 원본 작품으로 안내하는 갤러리 사냥하기이다. 미술관에는 9가지 테마의 아트 팩이 있고 배낭에는 정보와 어린이 게임에 적합한 친숙한 활동, 청소부 사냥 등이 있다. 갤러리를 다니는 동안 가족이 빌릴 수 있다.

- 스콧 에드텍 갤러리(Scott EdTech Gallery)
  상호작용 미술 탐험 (Interactive Art Exploration @ Joslyn)갤러리로 미술관 방문을 시작하거나 휴식을 취할 수 있는 장소인 학습 센터이다. 관람객은 미술

책을 읽고, DVD를 보고, 연구하고, 새로운 iPad에서 게임을 즐기고, 예술을 제작할 수도 있다. 가족용 아트 팩이 제공된다.

- 미술 제작 갤러리 : 호기심의 장소 (ART WORKS : A Place for Curiosity)

1500 평방피트(약300평)의 상호작용식 공간으로, 남녀노소가 시각 예술 경험을 재미있고 신선한 방법으로 찾을 수 있다. 예술과 연결된 9개의 체험식 스테이션이 호기심과 창의력을 자극한다. 활동은 독특한 경험을 제공하기 위해 디자인되었고, 새로운 예술 제작 기회가 정기적으로 있으며 ART WORKS를 방문할 때마다 독특한 기념품을 만들 수 있다. 아트 워크는 오드리의 스펙트럼 조각, 사이먼의 애니메이션 방송국, Eloise의 초상화 갤러리, 월리 패턴 플레이스, 프레디의 테크노 캔버스, 찰리의 관찰 스튜디오, 잭의 화병 공간, 창의력 테이블, 바바라의 호기심 코너가 있다.

- 아트 수업 (Joslyn @ Art Classes)

미취학 아동, 청소년 및 성인을 위한 조슬린 예술 수업은 일년 내내 제공되며, 주제는 상설 소장품 및 특별 전시의 작품에서 영감을 얻고, 미술관 및 정원을 통해 예술 작품 제작을 응용할 수 있다. 아티스트와 지역사회의 예술교육자가 수업을 리드하며, 예술가의 통찰력과 기술력을 초보자부터 고급 아티스트에게 공유하고자 한다. 주제와 테마는 계절마다 바뀐다.

자료 출처 https://joslyn.org/

8) 윈터더르 미술관 (Winterthur Museum & Country Estate, DE)

본 미술관은 엄청난 야외 정원을 자랑하며 연중 무휴로 운영된다. 실내외로 다양한 프로그램이 있어서 아동들이 재미를 느낄 수 있는 공간이다.

- 지역에 살았던 가족의 사진 앨범을 어린이들이 함께 모으는 일일 가족 투어를 제공한다. 이 앨범에는 현재 광범위한 미술 컬렉션이 있다.

- 활동으로 가득 찬 가족 가이드를 제공한다.
- 미술관의 일부에서 아이들의 역사적인 그림과 재질을 포함하여 7개 갤러리의 상호작용식 설치가 특징이다.

현재 미술관에는 60에이커 규모의 자연주의 정원이 있다. 그 정원 안에는 연중 무휴로 열리는 '매혹적인 숲(Enchanted Woods)'이라는 동물 조각으로 장식된 어린이들을 위한 3에이커의 마법의 지역이 있다. 관람객들은 구불구불한 길을 통해 미니 스톤헨지처럼 배열된 '이야기 돌들'을 만나게 된다. 정해진 날에는 스토리 텔러가 아동들이 정원에서 어떤 일을 하는지 이야기한다. 거기에서 난장이 다리가 코티지와 버섯 반지로 이어진다.

- 실외에서의 재미

  미술관 창립자인 헨리 듀퐁이 창안된 60에이커의 쾌적한 자연주의 정원을 둘러볼 수 있다. 어느 계절이든 가족 구성원을 기쁘게 하는 특별한 장소를 발견할 수 있다. 정원과 삼림 지대의 산책로를 따라가거나 설명이 있는 트램을 타볼 수 있다. 피크닉을 즐기고, 다람쥐, 새 및 다른 야생 동물을 탐색하는 동안에, 교육용 책가방을 빌려 마법 같은 '매혹 숲'을 즐길 수 있다. 반사 풀(Reflecting Pool)에서 개구리를 들을 수 있고 진달래 숲을 걸을 수 있고 숨바꼭질을 할 수 있다.

- 실내에서의 재미

  우리는 당신의 가족이 실내에서 경험할 수 있는 여러 종류의 공간을 가지고 있다. Touch-It Room의 일반 상점에서 가상의 티 파티를 하거나 놀이를 할 수 있다. 갤러리를 방문하기 위해 유아용 팩을 가져갈 수 있으며, 토요일에는 체험 역사 카트를 통해 모든 연령층의 관람객들이 특별전과 관련된 주제를 탐구할 수 있다. 갤러리에서 놀이를 통해 과거를 탐험하기!

새로운! 호기심 많은 아이들, 역사 카트 체험, 매혹적인 숲의 이야기 시간, 어린이 야채 정원 프로그램 (회원 전용), 매혹적인 여름날, 대단한 화요일, 트럭 및 트랙터의 날!, 시간의 페이지(어머니와 딸의 책과 공예 클럽), 시간 여행자의 여행, 유아용 팩, 마법 나무 배낭 등의 프로그램이 준비되어 있다.

자료 출처 https://www.winterthur.org/

9) 달라스 미술관 (Dallas Museum of Art)

가족 프로그램의 종류가 매우 다양하게 준비되어 있고, 미술관을 이용할 수 있는 마스코트 일러스트로 친근하게 미술관을 이끌고 안내지를 제공한다. 또한 키즈 클럽은 인근의 과학관, 동물원, 센터들과 협력해서 다양한 혜택을 받아볼 수 있다.

- 매월 셋째주 금 저녁 6시부터 자정까지 심야 가족 활동으로 영화, 미술관에서의 공연, 박물관의 마스코트 인 '아르투로(Arturo)'와 함께 전문 스토리텔러가 읽어주는 취침 시간 이야기가 있다.
- 한해 중에 어떤 주말에 열리는 '전세계 여권' 프로그램을 통해, 아이들은 작은 파란색 여권과 상설 소장품에서 찾을 수 있는 물건 목록을 얻게 된다. 아이들이 물건을 찾으면 도우미는 물건의 원산지가 보이는 여권에 스템프를 찍는다.
- 학기중 달라스의 초등학교를 방문하는 'Go Van Gogh' 아웃리치 프로그램 (후원받은)은 상호작용식 슬라이드 프로그램 및 예술 활동을 소개하고, 학생들은 미술관 가족 무료 입장권을 받는다.

사랑스런 마스코트 '아르투로'는 미술관 무료 가족 오디오 투어 (5~8세, 9~12세 2종으로 설계된)의 일부를 설명한다. 가족 구성원은 휴대용 오디오 장치를 사용하여 서로들을 수 있고 이야기 할 수 있다. 특별한 날에는 아르투로가 컬렉션을 통해 가족들을 이끌고 있었다. 늦은 밤 아르투로(전문 강사와 함께)는 갤러리의 어린이들을 위한 요가 수업을 진행한다. 그 후, 아이들은 미술관의 힌두 예술을 보기 위해 위층으로 간다. 힌두교 춤의 신인 시바 청동 조각 앞에서 아동이 다른 아이들에게 힌두춤을 가르친다. 그것은 연결에 관한 것으로 평생 예술과의 참여를 창조하도록 목표로 하고 있다.

　가족 프로그램은 유아부터 십대까지 아기와 함께 조용한 시간을 갖든, 유아랑 재료를 가지고 놀면서 재미를 느끼든, 쌍둥이를 위한 미술 워크숍을 찾든 미술관은 다양하게 제공한다. 종류로는 수업 및 워크숍, 여름 예술 캠프, 무료 가족놀이, 게임 및 인터렉티브, 가족 축제, 오픈 스튜디오, 키즈 클럽, 첫 번째 화요일, 꽃의 가족날 등이 있다.

- 워크숍 : 갤러리에서의 시간과 Art Studio에서의 예술 제작 기회를 결합시키고 있다. 각 수업은 아트 베이비(24개월 미만), 영아 미술(2~3세), Arturo's Art & Me(3~5세), 홈스쿨 (6세 이상 홈스쿨 가정), 가족 워크숍(6-12세 아동과 가족)이 있다.
- 키즈 클럽 : 달라스 미술관, 아시아 미술관의 까마귀 컬렉션, 달라스 동물원, 페로 자연과 과학 박물관, Nasher Sculpture Center, Trinity River Audubon Center과 협력체이다. 이 단체들 중 어느 곳에서나 키즈 클럽에 가입하면 가족은 6개 기관 모두에게 특별 혜택을 받게 된다. 가족 중심의 혜택을 제공하는데 미술관에서 회원으로 Kids Club($ 50)을 추가하면 아래의 혜택을 받게된다.

자료 출처 https://dma.org/

10) 피바디 에섹스 미술관 (Peabody Essex Museum, Salem, MA)
자연을 예술과 접목시키면서 운영하고 있고, 가족과 초등생을 위해서 큰 규모의 체험 공간인 '예술과 자연센터'가 있다. 또한 광범위한 아시아 콜렉션이 유명하며 이를 위한 아동 활동으로 제공한다. 콜렉션을 위한 센터 및 확장 계획을 가지고 있으며, 동양의 소장품도 많으며 이 중에서 한국의 콜렉션도 보유하고 있다. 아동과 가족 프로그램은 주중과 주말로 구분한다. 특히 프로그램에서 자연 센터를 활용하여 자연과 예술을 접목시킨 것이 특징이다.

- 상설 소장품에 대해서 영어, 스페인어 및 중국어로 다채로운 가족 안내를 제공하며, 미술품에 관해 자녀와 대화하는 방법을 부모에게 안내한다.
- 가족 수업과 미니 캠프인 미술 모험 클럽을 제공한다. 아이들은 넨가조 (일본 신년 카드)를 디자인하거나, 동물상을 만들거나, 자연 일지를 만들 수 있다.
- 광범위한 아시아 컬렉션을 지원한다. (Salem은 미국의 중국 무역을 발전시키는데 도움이 되었으며, 미술관은 200년 역사의 중국 주택 및 아시아 예술을 특징으로 하는 방대한 콜렉션으로 유명하다) '종이 비행기접기 경연대회'와 '일본 인형의 날' 같은 가족을 위한 무료 주말 프로그램이 아동 중심의 활동으로 제공된다.

1799년에 설립되어 미국에서 지속적으로 운영되는 가장 오래된 미술관 중 하나이다. 가족을 위한 하이라이트는 박물관의 자연사 수집을 지원하고, 예술과 자연의 연결을 강조하기 위해 설계된 가족 및 초등학교 그룹을 위한 약 700평의 체험 공간인 '예술과 자연 센터(Art & Nature Center)'가 이다. 아이들은 뒷마당에서 자연을 경험하고 다른 문화와 사람들이 자연을 보고 예술을 창조하는 방법을 살펴보는 발판이 된다. 이 공간에는 '형태 찾기', '재질 만지기' 및 '세부 찾기'와 같은 문구와 관련 활동 상자 및 그림책과 같은 20개 이상의 체험 놀이 스테이션이 있다.

자료 출처 https://www.pem.org/

4. 미국 어린이놀이터 베스트 10[230]

놀이터는 아동들에게 즐거움과 오락만이 아니라 새로운 신체 놀이 기술을 배우고 새로운 도전에 맞서고, 문제 해결 능력을 기르며 모험심을 기르며 새로운 기술을 습득한다. 또한 어린이가 또래와 교류하고 공유 및 협업과 같은 관계 기술을 습득할 수 있는 장을 마련한다. '유아교육존(Early Childhood Education Zone)'[231] 이라는 미국 영유아 교육을 위한 정보 제공 싸이트에서 찾아낸 미국 어린이놀이터 베스트 50(The 50 Best Playgrounds in America) 중에서 10개의 놀이터를 소개한다. 순위와 상관없이 참고용으로 보기를 추천한다. 이 중에서는 해리 토마스 운동장, 뉴욕 홀 오브 싸이언스 과학놀이터, 성경 이야기 놀이터가 특징적으로 보인다.

1) 자케리의 놀이터 (Zachary's Playground : Lake Saint Louis, Missouri)

설립자의 아들에게 헌정된 Zachary's Playground는 가장 높은 미끄럼부터 가장 낮은 놀이 패널에 이르기까지 모든 사람이 접근할 수 있는 진정한 포괄적 놀이터이다. 모든 연령과 능력에 맞는 그네, 물놀이의 재미를 위한 물 튀김 패드, 점자 활동 보드, 맞춤 좌석이 있는 클라이밍 그물이 있다. 놀이터의 음악 섹션은 오디오 자극을 제공하고 창의성을 장려하는 반면, 성과 보트 테마의 놀이 공간은 상상놀이와 가상놀이를 장려한다.

이 놀이터는 무제한 놀이 단체(Unlimited Play)는 미주리주 세인트루이스 호수 도시 및 성찰리스 발달장애자원위원회(DDRB)와 협력하여 로크리지 공원에 놀

230_ https://www.earlychildhoodeducationzone.com/best-playgrounds-in-america/
231_ https://www.earlychildhoodeducationzone.com/about/

이터를 제공하게 되었다. 주요 놀이 요소는 보트 상상놀이, 영아의 그네, 물 놀이, 음악 섹션, 영아 및 5-12섹션, 서핑, 클라이밍 네트, 롤러 미끄럼 및 금속미끄럼 등이 있다.

출처 https://unlimitedplay.org/playground/zacharys-playground

2) 해리 토마스 운동장 (Harry Thomas Sr. Playspace : Washington, D.C)

수학, 예술, 건축, 과학 및 자연의 핵심 주제가 매력적 방식으로 모이는 장소로 초록색 구조의 기발하고 재미있는 모습은 중요한 과학적 원리가 있다. 운동장은 피보나치 수열을 탐구하게 되어 있는데 피보나치 수열은 각 패턴이 두 숫자의 합으로 이루어진 단순한 패턴이다. 뒤따르는 황금 비율은 자연 환경에서 끝없는 구조와 패턴으로 존재하는 것이다. 이 놀이터는 이러한 원리를 아름답게 보여주면서 아이들에게 가르쳐 준다.

자료 출처 https://www.earlychildhoodeducationzone.com/best-playgrounds-in-america/

3) 곡창 보호 오튜본 공원 (Grange Insurance Audubon Park : Columbus, Ohio)

강을 따라 위치한 이 공원은 대도시의 보석같은 곳으로 자전거 길, 35피트 암벽, 낚시 구역 및 콜럼버스시 내부의 멋진 전망을 갖춘 2개의 전망대가 있는 거대한 워터 타워가 있다. 자연 센터, 교육 강좌 및 경외감을 불러 일으키는 유선된 새 둥지로 방문객들은 새들 소리를 직접 들을 수 있다. 또한 공원에는 보트 경사로와 모래 배구장도 있다.

4) 클레미온트리 놀이터 (Clemyjontri Playground : McLean, Virginia)

모든 능력 수준의 어린이에게 어울리는 공간으로 조성되어 등받이가 높은 그네가 있고 필요한 사람들에게 더 많은 지원을 제공하고 있다. 모든 놀이 구조로 가는 진입로를 비롯해, 누구나 쉽게 조작할 수 있는 장비로 넓은 통로도 제공한다. 미니 트랙은 경쟁 경주를 개최할 수 있고, 빔은 균형과 깊이 인식에 도전하는 데 사용될 수 있으며, 놀이집은 그룹 놀이 및 사회적 상호작용을 위한 기회를 제공한다. 다양한 생생한 색상은 흥미롭고 환영하는 분위기를 조성하고 있다.

2에이커 놀이터는 중앙 회전목마를 둘러싼 4개의 야외로 구성되어 있어 아래와 같다.

- 무지개 실 : 무지개 아치길과 함께 있는 무지개색과 다양한 그네가 있는 표면, 모든 물리적 수준을 조절, 표지판, 점자, 그림 및 언어의 통합 등
- 학교 집 및 미로 : 재구성 가능한 미로를 형성하는 학습 패널, 교육 학습 게임, 내가 읽고 있는 곳, 지도 및 지구, 시간대와 시계를 사용하는 시간 등
- 모빈과 그 루빈의 운송 지역 : 경마장, 오토바이, 비행기 및 기차와 같은 교통 테마 장비로 설계, 상상력을 자극, 균형과 특수 기술, 실제 도로 상황을 모방 등
- 피트니스 및 재미 : 다양한 정글짐 구성 요소와 함께 가장 큰 놀이기구, 상상력을 자극 체력에 대한 진보적인 도전 등, 에너지 발산하기 등

자료 출처 https://www.fairfaxcounty.gov/parks/clemyjontri/playground

5) 뉴욕 홀 오브 사이언스 (New York Hall of Science Playground : Corona, New York)

과학 주제에 맞게 잘 갖춰진 야외놀이터로 드넓은 야외 공간에서 밝은 햇살과 함께 실험하며 놀이할 수 있고 과학관의 내부도 잘 갖춰져 있다. 대부분 체험식으로 이뤄져서 모든 연령을 커버할 수 있는 기관이라 한번 쯤은 꼭 가볼만하다. 특히 내부의 미디어홀은 엄청난 규모의 예산을 투여한 인터렉티브 애니매이션으로 기후환경 변화에 대해서 즐기면서 생각해보게 한다.

아동들은 장비와 기계를 실험하고 어떻게 작동하는지 볼 수 있다. 12개의 놀이 요소를 통해서 모든 연령과 능력의 방문객은 태양, 바람, 물 만큼 단순한 기계, 소리, 시각, 균형, 운동의 과학적 원리를 탐구할 수 있다. 모든 연령의 아동을 위해서 설계되었고, 과학놀이터 전시는 거인 레버, 아르키메데스 스큐루, 물놀이 영역, 바람관, 클라이밍 그물망, 미끄럼, 모래 상자, 금속 드럼이 있다.

자료 출처 https://www.earlychildhoodeducationzone.com/wp-content/uploads /2015/02/50-best-playgrounds-new-york-hall-of-science.jpg

6) 경이로운 놀이터의 세상 (World of Wonder Playground : Athens, Georgia)

1,500명의 지역사회 자원봉사자들의 헌신 덕분에 이뤄진 이 놀이터는 조지아에서 가장 큰 놀이터이다. 놀이터에 들어서면 아리스토텔레스가 인용한 '경이로움은 배우고자 하는 욕구를 암시한다'라는 말이 있다. 방문하는 모든 어린이에게 경이를 불러일으키는 놀이터는 암벽, 그네, 원숭이 막대들, 체험식 틱택토 벽, 등반하는 거대한 용까지 모든 고전을 여기에서 찾을 수 있다. 놀이터에는 2세에서 5세까지의 어린이들과 위에서 내려다 볼 수 있는 고가 보도가 포함되어 있다.

자료 출처 https://www.earlychildhoodeducationzone.com/wp-content/uploads/2015 /02/50-best-playgrounds-world-of-wonder.jpg

7) 상상 놀이터 (Imagination Playground : Manhattan, New York)

유명한 건축가 데이비드 락웰(David Rockwell이 디자인 한 블링슬립(Burling Slip))의 상상놀이터는 어린이들이 환경을 조작하고 모래, 물 및 느슨한 부분으로 아동 자신만의 놀이 공간을 만들도록 하는 상호작용식, 변형 가능한 공간이다. 거대한 폼 블록, 매트, 마차, 직물 및 상자가 아동의 손에 있에서 끝없는 가능성을 만들고 잠재력을 가진다. 전통적인 달리기, 점프 및 오르기뿐만 아니라 환상 및 협동 놀이 기회를 통해 넓은 스펙트럼의 놀이 욕구를 충족한다. 아이들은 여러 수준에서 활동할 수 있고 근육뿐만 아니라 마음도 훈련한다. 연구에 따르면 다양하고 도전적인 놀이를 경험한 8세의 아동은 지속적인 정규 교육의 혜택을 받을 준비가 더 잘 되어있는 것으로 나타났다.[232]

상상놀이터는 폼 블럭 놀잇감의 브랜드 명이면서, 뉴욕의 야외놀이터 명이기도 하다. 브랜드 놀잇감은 어린이박물관이나 야외놀이터에 다수가 있다. 브랜드에서 이동용 키트식으로 제작하여서 아웃리치 사용으로도 용이하며 대근육활동 놀이로 매우 좋아 신체 발달을 지원한다. 요즘은 소근육 놀잇감으로도 작게 제작한 키트가 있다. 국내에도 수입되어 몇몇 대형 어린이박물관에서 놀잇감으로 볼 수 있다. 이 브랜드는 세계어린이박물관협회(ACM)과 협력이 되어있고, 미국 야외놀이터 기구조직인 카붐(KaBoom)과도 관계가 있다.

자료 출처 https://www.earlychildhoodeducationzone.com/best-playgrounds-in-america/
브랜드 홈페이지 http://www.imaginationplayground.com/

8) 켈로그 공원 (Kellogg Park (Eco Playground) : New Orleans, Louisiana)

현대적인 에코 놀이터는 북미에서 가장 기술적으로 발전된 환경 친화적 놀이터로 뉴올리언스 어린이들에게 허리케인 카트리나 이후에 놀기 좋은 장소를 제공하기 위해 만들어졌다. 놀이터는 배우와 운동가인 브래드 피트가 이끄는 '올바른 제작 재단(Make it Right Foundation)'에 의해 개발되었다. 재단은 150개의 새로운 주택을 개발하면서 미니 놀이터인 '포켓 놀이터'를 만들었다.[233] 지속 가능

232_ https://www.nycgovparks.org/parks/imagination-playground
233_ https://health.howstuffworks.com/pregnancy-and-parenting/20-cool-playgrounds8.htm

한 방법과 재료를 사용하여 설계되어 전자적 놀이터 장비는 태양 판넬로 구동된다. 이 장비는 어린이가 장비의 게임을 통해 등반, 점프, 달리기 및 그네를 탈 때 신체 활동을 격려한다. 아동들은 이 기술을 사용하여 점수를 유지하고 혼자 놀거나 팀과 함께 놀이할 수 있다. 정신 및 신체 활동뿐 아니라 아이들이 지역 생태에 대해 생각해보도록 자극하는 것을 목표로 한다.

자료 출처 https://www.earlychildhoodeducationzone.com/best-playgrounds-in-america/

참고로 캘리포니아에 있는 켈로크 공원(Kellogg Park (Affordable Playground) : La Jolla, California)도 소개한다. 캘리포니아 라호야 사람들은 주변 환경에 완벽하게 맞는 여유있는 해변 놀이 환경을 만들었다. 해변을 테마로 한 놀이 구조는 5세~ 12세까지의 어린이들이 놀이를 할 때 상상력을 사용할 수 있을 뿐만 아니라 생명 보호 스테이션 테마 지붕도 있고, 교육 도구도 있다. 맞춤형 놀이 패널과 간판은 어린이와 가족에게 지역사회 교육을 제공하는, 지역 역사 및 해양 관련 퀴즈를 전달한다. 이 해변 공원 놀이터는 자연과 인공 세계를 조합했다.

9) 성경 이야기 놀이터 (Bible Story Playground : Parker, South Dakota)

사우스 다코타 파크에 있는 첫 번째 밥티스트 교회에 있는 이 독특한 놀이터는 어린이들에게 상호작용적, 첫 체험 학습을 통한 성경 이야기에 대해 가르친다. 모두에게 개방되어 있는 놀이터에는 아이들이 요나가 고래 안에서 어떻게 살았는지 경험할 수 있는 큰 고래가 있다. 또한 아이들이 '기적의 물고기 잡기' 이야기를 경험할 수 있는 오르기 그물과 보트를 갖추고 있다. '오르기 기둥' 에는 각기 십계명 중 하나가 기록되어 있어 오를 수 있다. 아동들이 즐거운 소리를 내는 악기가 제공되며 사자 굴에 들어갈 수 있고, 사운드 시스템을 사용하면 각 놀이터 장비 근처에 있는 버튼을 눌러 짧은 성경 이야기를 들을 수 있다.

자료 출처 https://www.earlychildhoodeducationzone.com/best-playgrounds-in-america/

10) 포트 워싱턴 놀이터 (Fort Washington Playground : New York, New York)

160 에이커의 허드슨 강 해안에 위치한 놀이터로 뉴욕시에서 진정으로 독특한 공간으로 만들기 위해 최근 3천만 달러를 들여서 질을 높였다. 새로운 공원에는 거대한 잎, 미끄럼이 있는 나무 위의 집, 짚 라인 및 큰 모래 박스와 같은 삼림 테마 장비를 갖춘 자연 발견 놀이터가 있다. 아동들은 뉴욕시의 스카이라인을 배경으로 보면서 자연에 빠져들게 된다. 포트 워싱턴 파크는 번화한 도시에서 온 가족을 위한 조용한 휴양지이다.

자료 출처 https://www.earlychildhoodeducationzone.com/best-playgrounds-in-america/

5. 세계적인 한국의 어린이박물관 만들기 프로젝트 제안서

아래와 같은 사항을 염두에 두고서 세계적인 한국의 어린이박물관을 종합적으로 구상하며 꿈꾸어 보았습니다.

① ICOM_International Counsil of Museums_의 박물관 재정의 : 2022년 프라하에서 열린 국제박물관협의회 총회에서 박물관에 대한 재정의를 함.

'박물관은 유형 및 무형 유산을 연구, 수집, 보존, 해석 및 전시하는 사회에 봉사하는 비영리 영구 기관입니다. 대중에게 개방되고 접근 가능하며 포괄적인 박물관은 다양성과 지속 가능성을 촉진합니다. 박물관은 윤리적으로, 전문적으로, 그리고 커뮤니티의 참여로 운영되고 소통하며 교육, 즐거움, 성찰 및 지식 공유를 위한 다양한 경험을 제공합니다.'[234]

② 트렌드워치_TrendWatch : AAM 연례 예측보고서에 박물관은 지역사회 힘과 기둥으로써 크게 5가지 부분에 기여하는 공공 인프라임 입증함.
아동을 위한 교육, 장년을 위한 살기 좋은 공동체, 정신 건강, 재난 발생시 비상 대응, 지속 가능성에 대한 인간 중심의 문화(*미국박물관협회_American Alliance of Museums_의 Center for the Future of Museums의 발간지)

③ 어린이박물관의 정의 : 어린이박물관협회(ACM;Association of Chidren's

---

[234] https://icom.museum/en/resources/standards-guidelines/museum-definition/

Museum)에서[235] 정의함.

   '어린이박물관은 호기심을 자극하고 학습 동기를 유발시키는 전시와 프로그램을 제공함으로써 아동의 욕구와 흥미에 봉사하는 비영리 교육적, 문화적 기관이다.'

   ④ 핵심 벤치마킹 대상 : 체험식 전시 창조로 세계를 선도한 보스톤 어린이박물관, 창의적인 어린이문화 컴플렉스의 피츠버그 어린이박물관
    (*ACM의 우수한 박물관상을 수상한 기관 중에서 두 기관을 벤치마킹 대상지로 판단함)

   ⑤ 실패를 두려워하지 말라 : 100년 역사의 보스톤어린이박물관 전 부관장 레슬리 스왈츠의 제안 (*2024년 12월 국립어린이박물관 제1회 콜로키움 발표자료)

1) 추진 필요 요소들

구분	필요 요소들	내용
기반시설 확보	야외 랜드마크 설치	모멘텀이 될 수 있는 예술품 야외 전시
	연면적 확보	4,000평 수준
	편의시설 확충	고급 카페테리아, 쇼핑몰 유치
	대중 교통수단 확보	역세권 및 공항버스 정차, 버스 정차장

235　chrome-extension://efaidnbmnnnibpcajpcglclefindmkaj/https://childrensmuseums.org/wp-content/uploads/2021/11/ACMFourDimensionsofChildrensMuseums.pdf

구분	필요 요소들	내용
콘텐츠 확보	글로컬 전시	글로벌 화두+한국적 요소, 예술가 협업 창의적 전시
	교육과 전문화	공방과 아트스튜디오 확보, 대상별 프로그램 (영아, 유아, 초등, 가족, 장애 프로그램), 뮤지움 치유 프로그램 등
	국제적 협력	보스톤 어린이박물관 자문 및 MOU, 아시아퍼시픽 어린이박물관 컨퍼런스, 국제적 행사 홍보 부스 설치
	브랜드화	스토리가 있는 한국의 어린이박물관
	연중 행사	연중 예술 페스티벌 추진

2) 추진 세부 내용들

(1) 글로벌 기관에 맞는 건물의 확장

● 연면적 보유 : 세계를 선도하는 박물관들의 경우 최소한 3000평~5000평 이상의 규모를 보유하고 있음. 개관 운영하면서 지속적인 확장을 거듭하며 현재의 규모에 이르게 됨.
한국의 어린이박물관은 최소한 건물 4000평 이상의 국제적 규모에 맞출 필요가 있음. 또한 야외놀이터도 확보하여 전시를 기획 설치하여 년중 이용하도록 유리벽과 유리 천정으로 개폐 가능하도록 하여 공간의 확장과 재미를 주도록 추천함.

● 건축가 : 최근 건축물이 예술품이므로 세계적인 트렌드에 맞는 건축가와 협업해서 신축하도록 추천함.
국내에서 제일 환영받는 '안도 다다오'는 뮤지움 산, 제주 본태미술관 설계 사례가 있음. 파리는 '렌조 피아노'의 하이테크 건물로 에펠탑과 더불어 도

퐁피두 센터 (건축가 렌조 피아노)　　　　　　　뮤지엄 산(안도 다다오)

건물 외관에 물이 흐르게 설계　　　　　　바람이 날리면 조각들이 움직이도록 설계

2025 오사카 간사이 expo 건물들로 외관에서 인상을 남김

시의 랜드마크를 만들었음. 스페인의 빌바오를 도시 부활로 만들기 위하여 '프랭크 게리'가 설계한 구겐하임 미술관의 건립 사례가 있음. 삼성미술관 리움은 '마리오보타', '장누벨', '램쿨하스' 3명의 건축가의 작품임. 루브르 아부다비는 '장 누벨'이 설계하고 최근 트렌드의 건축가는 '쿠마 겐토'임.

　　어린이박물관으로는 휴스톤어린이박물관을 설계한 '로버트 벤츄리', 멕시코 어린이박물관과 산호세 어린이박물관을 설계한 '리카르도 리콜레타'가 있음.

(2) 인상적인 예술품으로 랜드마크화

● 야외 : 건물이 위치한 야외에는 감동과 인상을 심어 줄 수 있는 랜드마크 예

보스톤 어린이박물관 외관의 우유병,
대형 우유병이 상징물이 되었음.

대구 사유원의 전망대
(건축가 알바로 시자)

술품이 필요하다고 판단됨. 외부에서도 쉽게 보고 찾아올 수 있는 조각품이
있으면 인식하기 쉬움.

● 국내외 사례 : 피츠버그어린이박물관은 '네드 칸' 작품으로 야외에서 아동과
관람객에게 즐거움을 주며 강한 기억을 남기도록 함. 또한 건물 외벽에 스테
인레스 피스들로 바람이 불 때 찰랑거리면서 움직이도록 하는 예술 작품이
있어서 인상을 남기고 있음.
보스톤어린이박물관은 기관 앞에 '대형 우유병'이 있어서 오래도록 강한 인
상을 남기고 있음. 빌바도 구겐하임 미술관 앞에도 '제프 쿤스' 작품이 있어
친근하면서고 강한 인상을 남기며, 실제의 꽃이라서 유지비도 많이 들어 모
금 운동도 했었던 작품이였음. 대구 사유원은 세계적인 건축가 알바로 시자
의 전망대로 랜드마크화 하여 멀리서도 시각적인 인식이 가능함.

(3) 편의 시설 확충 필요와 쇼핑몰 유치 제안

● 고급진 카페테리아 확보 : 해외 뮤지엄에서의 식사는 수준이 있어 음식이
고급화되어 있음. 또한 요즘은 개폐형의 폴딩 도어의 카페테리아가 유행이

므로 정원과 연동형의 디자인을 하는 추세임. 간단한 일품 요리 정도로 각 문화별 다양한 음식을 먹을 수 있도록 먹거리들도 차별화되어 가고 있음.

또한 박물관이 커뮤니티 공간으로서 역할이 강화되고 있어, 카페테리아에서 지역 특산물을 활용한 요리를 제공함으로써 지역 경제 발전에 기여하고 상생함. 커피와 음료는 국민들이 많은 소비를 하고 있으므로 고급 브랜드 커피를 유치하는 것이 좋은 실례라고 사료됨.

사유원의 카페(전면이 투명 유리벽으로 야외 조망 가능)

뮤지엄 산의 카페(산 정상에서 수변의 야외 카페)

● 힐링 공간 확보 : 최근 '박물관 처방전'이라는 글로벌 트렌드가 유행인데, 일상에서 지친 사람들을 위한 박물관이 치유의 공간이 될 수 있도록 휴게 공간

대구간송미술관의 수변 휴식 공간

사유원의 힐링 야외 공간

을 확보하는 추세임. 어린이박물관도 자녀와 함께 동반하지만 자녀와 함께 틈틈이 휴게를 취할 수 있는 차원의 공간 조성이 필요해 보임.

햄머 미술관(LA)의 휴게 의자

지중 미술관(나오시마) – 제임스 터렐의 힐링이 되는 공간)

● 쇼핑몰 유치 : 최근의 트렌드는 쇼핑몰이 복합문화 공간화되어 가고 있는 추세임. 사람들은 살아가면서 필수적으로 해주어야하는 것을 주말 쇼핑을 하면서 이를 나들이 삼아 자녀, 조부모까지 3세대가 함께 방문하기도 함. 따라서 쇼핑 공간으로 끝나는 것이 아니라 문화적인 욕구도 충족하는 공간화되어 가고 있어서 그 사례로 판교의 현대어린이책미술관이 있고, 남양주의 현대 아울렛에 모카가든이라는 예술 정원을 구성해놓았음.

현대프리미엄 아울렛의 모카가든

Cayton Children's Museum, LA

해외에는 시카고 어린이박물관, 로체스터 어린이박물관, 케이톤 어린이박물관(LA의 Santa Monica 몰)이 쇼핑몰의 공간에 입지하고 있음. ACM 연구보고서에 따르면 어린이박물관의 지출비의 약3배 미만의 미국에서 경제 효과를 거두었다고 보고했음.

(4) 접근성 용이하도록 교통 수단 확충

● 대중교통 확보 : 역세권의 지하철이나 버스 노선 등 사람들에게 대중교통 수단을 이용할 수 있는 기반이 필요함. 공항에서의 접근이 용의하도록 공항버스가 정차하도록 유치함.

(5) 글로컬 창의적 전시

● 글로컬 주제 : 창의적이고 혁신적인 전시들은 전시 주제가 글로벌한 내용과 한국에 필요한 테마를 다룰 필요가 있으며, 성장하는 아동이 선호하는 주제들과 더불어 미래 지향적인 콘텐츠를 다루어야 함.

● 예술인 협업의 창의적 전시 : 이런 아이템으로 구체화시키는 전시품들은 예술가들과의 협업으로 전시 기법이 예술가적인 창의성과 혁신성을 갖추길 지향해야 함.
　☞ two track
　* 국제적 트렌드 + 한국적 요소 = 전시 도출
　* 예술 작가와 협업해서 창의적인 전시 구성으로 차별화

● 전시 주제 계획

전시 요소	전시 내용	
독립형 어린이박물관 필수 전시	**클라이머 전시** 층고를 활용한 전시 컨셉에 맞는 클라이머를 설계하여 설치 필요. 아동에게 가장 인기있는 아이템 중의 하나로 어린이박물관의 핵심 전시임.	
	야외놀이터 (물테이블 체험 전시) 야외 공간에 강을 이해할 수 있는 물길의 조성한 물테이블 체험전시 확보, 아동들이 최고로 사랑하는 전시 주제 중의 하나로 지역 자연에 대한 이해를 포함해야 과학관과 차별화된 기획 필요함.	
미래 필수 역량	아동들에게 필요한 미래를 필수 21세기 역량 전시[236] : 비평적 사고자, 의사소통자, 협력자, 창작자를 개발 할수 있는 전시 기획	
인간 이해	인간에 대한 이해를 위한 삶과 발달 전시 (에릭슨의 심리사회발달단계) : 심리사회학자 Erikson이 인간의 나이에 따른 8개의 발달단계로 박물관에서는 이를 기반으로 심리사회적 위기를 극복하고 나아갈 수 있도록 구성한 전시 추진	

---

236 미국에서 2002년 발족한 21세기 기술을 위한 파트너쉽(Partnership for 21st Century Skills, 요약 P21 약칭)이라는 특별위원회가 미숙의 애플, MS, 인텔 등 여러 대기업들이 주도하고 교육기관도 참여하여 미국 교육위원회가 후원해서 결성됨. 몇 년간의 연구와 토론의 시간을 거쳐 2008년 미래 인재에 릴요한 역량 보고서를 발표함. 필요 durfidd 20여가지로 많아서 그중 중요한 것을 4C를 선정하여 강조함.

지구촌 화두	지속가능한 환경에 대한 전시 : 폐기 처분 되는 것들을 조합하여 새활용하여 상상력이 풍부한 형태의 체험 조형물 제작 (예: 매디슨어린이박물관에서는 30여년간 추진한 내용으로 친환경 재료만을 사용하고, 사진에는 자동차 일부, 그물망, 폐자재들을 이용하여 미끄럼과 놀이구조물을 제작함)	
	자연 및 지구 환경 공존 전시: 자연 생태계에 대한 이해를 돕는 전시로 생태계와 상호 관련성을 가지고 공존해야함을 알 수 있게 함. 지구 온도의 변화, 서식지의 파괴나 도심 개발에 따른 피해, 현명한 해결책에 대한 고민을 해보는 전시 추진	
한국 문화와 정체성	한류 문화에 대한 과거 현재 미래의 연결 (K-pop, 웹툰, 음식문화, 단군 신화 포함) : 고대부터 한국인의 문화예술적 즐김의 맥락을 알 수 있도록 현시대의 예술 활동과 놀이 중심으로 풀어간 K-Culture를 놀이들을 전시함.	
한국의 다문화 사회	지금 한국이 처해있는 현실인 다문화 사회의 이해를 위한 년도별 문화다양성 전시 (보스톤에서 선도한 내용임): 인구분포를 조사한 후에 국가별 문화에 대한 이해 전시.(사진: 베트남의 이름의 의미를 알아보는 전시품)	
한국 산업	한국의 산업들인 1차, 2차, 3차, 4차 산업, 미래 산업을 이해할 수 있도록 체험식으로 조성하여 농업, 어업, 수산업, 제조업, 서비스업, 생명공학, 우주항공 등으로 생활과 인류에 필요한 활동을 이해하는 역할놀이 전시	
기획전	세계적 화두에 대한 아이템들 도출. 전쟁, 난민, 재난 등에 대한 전시, 어려운 주제인 죽음, 스트레스 등: 예) 최근 산불로 인한 이재민의 발생되는 것처럼 전쟁, 재난 등으로 인해 현재 그들이 생활하고 있는 보호소에서의 생활 체험 등	

(6) 교육 확산 및 전문가 협력 강화

● 영아 프로그램 전문화 : 저출산율이 심각하지만 영아들을 위해서는 영아 프로그램이 매우 필요한 현실임. 전문적인 단체인 예)'한국영유아교육학회'와 협력을 추진. 국립어린이박물관에서는 2025년 '뽀롱뽀롱 말놀이' 영아 프로그램을 기획 운영하고 있음. 시범적으로 진행하는 운영프로그램이라 결과를 보고 향후 전문성의 강화 필요.

● 공방_maker space_ 조성 필요 : 아동부터 성인까지 소근육 운동을 통한 인지 개발과 성취감을 위해서 공방 프로그램 개설, 3D 프린트와 목공, 패브릭 직조 등 재질과 소재를 넘어서 창의성을 지향하는 프로그램 실시, 공간을 확보하고 각종 기자재 및 소모품들, 인력이 필요함. 이 공간은 아동기부터는 어린이박물관에서 필요해 보이며 '국립과학관'과 협력을 필요로 함.

● 아트 스튜디오_art studio_ 조성 필요 : 미래 필수 역량인 창의성 개발을 위한 공간 조성으로 순수한 창의성을 위한 공간으로 예술 공간임. 회화, 디자인, 응용 미술, 판화, 한국 미술 등으로 다양한 미술 작업 공간으로 필요시 레지던시 작가들이 있어서 프로그램을 주관하고 지원하도록 함. 공간 조성과 각종 기자재, 소모품, 예술가들이 필요함.

● 예술가 지원 레지던시 프로그램 필요 : 매년 예술가를 선정해서 창의적인 인터렉티브 전시 예술 작품을 전시하도록 하며 이는 아동들에게 어린 시절부터 예술적 감상의 기회를 제공하고 예술적 영감을 불러일으킬 수 있음.

● 뮤지움 치유 프로그램 추진 : 최근 뮤지움계의 선진 트렌드는 '박물관 처방'

프로그램이 시도되고 있음. 문명이 발달함에 따라 인간이 더욱 행복해졌는지에 대한 의문과 국내 어린 시절부터 경쟁적인 사회에서 성장하는 아동들에게 인간의 회복 탄력성에 대한 요구들이 필요해지고 있음. 전문적인 '한국미술치료학회'와 협업하여 프로그램 개발하여 어린이박물관이 특화되게 시도해 볼 만함.

(7) 국제적 협력 강화

● 세계 선도 어린이박물관과 MOU 추진 : 세계에서 가장 영향력 있는 어린이박물관인 '보스톤어린이박물관'과의 전시 자문과 MOU 추진으로 실제 도움을 얻고 이에 대한 적극적 홍보 필요. 2012년 경기도어린이박물관과 보스톤어린이박물관 MOU 체결 사례 있음

● 아시아권의 공동체 강화 : 아시아권은 공동체 형성이 아직 되어 있지 않아 미국과 유럽권을 중심으로 어린이박물관의 국제적 활동이 이뤄지고 있음. 이에 아시아권에서 비교적 유명한 싱가폴 어린이박물관, 뭄바이 어린이박물관, 뮤지오 팜바타, 오사카 키즈프라자와 함께 공동체 형성이 필요해 보임.

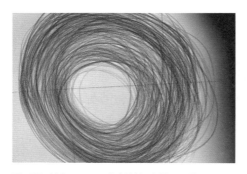

뮤지움 치유 프로그램 (원형 난화 그림)

뮤지움 치유 프로그램 (자연 관찰)

가능하다면 상호 직원 교류 프로그램화 검토.

- 아시아퍼시픽 어린이박물관 컨퍼런스 개최로 주도권 확보 : 아시아퍼시픽 어린이박물관 컨퍼런스가 2016년 개최 이후 현재 소강상태이므로 한국의 어린이박물관에서 개최하여 아시아의 주도권을 잡고, 미국권의 ACM와 유럽권의 핸즈온과의 어깨를 겨루는 경쟁력을 갖추도록 함. 이때에 어린이박물관 EXPO도 함께 하도록 세계어린이박물관의 홍보 부스도 설치하도록 함. 필요에 따라서 아시아퍼시픽 어린이박물관 협회 조성 검토. 경기도어린이박물관에서 2013년 2차 컨퍼런스를 개최하였음.

- 기관 국제 홍보로 인지도 확보 : 미국 중심의 어린이박물관협회 ACM, 유럽 중심의 어린이박물관협회 핸즈온 인터내셔날에서 이멀징 뮤지엄으로 기관 발표 추진함. 또한 전시 및 교육 콘텐츠 사례 연구 발표를 제안하며, 국제박

2016년 아시아퍼시픽 어린이박물관 컨퍼런스 포스터 (하와이)

2023년 ACM 컨퍼런스 포스터

물관협의체인 ICOM 총회 시에 홍보 부스 설치(* 3년마다 개최, 2025년 11월 두바이에서 개최 예정임)

- 브랜드화 : 브랜드화를 위해서 마케팅이 필요한데 나오시마섬의 지중미술관이 그 경우에 해당됨. 스토리가 있는 섬으로 쓰레기를 매각하는 섬을 재생하기 위하여 섬 전체 주민이 함께하여 아름답고 방문하고 싶은 섬을 만들어 세계적인 미술관 명소가 되었음. 지중미술관은 '안도 다다오'의 설계와 '제임스 터렐', '클로드 모네', '월터드 마리아' 세 작가의 작품만을 위한 미술관으로 작품과 미술관이 일체형으로 설계되었고 섬의 지형을 이용하여 지하로 들어가서 관람하도록 설계되었음.

키즈 프라자 오사카의 경우 '훈테르트 바서'의 설계 건축물로 이미지와 공간으로 브랜드화 되었고 2025 오사카 간사이 박람회에서 파빌리온을 아우르는 '그랜드 링'의 설치로 세계적인 대형 목조건물을 완성하였음. 또한 미호미술관의 경우 건축가 '아엠 페이'가 무릉도원의 컨셉으로 미술관을 설계하여 브랜딩하였음.

따라서 한국의 어린이박물관의 경우는 하나의 사례로 세계적인 건축가와 더불어서 아동이 중심인 어린이박물관이므로 대한민국의 아동이 지속적인

나오시마 섬의 지중미술관

경기도어린이박물관 외관을 장식한 아동과 함께한 강익중 타일 작품

키즈 프라자 오사카

2025 오사카 박람회 링

미호미술관 벚꽃길

미호미술관 터널

참여로 함께 설계한다는 스토리화가 필요함. (*국내는 건물은 아니지만 경기도어
린이박물관, 경기도미술관에서 세계적 인지도의 작가 강익중과 아동이 함께 참여한 타일 작
품이 있음)

(8) 연중 행사 추진

● 연중 예술 행사 : 한국도 문화 수준이 많이 상승하여서 페스티벌을 즐길 수
  있는 정도의 수준이 되었고, 매우 즐기고 있다고 판단됨. 오스트리아 빈의
  뮤지엄 쿼터는 동절기를 빼고는 거의 1년 연중 야외에서 예술 행사를 지속
  하고 있고, 독일 프랑크푸르트의 마인 강변에 위치한 박물관 거리는 시에서

G뮤지엄파크의 뮤지움 페스티벌   사유원의 콘서트

'옥터버 페스트'를 진행하여 전 세계인들이 참여하고 싶어하는 축제가 되었음. 한국의 어린이박물관은 어린이, 젊은이와 중장년의 구분이 없이 모든 연령을 아우르는 행사로 가족 단위의 예술 행사로 추진하길 제안함.

사례는 경기문화재단에서 G뮤지엄파크(경기도어린이박물관, 경기도박물관, 백남준아트센터)에서 뮤지엄 나잇, 뮤지엄 페스티벌 등을 하여 2일간 최대 1일 5천명이 다녀가는 행사를 하기도 하였음.

3) 추진 일정 및 예산

구분	필요 요소들	내용	예산	일정
기반 시설 확보	야외 랜드마크 설치	모멘텀이 될 수 있는 예술품 야외 전시	10억	10년 (국립 기준)
	연면적 확보	4000평 수준으로 신축	300억 (쇼핑몰 제외)	
	편의시설 확충	고급 카페테리아, 쇼핑몰 유치		
	대중 교통수단 유치	버스, 역세권, 공항버스 등	–	–
콘텐츠 확보	글로컬 전시	글로벌 화두+한국적 요소, 예술가 협업 창의적 전시	클라이머+물테이블 60억, 140억	2년
	교육과 전문화	공방과 아트스튜디오 확보, 대상별 프로그램 및 뮤지엄 치유 등	10억	2년

콘텐츠 확보	국제적 협력	보스톤어린이박물관 MOU, 아시아 퍼시픽 어린이박물관 컨퍼런스, 국제적 행사 홍보 부스 설치	컨퍼런스 3억, 기타 3억	3년
	브랜드화	스토리있는 국립어린이박물관 조성	1억	1년
	연중 행사	연중 예술 페스티벌 추진	5억	1년

4) 예상 관람객 수

- 해외 : 독립형 어린이박물관은 미국의 주정부마다 2~3개씩 보유하고 있으며 지역사회 중심의 방문지가 됨. 이 중에서 인지도 있는 어린이박물관들은 보스톤 어린이박물관, 피츠버그 어린이박물관 연 관람객 25만~30만명 내외이며, 휴스톤 어린이박물관 50만명을 달성했던 것으로 알고 있음.

- 국내 : 서울상상나라, 경기도어린이박물관이 최다 방문객수가 50~60만명이며, 고양어린이박물관과 경기북부어린이박물관은 20만명 ~ 25만명 내외임.

  (참고 : 연면적 서울 2800평, 경기도 3200평, 고양2300평, 경기북부 1800평)

- 성장하는 어린이박물관 : 최소한 연면적을 확보하며 모든 충족이 되지 않더라고 여러 노력을 지속적으로 기울인다면 국내외 사랑받는 어린이박물관을 만들 수 있음. 4000평 기준으로 수도권이라면 40~50만명의 관람객을 확보 할 수 있으리라 판단됨. 세계적인 인지도는 상기의 노력들과 소요되는 시간이 필요하며 한국의 빨리 빨리 완성 문화로도 최소한 10년은 필요하다고 사료되며 더 많은 관람객을 유인할 수 있고, 이런 지속적인 변화와 노력들이 보여진다면 세계적인 명소가 될 수가 있고 지속적인 방문지가 될 수 있다고 판단됨.(*보스톤어린이박물관은 100여년 이상의 역사와 노하우를 보유하고 있음)

참고문헌

강희수, 김진희 외 6인 (2017), 『전시 A to Z』, 서울 : 한언출판사

경기도어린이박물관 (2014), 관람객 설문조사 결과 보고서,

경기도어린이박물관 (2014), '조부모' 기획전시 계획 보고서,

경기북부어린이박물관(2022), 「2022년 경기북부어린이박물관 관람객 설문조사 결과보고서」, 경기문화재단

곽신숙 (2017), 「어린이박물관 관람경험 분석 연구」, 한양대학교 박사학위논문

교육과학기술부 및 보건복지부(2013), 3-5세 연령별 누리과정, 교육과학기술부 및 보건복지부

국립어린이박물관, 2024년 국립어린이박물관 제1차 콜로키움 자료집 p43

김진희(2016), 경기도어린이박물관 조부모 기획전 연구, 제4회 아시아퍼시픽어린이박물관 컨퍼런스

김진희(2016), 미래 문화 경관의 주체, 어린이와 뮤지엄, 뮤지엄과 문화경관의 확장, 2016 한국박물관대회 (사)한국문화공간건축학회 제32회 춘계학술대회

김진희(2016), 미래를 준비하는 어린이문화공간, 월간미술 2016년 5월호, ㈜월간미술, 2016

김진희(2015), 어린이관, 과학관 이해 및 과학해설, 국립중앙과학관 2016, 2015

김희진(2005), 『현대 부모 및 가족 지원 프로그램 : 포괄적 관점』, 서울 : 창지사

이경희, 김진희 (2007), 「어린이박물관에서의 미술감상을 위한 설명문 일기행동 및 아동과 어머니간의 상호작용에 관한 연구」, 『박물관 학보』, 12~13호

이경희 & 이경희(1994), 아동발달과 양육, 서울 : 형설출판사

이경희(2006) 어린이를 위한 체험식박물관과 학습, 혁신과 헌신 :어린이를 위한 체험식 박물관, 2006 삼성어린이박물관 특별세미나

차 샘((2018), 「박물관 교육 참가자의 학습 동기에 따른 학습 효과에 관한 연구」, 『어린이와 박물관 연구』제15호

Alice Hemenway & Dona W. Horwitz, Red-yellow-Green : A Mnemonic for Collection Management, In Maher(Ed), Collective Vision : Srarting and

Sustaining a children's museum, Association of Youth Museum Washington, D.C,1997

Association of Children's Museum, Standards for Profrssional Practice in Children's Museums, Children's Museums Standards Document & Association of Children's Museum, 2012, p7

ACM, Increasing U.S. Children and families's Understanding of Asian Cultures : A Final Report (2008), Association of Children's Museum, p I-2

ACM 자체 전검 테스크 포스팀, In Maher(Ed), Collective Vision : Srarting and Sustaining a children's museum, Association of Youth Museum Washington, D.C,1977

Falk & Dierking (2007) 『박물관교육의 기본』, 노영 외 3인 역(원제 *Learning from Museums*, 원저 2000 출판), 서울 : 미진사

Forman, F. Constructive Play. In D, Fromberg & D, Bergen, D. (Eds.) Play from birth to twelve and beyond. New York : Garland, 1998

Hein, G, E, (2015), 『박물관 교육론』, 안금희 외 3인 역 (원저 Learning in the museum, 원저 1998 출판), 서울 : 학지사

Jan Lorenc & Lee H. Skolnick & Craig Berger, 오윤성 역, 전시 디자인의 모든 것, 고려닷컴, 2007

Jawaid Haider, Children's Museum : Critical Issues in Architectural Design, In Maher(Ed), Collective Vision : Srarting and Sustaining a children's museum, Association of Youth Museum Washington, D.C,1977

Jinhee Kim, A Study on Visiter's Learning on the Exhibition of Awesome Grandparents, 제4회 Asia Pacific Children's Museum Conference, Hawaii, 2016

Jinhee Kim, "Reimaging : Conversion from a theme playground to a children's museum", *MearningfulMoments of Play-Based Learning in K-Institution : Case Studies From South Korea*, ASSOCIATION OF CHILDREN'S MUSEUM 2023 INTERACYIVITY, 2023

Joanne Cleaver, Doing Children's Museum, Williamson Publishing Co,1988

Joe L. Frost & Sue C. Wortham & Stuart Reifel. 양옥승외 7인 역, 놀이와 아동발달, 정민사, 2005

Leichter&Spock, Learning from ourselves, *In Gibans (Ed), Bridges to understanding children's museum*, Case Western Reserve University, 1999

Lewin-Benham, Children's museum : A Structure for Family Learning, *In Maher(Ed),Collective Vision : Starting and Sustaining a children's museum*, Association of Youth Museums Washington, D.C, 1997

Mary Maher, Collective Vision : Starting and Sustaining a children's museum, Association of Youth Museums Washington, D.C, 1997

Nan Miller : Site and Location, Location, Location, In Maher(Ed), Collective Vision : Srarting and Sustaining a children's museum, Association of Youth Museum Washington, D.C,1997

Peter F. Drucker, The Five Most Important Questions You Will Ever Ask About Your Organization : Participant's Work Book. Jossey-Bass Inc., San Fransisco, 1993

Spock, Looking Back on 23 Years, *In Maher(Ed), Collective Vision : Starting and Sustaining a children's museum*, Association of Youth Museums Washington, D.C, 1997

Studart, D.C, Education or just fun? The perception of children and families in a child-oriented museum exhibition. Jounal of education in museums, 1997

Ted Silberberg & Gail Lord : Making the Case : What Children's Museums Have to Offer Downtown Revitalization Effort?, In Maher(Ed), Collective Vision : Srarting and Sustaining a children's museum, Association of Youth Museum Washington, D.C,1997

https://icom.museum/en/resources/standards-guidelines/museum-definition/

https://www.childrensmuseum.org/

https://childrensmuseums.org/ffaces/

https://hands-on-international.net/about/

http://gcm.ggcf.kr/

http://www.cmhouston.org/

http://www.mcm.org/

http://cmany.org/

https://pittsburghkids.org/

http://www.pleasetouchmuseum.org/

http://www.kohlchildrensmuseum.org/

http://www.msichicago.org/

http://www.chicagochildrensmuseum.org/

https://www.nemosciencemuseum.nl/en/

http://kindermuseum.frankfurt.de/english/index.html

http://sichildrensmuseum.org/

http://www.brooklynkids.org/

http://www.aahom.org/

http://nysci.org/

https://bostonchildrensmuseum.org/

https://madisonchildrensmuseum.org/

https://childrensmuseumofphoenix.org/

https://www.museumofplay.org/

https://kidspacemuseum.org/

https://thinkplaycreate.org/

https://www.cdm.org/

https://mschildrensmuseum.org/

https://www.licm.org/

https://www.mychildsmuseum.org/

https://lcm.org/

https://www.papalote.org.mx/nosotros/

https://www.seoulchildrensmuseum.org/

https://www.goyangcm.or.kr

http://www.icsmuseum.go.kr/

https://ngcm.ggcf.kr

https://thinkplaycreate.org/

https://mschildrensmuseum.org/

https://www.insiseol.or.kr/

https://www.childrensmuseum.org/

https://www.museumofplay.org/

https://www.cdm.org/

https://play.eureka.org.uk/

https://amsterdam.wereldmuseum.nl/

https://www.musee-en-herbe.com/

https://www.mqw.at/en/institutions/zoom-kindermuseum

https://www.insiseol.or.kr/culture/icsmuseum/

https://child.nmcik.or.kr/

https://www.mmca.go.kr/

http://www.hellomuseum.com/

https://www.vam.ac.uk/

http://www.parents.com/fun/vacation/us-destinations/the-10-best-childrens-museums

http://www.parents.com/fun/vacation/us-destinations/best-science-centers chrome-extension ://efaidnbmnnnibpcajpcglclefindmkaj/